理科の先生になるための、理科の先生であるための

「物理の学び」徹底理解
力学・熱力学・波動編

山下芳樹
［監修／編著］

宮下ゆたか／山本逸郎
［著］

ミネルヴァ書房

はじめに

■本書の構成と特色，それは使える手引き書

　本シリーズは，中・高等学校理科教員の知識の整理や，より高度な授業を模索し実践するために，また将来中・高等学校理科教員をめざす学生諸君の実力錬成のために編まれたものです。物理，化学，そして生物から構成されており，物理編はさらに

　　　第一分冊　力学，熱力学，波動
　　　第二分冊　電磁気学，原子物理，代表的な実験と観察・安全への配慮

という二部構成になっています。理科の教員としての基礎基本の徹底はもちろんのこと，日々の授業において物理の本質を伝えたいという現職教員の求めにも十分に耐えうるだけの充実した内容です。物理の本質を伝えることがいかに大切か……。ここで，数学者である村田全の言葉（「数学と歴史のはざま『側面から見た数学教育』」より抜粋）を紹介しましょう。

> 　うそも方便とか，人を見て法を説けとかいうことばは，教える者と教えられる者との間のある微妙な関係を伝えているとは言えないであろうか。……教科書を作る側や，それを実際に教える側では，これこれの事実は生徒には少し高級すぎるとか，限られた時間内での授業にはやや特殊すぎるとか，その他いろいろな配慮によって材料の取捨選択や説明のくふうをする。これは当然のことで，そのままですめば別に問題はない。文字通り，人を見て法を説いているのであるし，多少の簡略やごまかしも，まさしくうそも方便といってよいことなのであろう。
> 　もっとも，いつの時代にもそういうところに敏感な生徒はいるものである。……教師の側としては，そのような生徒向きの「法の説き方」というものも，多少考えておく必要があるのではないか。そして私の感じから言えば，そういう生徒にはいわゆる教育技術というような細工は不要で，むしろこちらもナマの学問でぶっつかる方がよいように思うがどうであろうか。実は現在の日本の教育体制の下では，優れた生徒を生かす道がかなり閉ざされているように思える。……要するに教える側のわれわれもほんとうの勉強をいたしましょうという話である。

　教員として生徒の求めに応じて「法を説く」だけの力量を持っておきたい，また「教える側も本当の勉強ができる」ようにしたいという思いから，本書では，各章とも

　　ホップ　　{ ① キーワードとワンポイントチェックによる理解度の点検　→自分を知る
　　　　　　　{ ② 重要事項の解説（活用を意識した解説）
　　ステップ　　③ 素過程方式を採り入れた活用例題による重要事項の確認　→力を蓄える
　　ジャンプ　{ ④ 数理探究の場としての「発展」，日々の授業に使える「コラム」の充実
　　トライ　　{ ⑤ 解答への指針による実力錬成問題による力試し　　　　→果敢に攻める

というスパイラル方式を採用しています。このような本格的な扱いによる手引書は他にはありません。知識は，使ってこそ生きた知識になるのです。

　数理探究の場としての「発展」，そして日々の授業に役立つ「コラム」（Coffee Break）もまた本書の特色をなすものです。ちなみに，発展「単振り子の周期と振れの角との

関係」（p. 42）は，一度は授業で触れたい内容で，振れの角が大きくなるにつれて周期にいかに影響するかを（教師用には）数理的に導き，（生徒用には）視覚化することでより感覚的に示すようにしています。使えてこその発展やコラムです。

■理科の先生のための手引き書

　本書は中・高等学校の先生方はもちろんのこと，中・高等学校理科教員をめざす学生諸君，また理科を基礎から徹底して学び直したいという小学校教員（志願者）にとっては，教員採用試験に難なく合格するよう全国の教員採用試験問題の中から解くに値する問題を厳選し，さらには詳細な解説を通して理科の学び直しができるよう例題研究，活用例題，さらには実力錬成問題など随所に実力錬磨のための工夫を凝らしています。

　基礎基本の徹底，また具体的な事例を通して合格にまで導き，さらには合格後，教職についてからも「知識や活用の原点」として生涯にわたり役立つものを提供する，これが本書の最大の特色であり，執筆のねらいもまたここにあります。

　　　『生涯に渡って，使い続けることのできる理科の手引き書』
　　　『理科の先生になるための，理科の先生であるための理科の手引き書』

　本書の執筆者は，いずれも，大学において教師をめざす学生諸君や現職教員の指導に永年あたってきたエキスパートです。全国の教員採用試験，すなわち教育委員会が求める理科の力とは何かを徹底的に分析し，この最強のメンバーが読者の実力を鍛え直します。使い込んで手垢で真っ黒になった本ほどあてになる，信頼に足るものはありません。本書をフルに活用し，あなただけの参考書（座右の書）として，そして授業作りのためのよき相談相手として活用頂くことを願っています。

　最後に，本書の出版に際しまして著者，特に監修者の無理難題を汲んで頂き，形にして頂きましたミネルヴァ書房の浅井久仁人さんには，この場を借りて御礼を申し上げます。また，読者の皆様の隔意のないご意見，ご叱正を頂ければ幸です。

　　　2016年7月

　　　　　　　　　　　　　　　　　　　　監修者（執筆者を代表して）山下芳樹

理科の先生になるための，理科の先生であるための
「物理の学び」徹底理解　力学・熱力学・波動編
目　次

第1章　力　学

1　静力学（質点・質点系・剛体）

キーワードチェック／ワンポイントチェック …………………………………… 2
重要事項の解説 ………………………………………………………………………… 3
　　1　静力学では何を学ぶのか … 3
　　2　力に関して … 3
　　3　1点に働く力のつり合い … 5
　　4　作用・反作用の法則 … 6
　　5　剛体に働く力のつり合い … 7
　　発展　てこのつり合い … 9
活用例題で学ぶ知識の活用 …………………………………………………………… 11
実力錬成問題 …………………………………………………………………………… 14

2　運動の法則

キーワードチェック／ワンポイントチェック …………………………………… 16
重要事項の解説 ………………………………………………………………………… 17
　　1　運動の記述 … 17
　　2　運動の可視化（v-t グラフ）… 20
　　3　ニュートンの運動の法則 … 22
　　発展　慣性系（運動の法則が成り立つ座標系）… 23
　　4　運動の解析（運動方程式を解く）… 23
　　5　摩擦力（静止摩擦力，動摩擦力）… 24
　　発展　運動の決定条件 … 25
活用例題で学ぶ知識の活用 …………………………………………………………… 27
実力錬成問題 …………………………………………………………………………… 31

3　いろいろな運動（その1）

キーワードチェック／ワンポイントチェック …………………………………… 33
重要事項の解説 ………………………………………………………………………… 34
　　1　さまざまな運動 … 34
　　2　力と運動の関係を記述する慣性系 … 34
　　3　等速円運動 … 35

4　万有引力，惑星の運動（ケプラーの法則）… 37
　　　5　単振動 … 39
　　発展　単振り子の周期と振れの角との関係 … 42
　活用例題で学ぶ知識の活用 … 44
　実力錬成問題 … 48

4　仕事と力学的エネルギー

キーワードチェック／ワンポイントチェック … 50
重要事項の解説 … 51
　　　1　仕事の定義（一定の力が作用する場合）… 51
　　　2　仕事率 … 52
　　　3　エネルギー … 53
　　発展1　万有引力による位置エネルギー … 55
　　　4　力学的エネルギー保存の法則 … 56
　　発展2　保存力と力学的エネルギー保存の法則について … 58
　活用例題で学ぶ知識の活用 … 60
　実力錬成問題 … 65

5　運動量と衝突

キーワードチェック／ワンポイントチェック … 67
重要事項の解説 … 68
　　　1　運動量の表し方 … 68
　　　2　運動量を決める要因としての力積 … 68
　　　3　運動量の原理が威力を発揮する場面 … 69
　　　4　運動量保存の法則（衝突問題を例にして）… 69
　　　5　運動量保存の法則の2次元への拡張 … 70
　　　6　衝突を特徴づけるはねかえりの係数（反発係数）… 71
　　　7　はねかえり係数による衝突の分類 … 72
　　発展　多粒子系と運動量保存の法則 … 73
　活用例題で学ぶ知識の活用 … 75
　実力錬成問題 … 80

6　発展：いろいろな運動（その2）

キーワードチェック／ワンポイントチェック … 82
重要事項の解説（例題研究）… 83
　　　1　本節で扱う運動 … 83
　　　2　微分方程式で表された運動方程式の解法 … 83
　　　3　剛体の回転運動 … 85

発展　円板の慣性モーメントの導出 … 89

第2章　熱力学

1　熱と温度

キーワードチェック／ワンポイントチェック …………………………………… 94
重要事項の解説 ……………………………………………………………………… 95
　　1　熱と温度 … 95
　　2　熱とは何か … 95
　　3　温度とは何か … 96
　　4　熱平衡と熱力学第0法則 … 96
　　5　熱量の保存と比熱の測定 … 97
活用例題で学ぶ知識の活用 ………………………………………………………… 99
実力錬成問題 ………………………………………………………………………… 102

2　気体の性質

キーワードチェック／ワンポイントチェック …………………………………… 104
重要事項の解説 ……………………………………………………………………… 105
　　1　ボイルの法則，シャルルの法則 … 105
　　2　理想気体の状態方程式 … 107
　　3　気体の分子運動 … 108
　　発展　エネルギー等分配則 … 111
活用例題で学ぶ知識の活用 ………………………………………………………… 113
実力錬成問題 ………………………………………………………………………… 117

3　熱力学第1法則

キーワードチェック／ワンポイントチェック …………………………………… 118
重要事項の解説 ……………………………………………………………………… 119
　　1　気体の内部エネルギー … 119
　　2　熱力学第1法則 … 120
　　3　気体の状態変化 … 121
　　4　気体のモル比熱 … 123
活用例題で学ぶ知識の活用 ………………………………………………………… 127
実力錬成問題 ………………………………………………………………………… 132

4　熱力学第2法則と熱機関

キーワードチェック／ワンポイントチェック……………………………………………… *134*

重要事項の解説…………………………………………………………………………… *135*
 1　可逆変化と不可逆変化… *135*
 2　熱力学第2法則… *136*
 3　不可逆変化の本質… *136*
 4　熱機関と熱効率… *137*
 5　熱力学第2法則の微視的解釈… *138*

活用例題で学ぶ知識の活用………………………………………………………………… *140*

実力錬成問題……………………………………………………………………………… *142*

第3章　波　　動

1　波の性質（媒質の運動，波の伝わり方）

キーワードチェック／ワンポイントチェック……………………………………………… *146*

重要事項の解説…………………………………………………………………………… *147*
 1　波の表し方… *147*
 2　横波と縦波… *148*
 3　波の重ね合わせ… *149*
 発展　波の伝搬式による表記（定常波）… *153*
 4　波の伝わり方… *154*

活用例題で学ぶ知識の活用………………………………………………………………… *156*

実力錬成問題……………………………………………………………………………… *161*

2　音の性質

キーワードチェック／ワンポイントチェック……………………………………………… *164*

重要事項の解説…………………………………………………………………………… *165*
 1　音　波… *165*
 2　弦の振動… *168*
 3　気柱の振動… *169*
 4　共振・共鳴… *171*
 5　ドップラー効果… *171*

活用例題で学ぶ知識の活用………………………………………………………………… *176*

実力錬成問題……………………………………………………………………………… *180*

3　光　波

キーワードチェック／ワンポイントチェック ……………………………………… 182
重要事項の解説 ………………………………………………………………………… 183
　　1　光の反射と屈折 … 183
　　2　凸レンズと凹レンズ … 185
　　発展　2枚のレンズの組み合わせによってできる像 … 188
　　3　光の干渉と回折 … 189
　　補足　鏡（凹面鏡，凸面鏡）… 196
活用例題で学ぶ知識の活用 ………………………………………………………… 199
実力錬成問題 ………………………………………………………………………… 202

4　発展：波の数理的扱い

キーワードチェック／ワンポイントチェック ……………………………………… 204
重要事項の解説 ………………………………………………………………………… 205
　　1　波の伝搬式による現象の説明 … 205
　　2　ヤングの実験でのスリット S_0 の役割 … 207
　　3　単スリットによる回折，干渉 … 209
　　4　3つのスリットによる回折，干渉 … 210
活用例題で学ぶ知識の活用 ………………………………………………………… 212
実力錬成問題 ………………………………………………………………………… 215

実力錬成問題　解答例 ……………………………………………………………… 217

法則
平行四辺形の法則 … 4
フックの法則 … 5
作用・反作用の法則 … 7
慣性の法則（運動の第1法則）… 22
運動の法則（運動の第2法則）… 22
万有引力の法則 … 37
力学的エネルギー保存の法則 … 57
熱力学第0法則 … 97
熱量保存の法則 … 98
ボイルの法則 … 105
シャルルの法則 … 106
ボイル・シャルルの法則 … 107
熱力学第1法則 … 120

定積変化における熱力学第 1 法則 … *122*

定圧変化における熱力学第 1 法則 … *122*

等温変化における熱力学第 1 法則 … *123*

断熱変化における熱力学第 1 法則 … *123*

熱力学第 2 法則（クラジウスの原理）… *136*

熱力学第 2 法則（トムソンの原理）… *136*

反射の法則 … *183*

屈折の法則 … *183*

Coffee Break
1　速度の概念に見る小・中・高の変化 … *47*
2　てこのつりあいの原点を探る … *91*
3　福沢諭吉の物理観 … *126*
4　力をめぐる熱き戦い：ライプニッツとデカルト … *143*

理科の先生になるための，理科の先生であるための
「物理の学び」徹底理解　電磁気学・原子物理・実験と観察編
目　次

第 1 章　電磁気学
　1　電気の性質（静電気と電場）
　2　コンデンサー
　3　電流と電気回路
　4　電流と磁場
　5　電磁誘導と交流
　6　発展：電磁気学の数理的扱い

第 2 章　原子物理
　1　電子の発見
　2　光の粒子性と物質の波動性
　3　原子と原子核の構造
　4　発展：原子核反応，素粒子

第 3 章　代表的な実験と観察，安全への配慮
　1　実験に関しての安全指導（出題の傾向）
　2　学習指導要領から（出題の傾向）

第 1 章 力 学

1. 静力学（質点・質点系・剛体）
2. 運動の法則
3. いろいろな運動（その1）
4. 仕事と力学的エネルギー
5. 運動量と衝突
6. 発展：いろいろな運動（その2）

1 静力学（質点・質点系・剛体）

キーワードチェック

□力の合成・分解　□質点に働く力のつりあい　□質点　□質量　□作用・反作用
□剛体　□力のモーメント　□偶力　□剛体に働く力のつりあい

ワンポイントチェック

① 力の_____，_____，力が働いた場所（_____という）を_____という。

② 矢印で力を表すとき，力の大きさは矢の_____で，また力の向きは矢の_____で表す。

③ 力の単位には（ア）_____〔記号〕や（イ）_____〔記号〕がある。（イ）は，質量1kgの物体の重さをいう。

④ 平行でない2力は，_____の法則を用いて合力を求める。平行でない3力の合力を求めるときは，_____の法則を_____回用いる。

⑤ $\vec{F}_A(3, 4)$ と $\vec{F}_B(3, -2)$ の合力の成分は_____であり，その大きさは_____である。

⑥ 力のつり合いとは，いくつかの力が_____物体に働き，作用・反作用の関係にある力は_____物体に働いている。（1つの，2つのを入れよ）

⑦ 力が働いても変形しない理想的な物体を_____という。回転の中心Oから力の作用点Aまでの位置ベクトルを $\vec{r}$，力のベクトルを $\vec{F}$ とすると，力のモーメントは_____で表される。その大きさは_____で，向きは_____である（図1参照）。

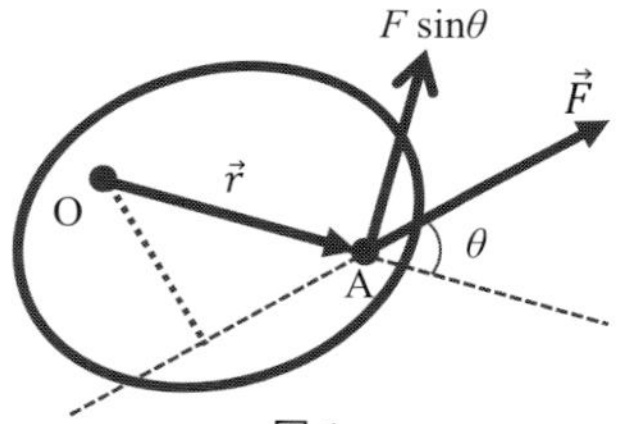

⑧ 剛体に働く2力について，力の大きさと方向が等しく，向きが反対の2力を_____という。この力によるモーメントは_____×_____で表される。

⑨ 静止している剛体にいくつかの力が働き，その合力が0のとき，剛体は_____運動せず，また任意の点の周りの力のモーメントの和が0のとき，剛体は_____運動をしない。このとき，剛体は_____の状態にあるという。

図1

解答例　① 大きさ，向き，作用点，力の三要素　② 長さ，向き　③ ニュートン，N，重量キログラム，kgw　④ 平行四辺形，平行四辺形，2　⑤ (6, 2), $2\sqrt{10}$　⑥ 1つの，2つの　⑦ 剛体，$\vec{M}=\vec{r}\times\vec{F}$，$r\cdot F\sin\theta$，左回り（反時計回り）　⑧ 偶力，力の大きさ，2力間の距離　⑨ 並進，回転，つり合い

1 静力学（質点・質点系・剛体）

重要事項の解説

1 静力学では何を学ぶのか

　質点や剛体など対象とする物体に，いくつかの力が働いて，しかも物体が静止しているとき，これらの力はつり合っているという。つり合っている力について，その大きさや方向，向きについて調べることが静力学の目的である。

　第2節（運動の法則）で明らかになるが，この力のつり合いについては，厳密には，物体が慣性系（たとえば地上）に対して静止していることをさす。

　本節では，次の①〜④について扱うことにする。
① **力に関して**：力の表示，合成と分解
② **1点に働く力のつり合い**：2力のつり合い，3力のつり合い，作用・反作用と力のつり合いの関係
③ **剛体に働く力のつり合い**：剛体に働く力，力のモーメント，偶力，重心，剛体のつり合いの条件（並進運動，回転運動）
④ **力の種類とその扱い**：重力，張力，抗力，弾性力，偶力

2 力に関して

【力の表示】

　物体に力を加えると，変形したり，またその運動状態が変わる。このように，物体の変形や運動状態の変化を通して力が働いたと感じる。物体の変形や運動状態の変化は，力の大きさや向き，また物体のどこに力が働いたかによって決まる。このように，**力の大きさ，向き，力が働いた場所（作用点という）を力の3要素**という（図2）。

図2

　力の大きさは**矢印の長さ**，力の向きは**矢印の向き**，また作用点は**矢印の始点**で表す。作用点を通り，力の向きに引いた直線を**作用線**という。

【力の単位】

　力の単位には，ニュートン（[N]）を用いることが多い。質量1kgの物体に働く重力の大きさ（重さ）が約9.8Nである。日常よく使われる力の単位としては**重量キログラム [kgw]** がある。なお，ニュートン単位は中学校で登場するが，その意味が明らかになるのは運動の法則（力と運動の関係）を通してである。

第1章　力　学

【力と合成・分解】

力はベクトルであるから，2つ以上の力を足し合わせたり（**合成**），また1つの力を2つ以上に分けたり（**分解**）することができる。平行でない2力の場合は，**平行四辺形の法則**を用いて合力を求める。

> 法則 **平行四辺形の法則（力の合成・分解）**
> 2つ以上の力を合成・分解するには，平行四辺形の法則を用いる（図3）。
> $$\vec{F_1}+\vec{F_2} \underset{\text{分解}}{\overset{\text{合成}}{\rightleftarrows}} \vec{F}$$
>
> 分解 ⇅ 合成
> ① 力 $\vec{F_1}$, $\vec{F_2}$ の始点をそろえる
> ② 力 $\vec{F_1}$, $\vec{F_2}$ を2辺とした平行四辺形を描く
> ③ 平行四辺形の対角線が合力 $\vec{F}$ となる

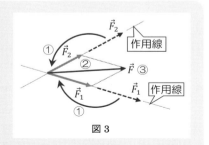

図3

3力以上の合成は，2力についての平行四辺形の法則を繰り返し用いればよい。また，1つの力を2つの力に分ける場合も平行四辺形の法則を用いる。

【力の成分表示】

力を垂直な2方向（x 座標，y 座標）に分けるとき，その分力をそれぞれ**力の成分**（x 成分，y 成分）という（図4）。

> **力の成分表示**
> $$\vec{F}=\vec{F_x}+\vec{F_y}$$
> $$\iff \vec{F}(F_x, F_y) \begin{cases} F_x = F\cos\theta, \ F_y = F\sin\theta \\ F = \sqrt{F_x^2 + F_y^2} \end{cases}$$

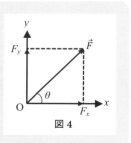

図4

$\vec{F}$ の x 成分 F_x，y 成分 F_y は，それぞれ正・負の値をとることができる。成分で扱うことで，力の合成・分解を普通の数のように計算することができる。

【いろいろな力】

物体に働く力には，その力を及ぼすものによって様々な名前がつけられている。例えば，重力とは地球が物体に及ぼす引力をいう。

重力：地上にある物体には，**鉛直下向き**に，**質量に比例した力**が働く。この力を**重力**といい，その大きさを**重さ**という。

張力：物体を糸でつるして静止させたとき，物体は糸から上向きの力を受ける。この糸が物体を引く力を**張力**という。糸の質量が無視できるとき，張力は糸の場所に関係な

く常に等しい。

　抗力：水平な面上に置かれた物体は，その面から，重力とは逆向きで等しい大きさの力を受ける。物体が面から受ける力を**抗力**という。特に，面に垂直な方向に及ぼす抗力を**垂直抗力**という。

　弾性力：伸びた（縮んだ）ばねは，もとの長さ（自然長という）に戻ろうとして，伸び（縮み）とは逆向きの力を及ぼす。この変形した物体が，もとの状態に戻ろうとする力を**弾性力**という（図5）。ばねの弾性力の大きさ F [N] と伸び x [m] には，次のフックの法則が成り立つ。

> **法則** フックの法則（ばねの伸びと弾性力の関係）
> ばねの弾性力 F [N] は，伸び x [m] に比例する。
> $$\vec{F} = -k\vec{x} \quad \cdots\cdots ①$$

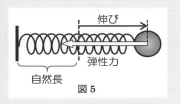

図5

　ここで k は**ばね定数**とよばれ，1 m 伸ばすのに必要な力 [N] を表す。単位には [N/m] を用いる。

③ 1点に働く力のつり合い

　1つの物体に，いくつかの力が同時に働いているにも関わらず，合力が0であるとき，それらの力はつり合っているという。図6のように，物体に働くいくつかの力について，その作用線が一点に集まる場合，これらの力を作用線上に沿って移動させ一点に集め，その点を作用点として合力を求めることができる。

$$\vec{F} = \vec{F_1} + \vec{F_2} + \vec{F_3} + \vec{F_4} + \quad \cdots\cdots ②$$

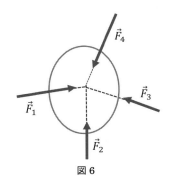

図6

　したがって，これらの力がつり合いの関係にあるとき，②式で求められる合力について次の関係が成り立つ。

> **定義** つり合いの条件（1点に働く力のつり合い）
> $$\vec{F} = \vec{F_1} + \vec{F_2} + \vec{F_3} + \vec{F_4} = 0 \quad \cdots\cdots ③ \implies \text{力の多角形表示（図7）}$$
> $$\vec{F_i}(X_i, Y_i)$$
> （力のベクトルが閉じた多角形を作る）
> ⇓
> 力の成分表示
> $$\left. \begin{array}{l} \sum_i X_i = 0 \\ \sum_i Y_i = 0 \end{array} \right\} \cdots\cdots ④$$

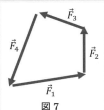

図7

力の多角形が閉じるとき③式が成り立ち，力の和が0になる。例えば$\vec{F_4}$が未知なとき，これらの力による多角形が閉じるように$\vec{F_4}$の辺の長さと角（力の大きさと方向）を求めることになる。

> **例題で確認** 図8のように，張力Tと重力Wが働いているにも関わらず，物体が静止しているとき，これらの力にはどのような関係が成り立つか。

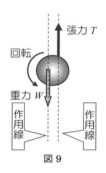

図8

状況▶▶ 糸につるされた物体がつり合っているとき，この物体に働く2つの力，すなわち張力$\vec{T}$と重力$\vec{W}$の合力は0である。

展開▶▶ 張力$\vec{T}$と重力$\vec{W}$については，③式から

$$\vec{W}+\vec{T}=0 \iff \vec{W}=-\vec{T} \begin{cases} 条件1：大きさが等しい \\ 条件2：向きが反対 \\ 条件3：同じ作用線上にある \end{cases}$$

の関係が成り立つ。

ここで，これを$\vec{W}=\vec{T}$と書いてしまっては，条件2を満たさなくなる。$-\vec{T}$のマイナスは重力$\vec{W}$と張力$\vec{T}$の向きが逆向きあることを表している。

<u>大きさのある物体</u>に働く重力（W）と張力（T）が，つり合いの条件1（大きさの条件），条件2（向きの条件）を満たすが，条件3を満たさない場合，図9のように，物体は動き出してしまう（反時計回りに回転する）。質量だけあって大きさを持たない物体（**質点**という）では，最後の条件は考えなくてもよい。

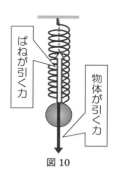

図9

4 作用・反作用の法則

ばねに物体をつけ，静かに離すとばねが伸びた状態で物体は静止する。このとき，

　　　　物体は，ばねから引かれている（→張力）

　　　　ばねは，物体から引かれている（→ばねの伸びの原因）

このように，ばねと物体は互いに力を及ぼし合う（図10）。

このとき，一方の力を**作用**といい，他方の力を**反作用**という。これらの力には，次の**作用・反作用の法則**が成り立つ。

> [法則] 作用・反作用の法則（力の働き方の法則）
> 　物体 A が物体 B に力を及ぼすと，同時に物体 B もまた物体 A に力を及ぼしている（図11）。この1組の力には，次の性質がある。
> ① 条件1：大きさが等しい
> ② 条件2：向きが反対
> ③ 条件3：同じ作用線上にある

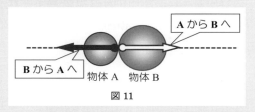

図 11

　物体 A と物体 B が接触していようが離れていようが，また運動していようが静止していようが，作用・反作用の法則は常に成り立つ。また，力のつり合いは，1つの物体に働く力の関係であるが，作用・反作用では，力は2つの物体間に働き，その作用点はそれぞれ違う物体に存在する。この違いに注意したい。

[5] 剛体に働く力のつり合い

　力が働いても変形しない理想的な物体を**剛体**という。大きさのある物体とは，多数の質点の集まりであり，したがって外力によってこれら質点の配置に変化が生じない物体が剛体である。抗力や摩擦力は，物体に生じる極めて小さな変形が原因で生じる力であるが，ここでは，これらの変形も無視する。

【剛体に働く力の作用（その1：作用線の定理）】
　同じ作用線上にある大きさの等しい向きの反対な2つの力は互いに打ち消し合う。この性質を用いることで，剛体に働く力には，次の**作用線の定理**が成り立つ。

> [定理] 作用線の定理（剛体に働く力の性質）
> 　剛体に働く力の作用点は，作用線上のどこに移しても，力の効果は変わらない。

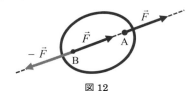

図 12

作用点 A に働く力を，同じ作用線上にある作用点 B に移動できることを示そう（図12）。
　$\vec{F}(A)$ と同じ作用線上にある点 B に，つり合う力 $-\vec{F}$, $\vec{F}(B)$ を加える。同じ作用線上にある大きさの等しい向きの反対な2つの力は互いに打ち消し合うから，

$$\vec{F}(A) = \underbrace{-\vec{F} + \vec{F}(B)}_{\text{打ち消し合う}} + \vec{F}(A) = \underbrace{-\vec{F} + \vec{F}(A)}_{\text{打ち消し合う}} + \vec{F}(B) = \vec{F}(B)$$

が成り立つ。ここで，$\vec{F}(A)$ は A 点を作用点とした力を表す。このように，同じ作用線上であれば，作用点を移動させても剛体に対する力の効果は変わらない。

第1章　力　学

【剛体に働く力の作用（その2：力のモーメント）】

図13のように，剛体の一点Oが固定されており，点Aに力$\vec{F}$が働いたとする。このとき，剛体は点Oを中心に反時計回り（左回り）に回転する。この剛体を回転させる物理量を力$\vec{F}$の点Oに関するモーメントという。

点Oの周りの力のモーメント$\vec{M}$は次式で与えられる。

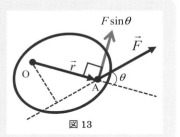

図13

> **定義** 力のモーメント（剛体を回転させる効果）
> 　回転の中心Oから力の作用点Aまでの位置ベクトルを$\vec{r}$，また力のベクトルを$\vec{F}$とする。
> $$\vec{M}=\vec{r}\times\vec{F} \quad \cdots\cdots ⑤$$
> 　├ 力のモーメントの大きさ
> 　│　$|\vec{M}|=r\cdot F\sin\theta$
> 　└ 力のモーメントの向き
> 　　　左回りを正，右回りを負

⑤式のように，力のモーメントは$\vec{r}$と$\vec{F}$のベクトル積で表される。

なお，力のモーメントの単位は〔N・m〕である。

同一平面内にある多くの力が剛体に働く場合，点O周りの力のモーメントの和は，⑤式の和として求めることができる。このとき，力のモーメントが力を含む平面に垂直な軸の周りに左回りか右回りかで，それぞれ正，負の符号を付けて加えることになる（図14）。

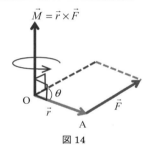

図14

【偶力のモーメント】

大きさと方向が等しく，向きが反対の2力を偶力という。以下の例題で偶力のモーメントを求めよう。

> **例題で確認** 偶力のモーメントは$M=L\times F$で与えられることを示せ。ただし，Lは作用線間の距離とする。

状況▶▶ 力のモーメントの定義により，互いに偶力の関係にある2力$\vec{F}$と$-\vec{F}$の点O周りの力のモーメントを求める。

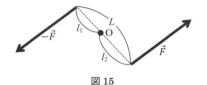

図15

展開▶▶ 互いに偶力の関係にある2力$\vec{F}$と$-\vec{F}$の点O周りの力のモーメントは，ともに反時計回りであるから同じ符号（正とする）である（図15）。

$$M=l_1\times F+l_2\times F=(l_1+l_2)\times F=L\times F$$

剛体に偶力が働いたとき，剛体は回転はするが，しかし剛体全体としては動き出すことはない（並進運動しない）。

【剛体のつり合いの条件】
静止している剛体にいくつかの力が働くとき，
(a) 剛体が全体として動かない（並進運動しない）
(b) 剛体が一つの定点の周りに回転しない

という二つの条件を同時に満たすとき，この剛体はつり合いの状態にあるという。以下，(a), (b)の条件式を求めよう。

> 条件式 剛体のつり合いの条件式
>
> (a) 並進運動のつり合い ⟶ $\vec{F}_{\text{total}} = \sum_i \vec{F}_i = 0$ $\begin{cases} \sum_i X_i = 0 \\ \sum_i Y_i = 0 \end{cases}$ ……⑥
> （力の総和が 0）
>
> (b) 回転運動のつり合い ⟶ $\vec{M}_{\text{total}} = \sum_i \vec{M}_i = 0$ ……⑦
> （力のモーメントの総和が 0）

> 例題で確認 長さ L，重さ W の一様な棒が，滑らかな壁と粗い床との間に立てかけてある。床と棒とのなす角を θ としたとき，棒が壁と床から受ける力（図の $\vec{N}$ と $\vec{N'}$）を求めよ。

解説▶▶ ⑥式，特に⑦式の使い方について見てみよう。
⑥式 水平方向：$N+(-F)=0$，鉛直方向：$N'+(-W)=0$
⑦式 点B周りの力のモーメントを考えると，扱うべき力は W と N の2つになる。反時計回りをプラスにとると，

$$W \times \frac{L}{2}\cos\theta + (-N \times L\sin\theta) = 0$$

これら3つの式から N と N' を求める。A点周りの力のモーメントを考えると，扱うべき力は W, F と N' の3つになる。このように，**回転の中心は扱うべき力が少なくなるような点を選ぶ**とよい。

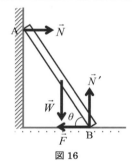

図 16

■ 発展 てこのつり合い

小学校6年で学習するてこのつり合いでは，「支点Cから距離 a, b にある点A, Bに重力 F_A, F_B が働いていて，

$$F_A \times a = F_B \times b \quad ……⑧$$

が成り立つとき，てこはつり合いの状態にある（図17）。」として，点C周りの力のモーメントに相当する物理量を考えてはいるが，ここでは，**仮想仕事の原理**を用いて⑧式（て

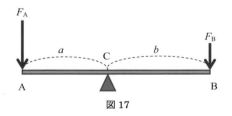

図 17

このつり合いの式）を導こう。

【仮想仕事の原理】

まず，仮想仕事の原理とは，「『束縛力が仕事を行わないという条件の下，着目している体系（ここではてこ）に対して，束縛条件を破らない範囲でその構造上許される任意の変位（仮想変位）を考え，この変位に対して加えられた力の行う仕事（仮想仕事）の和が 0 になる』ことが，つり合うための条件である」というものである。

この原理に従い，以下(1)～(4)の順で⑧式を導く。

(1) C を支点として，これが破られないように（てこの形状を保ちつつ），力が働く A，B 点を小さく動かす。

(2) すなわち，微小な角 $\Delta\theta$ だけ C の周りにてこを回転させたとすると，
　　A 点は $a \times \Delta\theta$ 下に移動し，
　　B 点は $b \times \Delta\theta$ 上に移動する。

(3) したがって，
　　F_A の行う仕事は $F_A \times a\Delta\theta$
　　F_B の行う仕事は $-F_B \times b\Delta\theta$
から，全体の仕事 ΔW は
$$\Delta W = F_A \times a\Delta\theta + (-F_B \times b\Delta\theta)$$
$$= (F_A \times a - F_B \times b)\Delta\theta$$

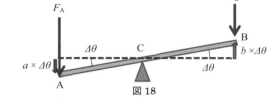

図 18

となる（図18）。

(4) つり合いの条件は，仮想仕事の原理より $\Delta W = 0$ であるから
$$F_A \times a = F_B \times b$$
すなわち，⑧式が得られる。

このように，仮想仕事の原理は，つり合いの位置にあるてこを，本当は仕事をしないのだが，仮に仕事をしたとして式をたて，その仕事をゼロにするような力の関係，すなわちつり合いの条件式を導こうとするものである。したがって，この原理から導ける $F_A \times a$ や $F_B \times b$ はエネルギーに関係した物理量だとわかる。

活用例題で学ぶ知識の活用

【活用例題1】　　　　　　　　　　　長野県高校物理2012年度・改（頻出・普通）

図のように長さ L [m] の棒 AB が水平になるように，BC を結ぶ軽い糸と摩擦のある鉛直な壁で支えて静止させた。A および C は壁上にあり，BC を結ぶ糸は水平と θ の角をなしている。棒の重さが W [N] で，重心 G が A から x [m] B 寄りにあるとき，次の問いに答えよ。ただし，$0 < x \leq L$ とする。

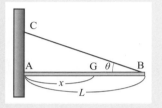

(1) BC を結ぶ糸が棒を引く力の大きさを求めよ。
(2) 棒が A において壁から受ける静止摩擦力の大きさを求めよ。
(3) 棒が A において壁から受ける垂直抗力の大きさを求めよ。
(4) 静止摩擦力は x とともにどのように変化するか。図示せよ。
(5) 棒と壁の間の摩擦がなくても棒を支えられるのは G がどこにあるときか。x [m] の値で答えよ。

📖 **解説** 剛体のつり合い。まずは，働く力を正しく図示することが先決（右図）。剛体のつり合いは

　(a) 並進運動のつり合い，(b) 回転運動のつり合い

について条件式をたてる。したがって，剛体のつり合いは次の3つの**素過程**が基本となる。

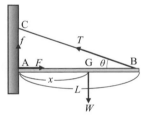

【素過程1】 働く力の図示（漏れなく，重複なく）
【素過程2】 並進運動のつり合い（力の和が0）
【素過程3】 回転運動のつり合い（力のモーメントの和が0）

なお，棒に働く力は水平方向，鉛直方向に分ける。また力のモーメントは点 A 周りのモーメントを考える。

☞ **解答への指針**

(1)〜(3) 棒に働く力は，図から

　W：**重力**，T：**張力**，F：壁からの**垂直抗力**，f：壁からの**摩擦力** の4つである。これらを水平方向，鉛直方向に分けると，それぞれのつり合いの式は

　　水平方向：$F + (-T\cos\theta) = 0$　　……①
　　鉛直方向：$f + T\sin\theta + (-W) = 0$　　……②
　　点 A 周りの力のモーメントについて
　　　　$T\sin\theta \times L + (-W \times x) = 0$　　……③

素過程への分解・分析
素過程1
棒に働く力の図示
重力
糸からの張力
壁からの抗力，摩擦力
素過程2
素過程3
棒に働く力の総和＝0
①式：水平成分の和＝0
②式：鉛直成分の和＝0

第1章　力　学

①～③式を解く。

(4)(5) 壁からの摩擦力 f は

$$f = \frac{L-x}{L}W$$
$$= -\frac{W}{L}x + W$$

$(0 < x \leq L)$

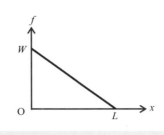

力のモーメントの和＝0
　③式：点A周りのモーメント

【活用例題2】　　　　　　　　　　　　　滋賀県高校物理2012年度（頻出・普通）

摩擦がある板の上に，真横から見た高さ a が 0.40 m，幅 b が 0.30 m の直方体を静かに置いた後，板の傾きを少しずつ大きくしていく。

(1) 図のように板の傾きが θ となったとき，直方体は板の上で静止したままであった。直方体に働く重力が図中に矢印で示されているとき，直方体が板から受ける垂直抗力の矢印を，作用点と長さを正しく図中に書き込め。なお，長さの根拠となる補助線等を示すこと。

(2) 板の傾きを大きくしていったとき，直方体が滑り出すよりも先に点Pを支点として回転し始める条件を，必要な物理量を使って示せ。ただし，板と直方体との静止摩擦係数を μ とする。

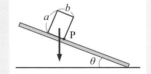

📖 **解説**　働く力を正しく図示することが先決（右図）。右図の場合，物体に働く力は，

　　重力（W），垂直抗力（N），静止摩擦力（f）

の3つ。この3力がつり合う。後半は，「斜面の傾きが大きくなり，重力が点Pを超えるとき，物体は点Pの周りに回転する。」を用いる。なお，素過程は次の2つである。

【素過程1】働く力の分解　→　(1)
　　　　（斜面に沿って平行な成分，斜面に垂直な成分）

【素過程2】並進運動のつり合い（斜面に沿って平行な成分の和が0）　→　(2)

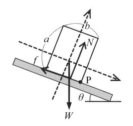

👉 **解答への指針**

(1) 物体に働く力は，重力（W），垂直抗力（N），静止摩擦力（f）の3つ。斜面に垂直な成分のつり合いから，

$$N + (-W\cos\theta) = 0$$

垂直抗力の大きさは，板に対する重力の垂直方向成分と等しい。その始点は，垂直抗力 N と静止摩擦力 f の合力が物体の重心を通るように描く。具体的には，重力の作用線と斜面との交点が垂直抗力の始点になる（参考図）。

(2) 直方体に働く摩擦力が十分に大きいと仮定する。このとき，点P周りの力のモーメントを考えると，重力を表すべ

素過程への分解・分析
素過程1
垂直抗力と重力の斜面に垂直な成分とがつり合う。
素過程2
斜面方向成分の力
摩擦力
重力の斜面成分
のつり合いを考える

クトルが点Pを超えたとき，すなわち点Pよりも右側にきたとき，直方体は点Pを支点として時計回りに回転をはじめる。

　このときの傾きをθ_0としたとき，板に対する重力の水平成分より摩擦力の方が大きければ，直方体は斜面上を滑ることはない。

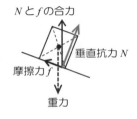

【参考】斜面上で物体が回転運動しないとは，点P周りの力のモーメントが0だということである。もし，垂直抗力と静止摩擦力の合力が重心を通らなければ，この点P周りの力のモーメントが0にはならず，物体は回転運動を起こすことになる。したがって，斜面からの垂直抗力の作用点は，重力（鉛直方向）の作用線と斜面との交点にくる（実力錬成問題3参照）。

　剛体ではなく質点の場合（回転運動を考えない場合）は，斜面からの垂直抗力は物体の重心を通るように描く。

　また，右図のように，剛体が斜面ではなく水平面に置かれているときも，面からの垂直抗力は物体の重心を通る

解答例

【活用例題1】
(1) $\dfrac{x}{L\sin\theta}W$ [N]　(2) $\dfrac{L-x}{L}W$ [N]　(3) $\dfrac{x}{L\tan\theta}W$ [N]　(4) 解答への指針で明記
(5) $x=L$

【活用例題2】
(1) 解説に明記　(2) $\mu \geq \tan\theta_0$

実力錬成問題

1 図のように水平な摩擦のある床に高さ L の台が固定されている。この台に長さ $2L$，質量 M の一様な棒を立てかけたところ，床面に対して $60°$ の角度をなして静止した。次の各問いに答えよ。

ただし，台と棒との間には摩擦はなく，重力加速度を g とする。

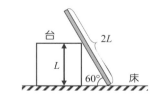

(1) 棒が台から受ける抗力の大きさはいくらか。
(2) 棒と床との間に働く摩擦力の大きさはいくらか。
(3) 棒と床から受ける垂直抗力の大きさはいくらか。
【沖縄県高校物理（2010年度）】

2 (1) 右図は糸につるした物体を模式的に示したものであり，図中の矢印は物体に働く重力を表している。この物体に働く重力に対する反作用の力は何か。【広島県中学理科（2010年度）】

(2)「作用・反作用」と「つり合い」について，机の上に置いた本を例に，それぞれ簡潔に説明せよ。【長崎県中学理科（2010年度）】
(3) 物体に働く力の指導において，「つり合う力の関係」と「作用・反作用の力の関係」を混同する生徒が大変多い。それぞれの関係の違いを明確に指導する観点は何か。簡潔に説明せよ。
【福井県中高共通（2010年度）】

3 図のように，あらい面をもつ板が水平面から傾いた状態で固定され，斜面をつくっている。斜面の水平面からの角度 θ [rad] は自由に調節できる。いま，$\theta = \theta_0$ [rad] の状態で，質量 m [kg]，高さ b [m] で密度が一様な直方体の物体が，長さ a [m] の辺が斜面の最大傾斜方向と平行になるように置かれている。重力加速度の大きさを g [m/s²] とする。

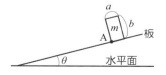

$\theta = \theta_0$ [rad] で物体が静止しているとして，以下の問いに答えよ。
(1) 物体に働く静止摩擦力の大きさを求めよ。
(2) 物体の重心周りの，摩擦力による力のモーメントの大きさを求めよ。
(3) 斜面から受ける垂直抗力の作用点と，物体の下端 A との距離を S [m] とする。$a = 0.8$ m，$b = 1.0$ m として，S と $\tan\theta_0$ の関係をグラフで示せ。ただし，グラフと軸との交点の値は必ず記入すること。
【静岡県高校物理（2012年度）改】

1 静力学（質点・質点系・剛体）

解法への指針

1 (1)〜(3)【素過程（働く力の図示（漏れなく，重複なく））】，【素過程（並進運動のつり合い（→力の和が 0 ））】，【素過程（回転運動のつり合い（→棒の接地点周りの力のモーメントの和が 0 ））】

2【素過程（力のつり合いの関係にある力の条件）】，【素過程（作用・反作用の関係にある力の条件）】つり合いの関係にある力は着目する物体に働く。作用・反作用の関係にある力は，2 つの物体の間に働く。いずれも，「力の大きさが等しく」，「向きが互いに反対」であり，「同じ作用線上にある」。

3 (1)【素過程（斜面に平行な力の成分のつり合い）】，(2)【素過程（重心周りの力のモーメント）】，(3)【素過程（斜面から受ける垂直抗力の作用点は，物体の重力の作用線と板との交点）】。(1)重力の斜面に水平成分と摩擦力がつり合う。(2)直方体の重心の位置は直方体の対角線の交点にある。(3) $S = \dfrac{a}{2} - \dfrac{b}{2}\tan\theta_0$ より，$S=0$ を満たす θ_0 で物体は点 A の周りに回転する。

2 運動の法則

キーワードチェック

□位置　□速さ　□速度（平均速度，瞬間速度）　□相対速度　□加速度
□x-tグラフ，v-tグラフ　□運動の法則　□静止摩擦力　□動摩擦力　□摩擦係数

ワンポイントチェック

① 直線道路を時速100 kmで走っているAから最高時速150 kmのBを見たとき，Bの速度が時速200 kmに見えた。このとき，地面に対するBの速度は [　　　] で，Aと [　　　] に走っている。（2つ目の空欄には，同じ向き，または逆向きが入る。）

② 右図のv-tグラフでは，水平投射の水平成分，また鉛直成分は，それぞれ [記号] と [記号] で表される。

③ 斜方投射の水平成分，また鉛直成分は，図1ではそれぞれ [記号] と [記号] で表される。

④ 運動の方向とは逆向きに力が働いた様子は，右図では [記号] で表される。

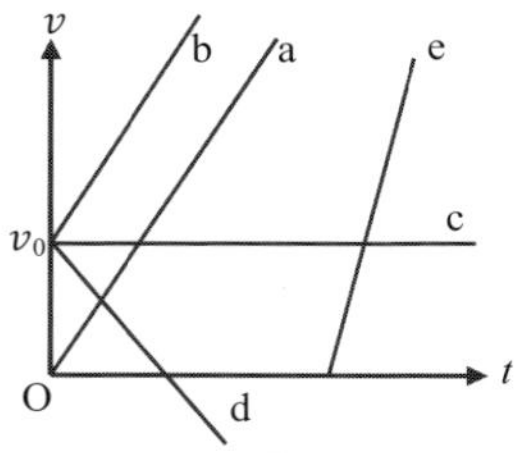

図1

⑤ 物体が外部から力を受けないか，物体に働く力が [　　　] とき，静止している物体は [　　　] し，運動している物体は [　　　] を行う。これを [　　　] の法則といい，物体のこのような性質を [　　　] という。

⑥ 物体に力が働くと，[　　　] の向きに加速度が生じる。加速度の大きさは [　　　] の大きさに比例し，物体の [　　　] に反比例する。これを [　　　] の法則という。

⑦ 粗い水平面上の物体に横から力を加えても動かない。これは，加えた力と反対向きに等しい大きさの [　　　] 力が，[　　　] から [　　　] に働くからである。動き出す直前の [　　　] 力を [　　　] という。

⑧ 最大摩擦力の大きさF_{max}は，$F_{max}=\mu N$と表せる。Nは [　　　] とよばれ，水平面上の物体では物体の [　　　] に等しい。物体が動いている場合の摩擦力を [　　　] といい，$F=\mu'$ [　　　] が成り立つ。μやμ'はそれぞれ [　　　] や [　　　] とよばれ，その大小関係は [　　　] である。

解答例　① 時速100 km，逆向き　② c, a　③ c, d　④ d　⑤ つり合っている，静止，等速度運動，慣性，慣性　⑥ 力，力，質量，運動　⑦ 摩擦，水平面，物体，摩擦，最大摩擦力　⑧ 垂直抗力，重さ，動摩擦力，N，静止摩擦係数，動摩擦係数，$\mu>\mu'$

重要事項の解説

1 運動の記述

本節では，物体に加えた力とその結果生じる運動との関係について学ぶ。まずは，運動を記述する物理量である変位や速度，また加速度について整理しておこう。なお，以下，特に断らない限り，物体を質量はもっているが大きさの無視できる**質点**として扱うことにする。

なお，発展（p.25）で示すように，物体の運動は各時刻での場所（位置）と，そのときの速度を与えると決定される。これは物体の運動を記述する運動方程式が二階の微分方程式であることに起因する。

【経路と変位】

質点が運動すると，実際にそれが通過した道筋が考えられる。これを**経路**という。この経路上での質点の位置 P を表すには，基準点 O から引いた位置ベクトル $\vec{r}$ を用いる。経路上の別の位置を P' として，その位置ベクトルを $\vec{r}'$ とすると

$$\vec{r} + \vec{d} = \vec{r}' \quad \cdots\cdots ①$$

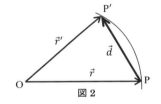

図2

で定められる $\vec{d}$ は，運動の始めと終わりの点を結ぶものであり**変位**とよばれる（図2）。変位は質点の位置の変化を表す物理量であり，実際に質点が移動した経路を示すものではない点に注意したい。なお，変位の単位は [m] を用いる。

【速さと速度】

単位時間あたりに移動する距離のことを**速さ**という。速さには**秒速**（1秒間あたりの距離）や**分速**（1分間あたりの距離），また**時速**（1時間あたりの距離）がある。このように，速さとは時間を指定したときの移動距離のことをいう。この速さに，運動の向きをあわせた物理量を**速度**という。例えば，速さ 10 m/s で走るとは，東西南北，好きな方向（向き）に走ればよいが，「速度 10 m/s で走る」ときは，走る向きを指定しなければならない。

第1章　力　学

定義 速度（平均の速度）の表式

時間 Δt に点 P から点 P′ まで運動したとき，単位時間あたりの変位を**平均の速度**という。

$$\vec{v} = \frac{\Delta \vec{r}}{\Delta t} \quad \cdots\cdots ② \quad 【平均の速度】$$

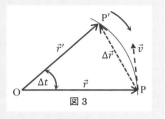
図3

平均の速度（②式）は，時間 Δt の値によって，その大きさは変化する。しかし，Δt を十分小さくすると一定の値に近づく。これを質点の点 P における**速度（瞬間の速度）**といい，次のように表す。

定義 速度（瞬間の速度）の表式

$$\vec{v} = \lim_{\Delta t \to 0} \frac{\Delta \vec{r}}{\Delta t} \left(= \frac{d\vec{r}}{dt} \right) \quad \cdots\cdots ③ \quad 【瞬間の速度】$$

平均の速度は，向きを変えることなく PP′ 間を一定の速さで走ったときの速度であり，その速度の向きは PP′ の向きで表される（図3）。平均の速度の時間間隔を次第に小さくしていくと，2点 PP′ を結ぶ直線は，やがて点 P での接線に近づく。このように，ある場所での瞬間の速度の向きは，その点での**接線の向き**で表される。

【速度の合成・分解】

速度はベクトルであるから，平行四辺形の法則によって合成や分解ができる。分解の例としては，直交座標を用いた速度の成分表示がある。ここでは合成の例として相対速度について考えよう。

例題で確認 物体 A が東向きに速さ v で，物体 B は北向きに速さ $\sqrt{3}v$ でそれぞれ走行している。このとき，A に対する B の相対速度を求めよ。

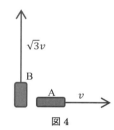
図4

状況▶▶ 一般に速度とは，静止している観測者（たとえば地上にいる観測者）から見ての速度（**絶対速度**）をいう。

展開▶▶ A 自身が速度 $\vec{v}_A$ で運動しているとき，この運動している観測者 A から見た物体 B の速度を**相対速度**という。相対速度を求める手順は以下の通りである。

① 物体 A を止めるためのベクトル $-\vec{v}_A$ を考える。

② 物体 B にも，そのベクトル $-\vec{v}_A$ を加える。

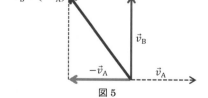
図5

このとき，$\vec{v}_B$ に $-\vec{v}_A$ を加えたベクトル $\vec{v}_B + (-\vec{v}_A)$ が，A を止める効果を加味した物体 B の速度，すなわち「**A に対する B の相対速度**」を表す。したがって，A から見た B は

「西から北への60度の向きに$2v$」となる。

> **例題から得られる結論** 相対速度（速度の合成の例）
> 　物体A（観測者）の速度を$\vec{v}_A$，物体B（相手）の速度を$\vec{v}_B$とすると，Aに対するBの相対速度は次式で与えられる。
> $$\vec{v}_{AB}=\vec{v}_B+(-\vec{v}_A)=\vec{v}_B-\vec{v}_A \quad \cdots\cdots ④ \quad 【相対速度】$$

【加速度】

　速度の時間変化を考えよう。図6のように，点Pにおける速度を$\vec{v}$，時間Δt経過した後の点P'における速度を$\vec{v}'$とし，その速度変化を$\Delta \vec{v}=\vec{v}'-\vec{v}$とすると，**平均の加速度**，また点Pにおける加速度（**瞬間の加速度**）は，それぞれ次式で与えられる。

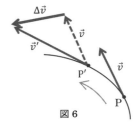

図6

> **定義** 加速度（平均の加速度，瞬間の加速度）の表式
> $$\vec{a}=\frac{\Delta \vec{v}}{\Delta t} \quad \cdots\cdots ⑤ \quad 【平均の加速度】$$
> $$\vec{a}=\lim_{\Delta t \to 0}\frac{\Delta \vec{v}}{\Delta t}\left(=\frac{\mathrm{d}\vec{v}}{\mathrm{d}t}\right) \quad \cdots\cdots ⑥ \quad 【瞬間の加速度】$$

　⑥式から加速度は速度（ベクトル）の変化であるから，たとえ速さは変わらなくても，その向きが変われば加速度は0ではない。**等速円運動**は，速さは一定であるが，その向きが絶えず変化しているので加速度運動である。しかし，一直線上を運動する質点の場合は，加速度だけでなく，変位や速度もその方向が一定になるから，その向きを正負の符号で表したスカラー量として扱うことができる。

> **特徴** 加速度の正負と運動の向きについて
> $$a=\frac{\mathrm{d}v}{\mathrm{d}t}>0 \to 速度 v は増加 \qquad a=\frac{\mathrm{d}v}{\mathrm{d}t}<0 \to 速度 v は減少$$
> - x軸の正の向きに加速　　　　　- x軸の正の向きに減速
> - x軸の負の向きに減速　　　　　- x軸の負の向きに加速

補足　角速度と角加速度

　物体の回転運動では，**角速度**や**角加速度**が重要な物理量となる。
　図7のように原点Oと点Pとを結ぶ線分OPが点Oの周りに回転運動しているとき，時間Δt経過した後，OPが回転した角を$\Delta \theta$とする。このとき，この間の**平均の角**

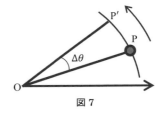

図7

速度（[rad/s]），また，点Pにおける**瞬間の角速度** ω は次式で与えられる。

$$\frac{\Delta\theta}{\Delta t} \longrightarrow \omega = \lim_{\Delta t \to 0}\frac{\Delta\theta}{\Delta t}\left(=\frac{d\theta}{dt}\right) \quad \cdots\cdots ⑦$$

　平均の角速度　　　瞬間の角速度

　回転の向きについては，原点Oを中心として，反時計回りを正，時計回りを負と定める。回転が次第に速くなるとき，一般に角速度 ω が時間とともに変化する。このとき，角速度の時間変化を考えて，

$$\alpha = \lim_{\Delta t \to 0}\frac{\Delta\omega}{\Delta t}\left(=\frac{d\omega}{dt}\right) \quad \cdots\cdots ⑧ \quad 【角加速度】$$

で与えられる α を**角加速度**（[rad/s²]）という。

（例）円運動の速度，加速度

　質点が半径 r の円運動をしている場合を考えよう。ある瞬間のP点の速度（**線速度**という）を $\vec{v}$，角速度を ω とする。このとき，円周上の微小距離 Δs と回転角 $\Delta\theta$ とは， $\Delta s = r\cdot\Delta\theta$ が成り立つから，③，⑦式より

$$v = \lim_{\Delta t \to 0}\frac{\Delta s}{\Delta t} = \lim_{\Delta t \to 0}r\frac{\Delta\theta}{\Delta t}$$
$$= r\omega \quad \cdots\cdots ⑨$$

の関係がある。また，図8より2点間 PP′ の速度変化 Δv は

$$\vec{\Delta v} = \vec{\Delta v_n} + \vec{\Delta v_t}$$

と表せる。したがって，点Pにおける加速度は，⑥式より

$$a = \lim_{\Delta t \to 0}\frac{\Delta v}{\Delta t} = \lim_{\Delta t \to 0}\frac{\Delta v_n}{\Delta t} + \lim_{\Delta t \to 0}\frac{\Delta v_t}{\Delta t}$$

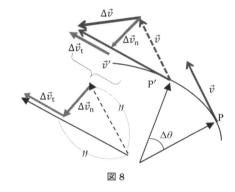

図8

となる。上式の右辺第1項は**法線加速度**（速度の向きを変える加速度），第2項は**接線加速度**（速度の大きさを変える加速度）とよばれる。円運動では，$\Delta\theta$ が微小なとき，$\Delta v_n = v\cdot\Delta\theta$ と表せるから法線加速度 a_n は

$$a_n = \lim_{\Delta t \to 0}\frac{\Delta v_n}{\Delta t} = \lim_{\Delta t \to 0}v\frac{\Delta\theta}{\Delta t} = v\omega = r\omega^2 = \frac{v^2}{r} \quad \cdots\cdots ⑩$$

で与えられる（等速円運動（p.35）を参照のこと）。

2 運動の可視化（v-t グラフ）

　等加速度運動など，規則性のある運動を調べるとき，

　　x-t グラフ〔移動距離（x）と経過時間（t）との関係を表すグラフ〕

　　v-t グラフ〔速さ（v）と経過時間（t）との関係を表すグラフ〕

を用いると運動の様子が一目でわかる。ここでは，次の例題によって v-t グラフの活用の様子をみてみよう。

例題で確認 図9は，ある質点の v–t グラフを表したものである。このグラフから(1)加速度と時間の関係を表すグラフ，(2)変位と時間の関係を表すグラフを描け。また，(3)この質点の 0～6 秒間の移動距離を求めよ。なお，時刻 $t=0$ における位置を $x=0$ とする。

【岩手県高校理科（2013年度）】

状況▶▶ 速さ（v）が時間経過（t）につれてどのように変化するかを表した図が v–t グラフである。等速度運動では速さが一定だから，グラフは横軸に平行になる。v–t グラフから何が読み取れるかを示しておこう。

① v 軸の正負が運動の向きを表す。
② v–t グラフの面積が移動距離を表す。
③ v–t グラフの直線の傾きが加速度を表す。

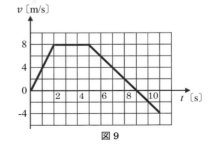

図9

展開▶▶ (1) ③より，v–t グラフの傾きが加速度 a〔m/s²〕を表すから，以下のように各区間で一定の値をとる。

$0 \leq t \leq 2$ のとき $a = \dfrac{8-0}{2} = 4$
$2 \leq t \leq 5$ のとき $a = 0$ 傾き一定→等加速度運動
$5 \leq t \leq 11$ のとき $a = \dfrac{-4-8}{6} = -2$

(2) ②より，v–t グラフの面積が移動距離を表すから，変位 x は

$0 \leq t \leq 2$ のとき $x = \dfrac{1}{2} \times 4 \times t^2 = 2t^2$

$2 \leq t \leq 5$ のとき $x = 8 + 8 \times (t-2) = 8t - 8$

$5 \leq t \leq 11$ のとき $x = 32 + 8 \times (t-5) + \dfrac{1}{2} \times (-2) \times (t-5)^2 = -t^2 + 18t - 33$

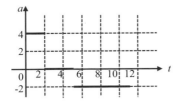
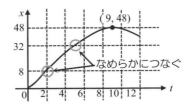

図10

x–t グラフを作図する際の注意点は，$t=2$，および $t=5$ で放物線と直線を滑らかにつなぐことである。

(3) 6秒間の移動距離は，次のように求めることができる。

$x = -t^2 + 18t - 33 \longrightarrow x = -6^2 + 18 \times 6 - 33 = 39$ m

また x–t グラフから，出発点から最も離れるのは 9 秒後で 48 m の場所，それ以降は U ターンして，また出発点に戻りはじめる。

第1章 力　学

> **例題から得られる結論** 位置・速度・加速度の関係
>
> $$\boxed{位置\ x} \underset{\left(x = x_0 + \int_{t_0}^{t} v \mathrm{d}t\right)}{\overset{x\text{-}t\ \text{グラフの傾き}\ \left(v = \frac{\mathrm{d}x}{\mathrm{d}t}\right)}{\rightleftarrows}} \boxed{速度\ v} \underset{\left(v = v_0 + \int_{t_0}^{t} a \mathrm{d}t\right)}{\overset{v\text{-}t\ \text{グラフの傾き}\ \left(a = \frac{\mathrm{d}v}{\mathrm{d}t}\right)}{\rightleftarrows}} \boxed{加速度\ a}$$

③ ニュートンの運動の法則

物体の運動についての法則は，物体の慣性について述べた**第1法則（慣性の法則）**，物体に働く力と運動に関する**第2法則（運動の法則）**，そして力の作用の仕方に触れた**第3法則（作用・反作用の法則）**という3つの法則からなる。なお，第1法則と第2法則は着目する1つの物体に対する法則であるが，第3法則は2つの物体間の力のやりとりに関する法則である。以下，第1，第2法則についてまとめておこう。なお，作用・反作用の法則については，第1節静力学を参照のこと（p.6）。

【慣性の法則】

物体に力が働いたとき，物体は変形したり，その運動状態が変化する。運動に対する物体の性質について述べたものが**慣性の法則（運動の第1法則）**である。

> **法則** 慣性の法則（運動の第1法則）
>
> 物体が外部から力を受けないか，物体に働く力がつり合っているとき，静止している物体は静止し続け，運動している物体は等速直線運動を続ける。
>
> $$\boxed{\text{物体に働く力}} \qquad \boxed{\text{運動の状態}}$$
>
> $$外力 = 0,\ 合力 = 0 \Longrightarrow \begin{cases} 静止 \to 静止 \\ 等速直線運動 \to 等速直線運動 \end{cases}$$

物体は力が働かなければ（働いても，その合力が0であれば），現在の運動状態を保とうとする。物体は，自ら運動の状態を変えようとはしない。物体の力に対する，このような性質を**慣性**という。この慣性を担っている物理量が質量であり，特に，重力を担う質量（重力質量）と区別して**慣性質量**ともいう。

【運動の法則】

物体に力が働いたとき，物体はその運動状態を変える。加えた力と運動状態の変化の様子を表した法則が**運動の法則（運動の第2法則）**である。

> **法則** 運動の法則（運動の第2法則）
>
> 物体にいくつかの力が働くとき，物体にはそれらの合力の向きに加速度が生じる。その加速度の大きさは，合力の大きさに比例し，物体の質量に反比例する。

運動の状態変化を表す物理量が加速度 $\vec{a}$ であり，加速度を生じさせる原因として，ニュートンは物体に働く力 $\vec{F}$ と物体の質量（慣性質量）m に着目した。運動の法則は次の運動方程式で表される

> **公式** 運動方程式
> $$m\vec{a} = \vec{F} \quad \left(m\frac{d^2\vec{r}}{dt^2} = \vec{F} \right) \quad \cdots\cdots ⑪ \quad 【運動方程式】$$

ここで，⑪式をもとに力の単位を定義しておこう。質量 $1\,\mathrm{kg}$ の物体に $1\,\mathrm{m/s^2}$ の加速度を生じさせる力を $1\,\mathrm{N}$（ニュートン）と定める。すなわち，$[\mathrm{kg\cdot m/s^2}]$ を $[\mathrm{N}]$ と表そうというのである。

■発展 慣性系（運動の法則が成り立つ座標系）

運動の法則はどのような場所で成り立つのだろう。ニュートンは，慣性の法則でその場所を示そうとした。慣性の法則を第1番目に置いたのはそのためである。「力が働かなければ，物体は運動の状態を変えようとしない」，そのような場所で運動の法則は成り立つのである。たとえば，地上で物体を静かに落下させると，運動の法則にしたがって物体は自由落下する。同様に，等速度運動する列車内でも，物体を静かに手放すと地上と同じく自由落下する。このように，静止も含め等速度運動している車内では運動の法則が常に成り立つ。落下現象だけでは，静止系と等速度で運動している系とは区別できないことになる。運動の法則が成り立つ世界を**慣性系**という。

しかし，一旦，列車が加速度運動（たとえば急発進や急カーブ）すれば，床に置かれたボールはひとりでに動きだし，列車のつり輪は傾き出す。すなわち，外力が働いていないにもかかわらず運動の状態を変えてしまうのである。このような世界（加速度系）では，もはや運動の法則は成り立たない（活用例題3参照）。

4 運動の解析（運動方程式を解く）

運動方程式を解くための手順を示しておこう。

（手順1）着目している物体に働く力をもれなく図示する。このとき，運動に関係しない力は省略するとよい。

（手順2）物体の運動の方向を x 方向（または y 方向）として座標系を定める。力を成分表示して，運動に寄与する力の成分を絞り出す。

（手順3）対象とする物体についての運動方程式をたてる（成分表示）。
$$m\vec{a} = \Sigma \vec{F} \quad \begin{cases} ma_x = F_{1x} + F_{2x} + \cdots \\ ma_y = F_{1y} + F_{2y} + \cdots \end{cases}$$

（手順4）運動方程式を与えられた初期条件を加味して解く（初期条件とは，たとえば時刻 $t=0$ のときの速度や位置として与えられた値をいう）。

以下，具体例を通して運動方程式を解いてみよう。

第1章　力　学

> **例題で確認**　図11の傾角 θ の斜面は，OB がなめらかな面で，点 B より上は動摩擦係数 μ' の粗い面である。点 A 上の質量 m の小物体に初速 v_0 を与えて斜面上向きに滑らせると小物体は点 B を通過した。小物体が静止する位置を点 B からの距離として求めよ。ただし，AB=L とする。
> 【福井県中高共通（2014年度）】

解説▶▶（手順1）着目する小物体に働く力は，AB 間は重力のみ。B 点から上は重力に加えて動摩擦力が運動方向とは逆向きに働く。

（手順2）座標系を図11のように設定し，力を成分表示する。重力（$-mg\sin\theta$, $-mg\cos\theta$），動摩擦力（$-mg\mu'\cos\theta$, 0）より，運動方程式は次のようになる。なお，α, β はそれぞれ AB 間，また B より上の加速度とする。

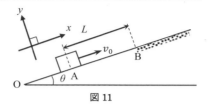

図11

（手順3）
$$\begin{cases} m\alpha = -mg\sin\theta & \cdots\cdots ⑫ \;【AB 区間を運動するとき】\\ m\beta = -mg\sin\theta - mg\mu'\cos\theta & \cdots\cdots ⑬ \;【B 点を超えたとき】\end{cases}$$

以下，初期条件の下で⑫，⑬式を解くことになる。B 点での速度を v_B とすると，⑫，⑬式から上昇距離 X（B 点からの距離），および v_B はそれぞれ次式を満たす。

$$0^2 - v_B{}^2 = -2gX(\sin\theta + \mu'\cos\theta)$$
$$v_B{}^2 - v_0{}^2 = -2gL\sin\theta$$

よって求める X は，$X = \dfrac{v_0{}^2 - 2gL\sin\theta}{2g(\sin\theta + \mu'\cos\theta)}$ となる。

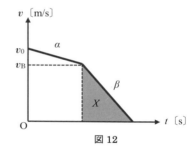

図12

なお，図12はこの斜面を上る小物体の v-t グラフである。このように v-t グラフを作図することで何を求めるかがより明確になる。

5 摩擦力（静止摩擦力，動摩擦力）

粗い面上に置かれた物体を面に平行な力 F で引いたとき，F が小さい間は物体は動かない。外力 F を加えても動かないとは，加えた力とは向きが反対で，大きさの等しい摩擦力が働いたからである。静止している物体に働き，外力を打ち消す摩擦力を**静止摩擦力**という。滑り出した後も，物体は**運動を妨げる向き**に摩擦力を受ける。運動している物体に働く摩擦力が**動摩擦力**である。以下，最大摩擦力，および動摩擦力についての規則性をみてみよう。

【最大摩擦力】

物体に加える力が静止摩擦力の限界（最大値）を超えると，物体は動きはじめる。この限界の静止摩擦力を**最大摩擦力**という。

|定義| **最大摩擦力（静止摩擦係数）**
　最大摩擦力 $F_{\max}$ は，垂直抗力 N に比例する。
$$F_{\max} = \mu N \quad \cdots\cdots ⑭$$

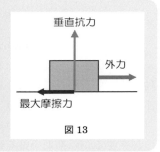

図 13

　ここで，比例定数 μ は**静止摩擦係数**といい，面や物体の材質・形状・状態によって決まる。接触面の大きさにはほとんど関係ない。動き出す直前の摩擦力が最大摩擦力であり，その値は垂直抗力 N と静止摩擦係数で予測（計算）できる。

【動摩擦力】
　滑り出した後も，物体は運動を妨げる向きに摩擦力を受ける。運動している物体に働く摩擦力が**動摩擦力**である。

|定義| **動摩擦力（動摩擦係数）**
　動摩擦力 F' は，垂直抗力 N に比例する。
$$F' = \mu' N \quad \cdots\cdots ⑮ \quad \text{【動摩擦力は一定の値】}$$

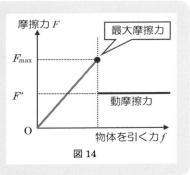

図 14

比例定数 μ' は**動摩擦係数**といい，接触面の大きさや滑る速度にはほとんど関係ない。最大摩擦力と動摩擦力の大小関係から，各係数については次の関係が成り立つ。

$$F_{\max}(=\mu N) > F'(=\mu' N) \implies \mu > \mu'$$

（静止摩擦係数）　（動摩擦係数）

■|発展| 運動の決定条件

　運動方程式（⑪式）$m\dfrac{d^2 \vec{r}}{dt^2} = \vec{F}$ は数学的には微分方程式に他ならない。運動を決定することと，⑪式で表される微分方程式を解くことの関係についてみてみよう。例えば，物体を水平方向と角度 θ をなす方向に投げ出したときの運動方程式，および解は次のようになる。

第1章　力　学

$$m\frac{d^2y}{dt^2}=-mg \xrightarrow[\text{初期条件}]{t=0 \text{ で } y=y_0,\ \frac{dy}{dt}=v_0\sin\theta} y=\boxed{y_0}+\boxed{(v_0\sin\theta)}t-\frac{1}{2}gt^2$$

　最初の位置と速度，すなわち上の解の枠で囲まれた箇所の値が異なれば，その後の運動は違ってくる。このように，物体に働く力（この場合，重力）が与えられ，さらに物体の最初の位置と速度が与えられてはじめて，物体の運動は一義的に決まるのである。

　このことは，数学的には微分方程式を満たす解は積分定数をパラメーターとして無数に存在するが，初期条件を確定することによって解はただ一つに決まることに対応している。この初期条件としては，一般に，ある特定の時間における位置と速度の2つの値を与えることが必要である。すなわち，

　　　【初期条件】　$t=0$ における $\vec{r}=\vec{r}_0,\ \vec{v}=\vec{v}_0$　……⑯

これは運動方程式が位置に関しての2階の微分方程式（したがって積分定数が2つ必要）だからである。

　以上から，運動方程式（⑪式）を満たし，かつ初期条件（⑯式）を満足するような解がただ一つ定まったとき，すなわち，任意な時間における速度と位置が時間の関数として

　　　【運動の決定】　$\vec{r}=\vec{r}(t),\ \vec{v}=\vec{v}(t)$

で与えられたとき，物体の運動は決定されたという。

活用例題で学ぶ知識の活用

【活用例題1】　　　　　　　　　　京都府高校理科共通2014年度・改題（頻出・易）

次の図は，時刻 0 秒に x 軸上の原点を正の向きに出発して運動する質点の速度 v [m/s] と時刻 t [s] の関係を表している。以下の問いに答えよ。

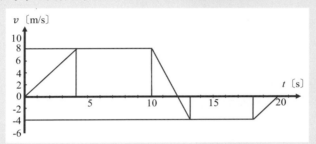

(1) 時刻 0 s から時刻 20 s の間について，加速度 a [m/s^2] と時刻 t [s] の関係を表すグラフを描け。
(2) 時刻 0 s から時刻 20 s の間で，質点が原点から最も離れるのは何秒後で，原点から何 m 離れているか。
(3) 時刻 15 s における質点の位置は原点から何 m 離れているか。

📖 **解説** v-t グラフの読み取りに関する基本的問題。素過程は次の 3 つである。
【素過程1】 加速度の表示（v-t グラフの直線の傾きが加速度を表す）　→　(1)
【素過程2】 移動距離の表示（v-t グラフの面積が移動距離を表す）　→　(2), (3)
【素過程3】 速度の向きの表示（v 軸の正負が速度の向きを表す）　→　(2), (3)
これらはいずれも v-t グラフの基礎であり，

　　　v-t グラフから a-t グラフへの変換，v-t グラフから x-t グラフへの変換

の際に用いる（例題で確認（p. 21 参照））。なお，v-t グラフは，北海道（2014年度），青森県（2014年度），香川県（2013年度），鹿児島県（2013年度）をはじめ各県で出題されている頻出問題である。

☞ **解答への指針**
(1) v-t グラフの傾きが加速度を表す。その際，
　　右上がりの直線（2箇所）：加速度の符号は正
　　右下がりの直線（1箇所）：加速度の符号は負
　　t 軸に平行な直線（2箇所）：加速度の値は 0
に注意したい。さらに，t=4 s や 10 s では a-t グラフは不連続になる。

素過程への分解・分析

素過程 1
v-t グラフの傾きが加速度を表す。
傾きの大きさ→加速度の大きさ
傾き→加速度の向き

(2) v–t グラフの面積が質点の移動距離を表す。その際，
　　正の部分の面積：正の方向への移動距離
　　負の部分の面積：負の方向への移動距離
に注意する。グラフから，質点は $t=12$ s から U ターンしていることが分かる。

(3) ╱面積╲ から ╲面積╱ を引き算する。

> **素過程 2・3**
> v–t グラフの面積が移動距離を表す。
> 移動距離を求めるのであれば，╱面積╲ に ╲面積╱ を加える。変位と道のりの違いに注意

【活用例題 2】　　　　　　　　　　　　佐賀県中学理科共通2013年度（頻出・普通）

図のように，天井からつるしたなめらかな軽い滑車に軽くて伸びない糸をかけ，糸の両端に質量 m_1 のおもり A と質量 m_2 ($m_1>m_2$) のおもり B をつける。はじめ，おもり B に手で力を加え，A と B を同じ高さで静止させた。その後，静かに手をはなすと，A，B は運動を始めた。重力加速度を g とし，A，B の大きさは考えず，また空気の抵抗は無視できるものとする。

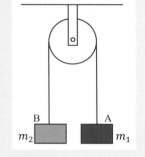

(1) 加速度の大きさを a，張力の大きさを T として，A，B について運動方程式をたてよ。
(2) 加速度の大きさを求めよ。
(3) 天井が軽い滑車を引く力の大きさを求めよ。
(4) 手をはなしてから，A と B の高さの差が h になるまでにかかる時間を求めよ。

📖 **解説**　運動方程式を解く手順が，この場合の素過程である。

【素過程 1】（手順 1）働く力を正しく図示する。
両物体に働く力は，**重力**，**張力**。なお，張力については，糸の質量は無視できる（←軽くて伸びない糸）から，両物体とも同じ大きさになる。

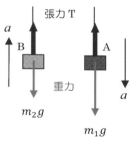

【素過程 2】（手順 2）正方向をきめ，運動方程式をたてる。
加速度の向きを正の向きとして，A，B 別々に運動方程式をたてる。

☞ **解答への指針**
(1) 解説の図から
　　物体 A：鉛直下向きを正とする　$m_1 a = m_1 g - T$
　　物体 B：鉛直上向きを正とする　$m_2 a = T - m_2 g$
着目している物体個々について運動方程式をたてることがポイントである。
(2) 両方程式から T を消去して，加速度 a を求める。
(3) 両方程式から a を消去して，張力 T を求める。
天井が引く力は，作用・反作用の関係から

> **素過程への分解・分析**
> 素過程 1
> 素過程 2
> 運動方程式は，未知数は a と T である。連立させて，これら未知数を求める。

天井が滑車を引く F＝滑車が天井を引く $2T$

(3) A，Bの高さの差が h とは，A，Bがそれぞれ $\dfrac{h}{2}$ だけ移動すればよい。

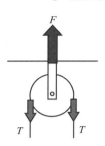

【活用例題3】　　　　　　　　　　　　　岐阜県高校理科（二次）2014年度（頻出・普通）

図のように，滑らかな水平面上に，質量 M の三角台を静かに置く。三角台は斜面の長さが L，斜面と底面のなす角が θ，斜面は滑らかであるとする。三角台が自由に動くことができる状態で，三角台の上端に質量 m の物体を静かにのせると，三角台は水平方向に加速度の大きさ A で動き出した。重力加速度の大きさを g とする。

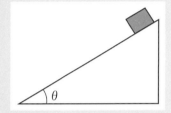

(1) 物体が斜面から受ける垂直抗力の大きさ N を m，g，A，θ を用いて表せ。
(2) 三角台とともに動く人から見た物体の加速度の大きさ a を g，A，θ を用いて表せ。
(3) 三角台の加速度 A の大きさを m，M，g，θ を用いて表せ。
(4) 物体が三角台の下端に達するまでの間に三角台が移動した距離を m，M，L，θ を用いて表せ。

📖 **解説**　斜面上の物体と斜面との関係を問う問題。三角台の加速度運動をどのように扱うかがポイント。発展（p.23）から，三角台上の観測者はもはや慣性系ではない。この場合，**慣性力**（非慣性系の観測者が感じる力）を導入し，慣性系として扱う。なお，慣性力については第3節「いろいろな運動（その1）」（p.33）で扱う。

【素過程1】非慣性系から慣性系への変換（慣性力の導入）
【素過程2】働く力を正しく図示する。

☞ **解答への指針**

(1) 三角台に慣性力（逆向きの加速度 $-A$ による効果）を導入し慣性系として扱う。図より，斜面に垂直な力の方向のつり合いを考える。求める垂直抗力を N とすると，
$$mA\sin\theta + N - mg\cos\theta = 0 \quad \cdots\cdots ①$$
(2) 慣性力を導入した後の物体の運動方程式
$$ma = mA\cos\theta + mg\sin\theta \quad \cdots\cdots ②$$
(3) 三角台に働く力は N の反作用 $-N$。運動方程式は
$$MA = N\sin\theta$$
(4) 求める移動距離を x とすると，①，②式から

素過程への分解・分析
素過程1 三角台の運動を止めるために，$-A$ の効果を考える。 物体に働く慣性力：$-mA$
素過程2

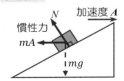

第1章 力　　学

$$L = \frac{1}{2}at^2, \quad x = \frac{1}{2}At^2 \longrightarrow x = \frac{A}{a}L$$

解答例

【活用例題1】
(1) 右図
(2) 12秒後，72 m
(3) 62 m

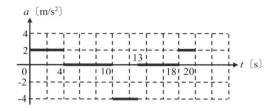

【活用例題2】
(1) おもり A：$m_1 a = m_1 g - T$
　　おもり B：$m_2 a = T - m_2 g$

(2) $a = \dfrac{m_1 - m_2}{m_1 + m_2} g$　(3) $\dfrac{4 m_1 m_2}{m_1 + m_2} g$　(4) $\sqrt{\dfrac{m_1 + m_2}{m_1 - m_2} \cdot \dfrac{h}{g}}$

【活用例題3】
(1) $N = m(g\cos\theta - A\sin\theta)$　(2) $a = A\cos\theta + g\sin\theta$　(3) $A = \dfrac{mg\cos\theta\sin\theta}{M + m\sin^2\theta}$

(4) $\dfrac{mL\cos\theta}{M + m}$

実力錬成問題

1 x 軸上を運動する小物体が，時刻 $t=0$ に原点を正の向きに出発した。図はこの小物体の速度の変化を表すグラフである。

(1) $t=5.0\,\text{s}$ のときの小物体の位置は，原点から何 m のところか。
(2) この小物体が原点を出発した後，いったん止まるまで何 s かかるか。
(3) この小物体は，速度が再び 0 になった後，どのような運動するか。
(4) この小物体が，正の向きに原点から最も遠ざかる位置は原点から何 m のところか。

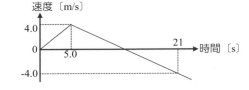

【長崎県高校理科共通（2011年度）】

2 静水を $0.5\,\text{m/s}$ の速さで進む船が，$0.3\,\text{m/s}$ の速さで流れている幅 60 m の川を渡る。ただし，川岸は平行で，川の幅は場所によって変わらないものとする。

(1) 図のように，川岸に静止している観測者 A からみて，船は B 点から C 点へ川岸に対して垂直な方向に渡っていった。船は何 m/s の速さで渡っていくか。
(2) (1)のとき，船が B 点から C 点まで渡るのに何秒かかるか。
(3) 最小時間で川を渡るには，船首を川岸に対してどのような向きに向けたらよいか。
(4) 最小時間で川を渡ると，船が B 点から対岸に着くまでに C 点から何 m 川下に流されるか。

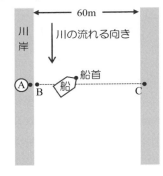

【長野県高校理科共通（2010年度）】

3 滑らかで水平な固定面 A の上に，質量 3 kg の板 B がのっており，この板 B の上に質量 2 kg の物体 C がのっている。はじめ，板 B と物体 C は固定面 A に対して静止していた。ただし，固定面 A と板 B との間の摩擦はないものとし，板 B と物体 C との間の静止摩擦係数を μ，動摩擦係数を μ'，重力加速度の大きさを $g\,[\text{m/s}^2]$ とする。

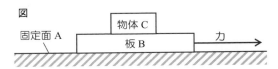

(1) 板 B が固定面 A から受ける垂直抗力の大きさは何 N か。
(2) 図のように，板 B に水平な力 $F_1\,[\text{N}]$ を加え続けたところ，板 B と物体 C は一体と

31

第1章　力　学

なって運動した。このとき，板Bと物体Cの固定面Aに対する加速度の大きさは何 [m/s²] か。
(3) 板Bに加える力を徐々に大きくした場合，力の大きさが何 [N] を超えると，物体Cは板Bの上ですべりだすか。
(4) 板Bに(3)で求めた力を超える力 F_2 [N] を加え続けたところ，物体Cは板Bの上をすべりながら運動した。
 ① 板Bの固定面Aに対する加速度の大きさはいくらか。
 ② 物体Cの固定面Aに対する加速度の大きさはいくらか。

【長野県中高理科選択（2014年度）】

解法への指針

1 (1), (4)【素過程（v-t グラフの面積が移動距離を表す）】，(3)【素過程（v軸の正負が速度の向きを表す）】

2 (1), (3)【素過程（速度ベクトルの合成）】特に(3)は，B点からC点へ川岸に対して垂直な方向に船の最大速度が出るようにすればよい。

3 (1), (2)【素過程（BとCを一体として考える）】，(3)【素過程（外力が最大摩擦力を超えると物体は動き出す）】，(4)【素過程（物体に働く力の図示）】。(4)は，物体Bには外力 F_2 とBC間の動摩擦力，物体CにはBC間の動摩擦力が水平方向に働く。

3 いろいろな運動（その1）

キーワードチェック

☐ 慣性力　☐ 等速円運動　☐ 向心力　☐ 遠心力　☐ 単振動　☐ 復元力
☐ ケプラーの法則　☐ 万有引力　☐ 第1宇宙速度　☐ 第2宇宙速度　☐ 第3宇宙速度

ワンポイントチェック

① ☐☐☐ 系では慣性の法則が成り立ち，☐☐☐ 系では成り立たない。非慣性系でも運動の法則を成り立たせるために導入する見かけの力を ☐☐☐ という。

② 等速円運動では，速度の ☐☐☐ は変化しないが，速度の ☐☐☐ が絶えず変化するから ☐☐☐ 運動である。

③ 半径 r 上を角速度 ω で等速円運動している質量 m の物体がある。この物体には，☐☐☐ の向きに ☐☐☐ の大きさの力が働いている。この力を ☐☐☐ という。

④ 距離 r だけ離れて置かれている質量 M と m の物体には，「☐☐☐ に反比例し，☐☐☐ の積に比例する」引力が働く。この力は ☐☐☐ と言われ，その比例定数を G とすると ☐☐☐ で表される。

⑤ 「惑星は ☐☐☐ を1つの焦点とする ☐☐☐ 軌道を描く」をケプラーの ☐☐☐ 法則という。

⑥ 「太陽と惑星を結ぶ線分が，一定時間に描く図形の面積は常に一定である。」をケプラーの ☐☐☐ 法則という。この法則は，

$$\frac{1}{2}V_A \times \boxed{} = \frac{1}{2}V_B \times \boxed{}$$

と表される（図1参照）。

⑦ 「惑星の公転周期 T の ☐☐☐ 乗と，楕円軌道の長半径 a の ☐☐☐ 乗の比は，全ての惑星で同じ値をとる。」をケプラーの ☐☐☐ 法則という。

⑧ 質量 m の物体に，変位 x に比例した，変位とは反対向きの力 F が作用すると，物体は ☐☐☐ をする。この力を ☐☐☐ といい，$F=-kx$ で表したとき，比例定数 k は m や ω を用いて表すと ☐☐☐ となる。

解答例　① 慣性，非慣性，慣性力　② 大きさ，向き，加速度　③ 中心，$mr\omega^2$，向心力　④ r^2（距離の2乗），M と m（質量），万有引力，$G\dfrac{Mm}{r^2}$　⑤ 太陽，楕円，第1　⑥ 第2，R_A，R_B　⑦ 2, 3，第3　⑧ 単振動，復元力，$m\omega^2$

第1章 力　学

重要事項の解説

1 さまざまな運動

第2節では，運動の法則について触れた。そこでは，運動の法則の適用例として，斜面上の物体の運動のように，**物体に働く力が一定**（重力や動摩擦力）の場合や，直線上の運動のように**働く力と運動の方向が同じ**場合について述べた。本節では，曲線運動としての**等速円運動**，その応用としての惑星の運動（ケプラーの法則），また復元力の作用の下での運動である**単振動**（ばねの運動や単振り子）について扱う。

さらに，運動の法則が成り立たない非慣性系での運動，すなわち加速度運動する観測者が物体の運動を扱う際に感じる**慣性力**についても触れる。第6節では，いろいろな運動（その2）として，これまで扱ってきた並進運動に加えて回転運動を取り上げ，回転に関する運動方程式や，その応用として剛体の運動について扱うことにする。

2 力と運動の関係を記述する慣性系

作用している力がつり合いの状態にあると判断できる質点を考えよう。この質点を様々な座標系から観察した場合，加速度が0となる座標系もあれば，そうではない座標系もある。前者では慣性の法則が成り立ち，後者では成り立たない。このとき，前者を**慣性系**，また後者を**非慣性系**という。

慣性系では慣性の法則が成り立つ。運動の法則が成り立つことを主張しているのが慣性の法則であった（第2節運動の法則参照）。単に，運動の様子を記述するだけなら，どの座標系を用いようが問題はないが（優劣の差はないが），しかし，運動と力の関係に着目するとき，運動の法則が成り立つ慣性系の方が威力を発揮する。力と加速度の間には運動の法則が成り立つからである。

地球に固定した座標系は多くの場合，慣性系だと考えても差し支えない。しかし，フーコーの振り子や人工衛星の問題を扱おうとするならば，地球は，慣性系に対して回転（自転）している非慣性系として扱わなければならない。

【慣性力】非慣性系を慣性系として扱う力（図2）

慣性系と非慣性系との関係を見てみよう。慣性系，非慣性系の原点をそれぞれ O，O' とし，非慣性系が慣性系に対して加速度 $\vec{A}$ で運動しているとする。なお，O から見た O' の位置ベクトルを $\vec{R}$，さらに運動している質点 P を，この2つの座標系から見たときの位置，速度，加速度について，

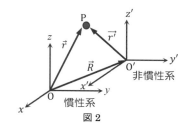

図2

慣性系（O系）から見たとき　　　$(\vec{r},\ \vec{v},\ \vec{a})$

加速度系（O′系）から見たとき　　　($\vec{r'}$, $\vec{v'}$, $\vec{a'}$)

とすると，これらの間には，$\dfrac{d\vec{R}}{dt}=\vec{V}$, $\dfrac{d\vec{V}}{dt}=\vec{A}$ として

$$\vec{r}=\vec{R}+\vec{r'},\quad \vec{v}=\vec{V}+\vec{v'},\quad \vec{a}=\vec{A}+\vec{a'}\quad \cdots\cdots ①$$

が成り立つ。このとき，O′系から見たときの物体の速度 $\vec{v'}$ や加速度 $\vec{a'}$ をそれぞれ**相対速度，相対加速度**という。

慣性系（O系）で成り立つ運動方程式 $m\vec{a}=\vec{F}$ に①式の加速度を代入すると

$$m\vec{a'}=\vec{F}+(-m\vec{A}) \longrightarrow \boxed{質量}\times\boxed{相対加速度}=\boxed{力}+\boxed{慣性力}$$

となり，右辺第2項には非慣性系の運動の効果を加味した力が加わることになる。これは，非慣性系でも運動の法則を成り立たせるために導入する見かけの力であり，**慣性力**とよばれる。慣性力の例としては等速円運動における**遠心力**がある。

ちなみに，

(1) O′系が等速度運動をするとき，$\vec{A}=0$ であるから $m\vec{a'}=\vec{F}$ が成り立つ。すなわち，等速度運動する系は慣性系である。

(2) O′系からは静止してみえるとき，$\vec{v'}=0$, $\vec{a'}=0$ であるから，$\vec{F}+(-m\vec{A})=0$ が成り立つ。これは，実在の力 $\vec{F}$ と慣性力 $-m\vec{A}$ とのつり合いとみることができる。このような考え方を**ダランベールの原理**という。

3 等速円運動

等速円運動は「等速」な運動であるから，加速度はないと考えてよいだろうか。速度の大きさ，すなわち速さは変化しないが，速度の向きが絶えず変化している。したがって等速円運動は加速度運動であり，速度の向きを変える力（向心力）が働いていることになる。第2節で触れた角速度を用いると，等速円運動とは角速度が一定，すなわち角速度の大きさと向き（回転の向き）が一定な運動をいう。

【向心加速度】

第2節で触れたように，一般に円運動の加速度は

$$a=\lim_{\Delta t\to 0}\dfrac{\Delta v}{\Delta t}=\lim_{\Delta t\to 0}\dfrac{\Delta v_n}{\Delta t}+\lim_{\Delta t\to 0}\dfrac{\Delta v_t}{\Delta t}$$
　　　　　　　法線成分　　接線成分

で与えられる。等速円運動の場合，右辺の第2項は $|\vec{v}_{P'}|=|\vec{v}_P|=v$ から0となり第1項のみ残る。また，$\Delta t\to 0$ の極限では $\Delta\theta\to 0$ であるから，図3の拡大図より $\Delta v=v\cdot\Delta\theta$ が成り立ち，さらに二等辺三角形の内角の和

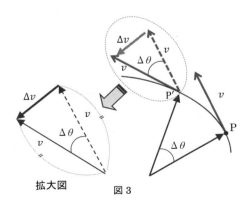

拡大図　　図3

第1章　力　学

がπであることを用いると，Δv すなわち加速度の向きは点 P での速度 v に対して 90° をなし，等速円運動の中心方向を向くこともわかる。なお，参考として，加速度の向きについて，より具体的にイメージできるよう速度ベクトルの始点を一点に集めて表した**ホドグラフ**を示して

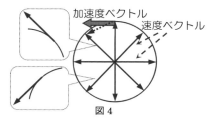
図4

おく（図4）。瞬間の速度の変化（加速度）は，図のように速度と 90° の角をなす。

ここで，加速度（**瞬間の加速度**）の大きさ，向きについてまとめておこう。

> **定義** 向心加速度
> 　半径 r の軌道を速さ v で等速円運動している物体に働く加速度
> $$\vec{a}=\lim_{\Delta t\to 0}\frac{\vec{\Delta v}}{\Delta t} \begin{cases} \text{【大きさ】} & a=r\omega^2=\dfrac{v^2}{r} \quad \cdots\cdots ② \\ \text{【向き】} & \text{円の中心} \end{cases}$$

②式では，角速度 ω と線速度 v との関係 $v=r\omega$ を用いた。

【向心力】

物体を等速円運動させるためには，常に物体を中心方向に引いておかなければならない。この力を**向心力**という。運動方程式より，向心力については次の関係が成り立つ。

> **定義** 向心力
> 　半径 r の軌道を速さ v で等速円運動している物体に働く向心力
> $$\vec{F}=m\vec{a} \begin{cases} \text{【大きさ】} & F=mr\omega^2=\dfrac{mv^2}{r} \quad \cdots\cdots ③ \\ \text{【向き】} & \text{円の中心} \end{cases}$$

なお，向心力と物体の移動方向（接線方向）とは常に垂直であるから，仕事の定義より向心力は物体に対して仕事をしない。

> **例題で確認** 長さ L の軽い糸の一端を固定し，他端に質量 m のおもりをつけ，糸が鉛直線と常に 60° の角をなすように，おもりを水平面内で等速円運動させた。重力加速度の大きさを g として，糸の張力の大きさ，おもりの速さ，および等速円運動の周期を求めよ。
> 【熊本県中学理科（2014年度）】

状況▶▶ 質量 m の物体に働く力は張力と重力であり，その合力が円運動を起こさせる向心力になる。向心力が求まれば速さ v が求まり，周期 T も得られる。

$$\frac{mv^2}{r} \longrightarrow v \longrightarrow T=\frac{2\pi r}{v}$$

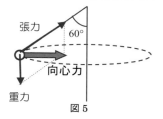
図5

展開▶▶ 張力 S の鉛直成分は重力とつり合い，水平成分が

向心力になる（図5参照）。

$$\left.\begin{array}{l} S\cos 60° = mg \\ S\sin 60° = \dfrac{mv^2}{L\sin 60°} \end{array}\right\} \Longrightarrow v = \sqrt{\dfrac{3}{2}gL} \Longrightarrow T = \pi\sqrt{\dfrac{2L}{g}}$$

4 万有引力，惑星の運動（ケプラーの法則）—頻出分野—

円運動の興味ある例としては，教員採用試験の頻出問題でもある「人工衛星の運動」がある。この運動の原因となる力，すなわち向心力を与える力が地球の万有引力（重力）である。そこで，以下，万有引力についてみてみよう。

作用・反作用の法則によれば，1つの質点に力が働くとき，必ずその力を与える他の物体が存在する。これら2つの質量の間に働く力を定量的に規定した法則が万有引力の法則である。

> **法則** 万有引力の法則
> 2つの質点の間には，それを結ぶ直線の方向に，距離 r の2乗に反比例し，その質量 M，m の積に比例する引力が働く。
>
> $$F = G\dfrac{Mm}{r^2} \quad (G = 6.67 \times 10^{-11} \mathrm{Nm^2/kg^2}) \quad \cdots\cdots ④$$

④式中の G は**万有引力定数**といい，キャベンディシュにより実測された。この値は極めて小さく，机の上に置いた2物体間の引力などは無視できるが，しかし，太陽の周りをまわる惑星の運動のように，質量の大きな物体を考える際には威力を発揮する。

【万有引力と重力】

地球上の物体には重力が働くが，この重力の要因が地球と物体間に働く万有引力である。この値は，地球を等質な球体とすると，その中心に全質量が集まったときの万有引力に等しいと考えてよい。そこで，地球の質量，半径をそれぞれ M，R とし，地球の表面上の物体の質量を m とすると，

$$mg = G\dfrac{Mm}{R^2} \Longrightarrow g = \dfrac{GM}{R^2} \quad \cdots\cdots ⑤$$

が成り立つ。地球の質量，および半径として $M = 5.98 \times 10^{24} \mathrm{kg}$，$R = 6.37 \times 10^6 \mathrm{m}$ を用いると⑤式より $g = 9.83 \mathrm{m/s^2}$ が得られ，この値は重力加速度の実測値（極での値）とよく一致する。重力加速度の場所による変化，すなわち極では大きく，赤道上では小さい（$g = 9.78 \mathrm{m/s^2}$）という変化は地球自転による見かけの力（遠心力）の影響以外に，地球の形状や内部構造が一様でないことにも起因している。

【惑星の運動（ケプラーの法則）】

ケプラーは17世紀初頭，それまでの膨大な観測データを下に，惑星の運動について3つの法則にまとめた。以下，ケプラーの法則そのものを問う例題を用いて整理しておこう。

第1章 力　学

> **例題で確認** ケプラーの法則は，第1法則（楕円軌道の法則），第2法則（面積速度一定の法則），第3法則（調和の法則）の3つの法則からなる。それぞれの法則の内容について簡潔に説明せよ。
> 【京都府中高理科（2011年度）】

状況▶▶ ケプラーの法則は3つの法則からなる。1609年に発表した第1，2法則は「惑星の太陽の周りの運動の仕方（軌道の形，速度の変化）」を述べたものであり，第3法則は，第1，2法則に遅れること10年，1619年に発表され「惑星どうしの運動の関係（軌道と周期の関係）」について述べたものである。

展開▶▶ 1609年に発表した第1，2法則は，太陽の周りを回る惑星の軌道の形（円形に近い楕円軌道）と，その周り方（太陽に近いところでは速く，遠いところでは遅い）に関しての法則であった（図6）。

  第1法則　惑星は太陽を1つの焦点とする楕円軌道を描く。

  第2法則　太陽と惑星を結ぶ線分が，一定時間に描く図形の面積は常に一定である。

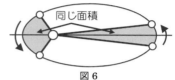

図6

1619年に発表した第3法則は，惑星の公転周期と太陽からの距離には一定の関係があることを指摘し，太陽には惑星を動かす力があることを示そうとした。

  第3法則　惑星の公転周期 T の2乗と，楕円軌道の長半径 a の3乗の比は，全ての惑星で同じ値をとる。

惑星	T(年)	a(AU)	k
水星	0.2409	0.3871	0.979
金星	0.6152	0.7233	1.000
地球	1	1	1.000
火星	1.8809	1.5237	0.996
木星	11.862	5.2026	0.999
土星	29.458	9.5549	0.998

表1　（AUは天文単位である）

$$\left(\frac{T^2}{a^3}\right)_{水星}=\left(\frac{T^2}{a^3}\right)_{金星}=\left(\frac{T^2}{a^3}\right)_{地球}=\cdots=k\,(一定)$$
太陽系固有の値

事実，表1のデータから水星から土星に至る T の2乗と a の3乗の比は一定になる。

  参考　ニュートンの万有引力によるケプラーの第3法則の導出

　ニュートンは，惑星が太陽の周りを円軌道を描きながら公転し続けるのは太陽の力が惑星に及んでいるからだとした。そこで，以下，万有引力の法則を用いケプラーの第3法則を導出することにしよう。

　太陽，および惑星の質量を，それぞれ M，m とする。ここでは，太陽の質量は他の惑星の質量に比べて十分に大きいので惑星間の引力は無視し，また，惑星の軌道はほとんど円軌道に近い楕円軌道であるとする。惑星の公転速度を v，公転周期を T，また太陽までの距離を r とすると，惑星に働く向心力は $\dfrac{mv^2}{r}=\dfrac{4\pi^2 mr}{T^2}$ となる。ここでは $v=\dfrac{2\pi r}{T}$ の関係を用いた。

　この向心力として万有引力を考えると，

$$\frac{4\pi^2 mr}{T^2}=G\frac{Mm}{r^2} \longrightarrow \frac{r^3}{T^2}=G\frac{M}{4\pi^2}$$

が得られる。なお厳密には，本問題は太陽と惑星の 2 体問題であり，結果は r としては楕円軌道の平均距離，すなわち長半径 a を用い，さらに右辺の質量として太陽と惑星の質量の和に置き換えると次式が得られる。

$$\frac{a^3}{T^2}=\frac{G}{4\pi^2}(M+m) \longrightarrow \frac{T^2}{a^3}=\frac{4\pi^2}{G(M+m)}=k \text{（一定）}$$

この式こそケプラーが見い出した第 3 法則である。

【人工衛星と第 1，第 2，第 3 宇宙速度】

地表付近で物体を水平方向に投げ出すと物体は地上に落下する。しかし，初速度を次第に大きくしていくと，やがて物体は地表には落下せず，地球を一回りする人工衛星となる。この初速度を**第 1 宇宙速度**という。

さらに，地球の引力圏や太陽の引力圏から脱するのに必要な初速度をそれぞれ，**第 2 宇宙速度**，**第 3 宇宙速度**という。

以下，第 1 宇宙速度 v_1，第 2 宇宙速度 v_2 を求めておこう。地球の質量，および半径をそれぞれ M，R，人工衛星の質量を m とする。

第 1 宇宙速度の定義から，次式が成り立つ。

$$\frac{mv_1^2}{R}=G\frac{Mm}{R^2} \longrightarrow v_1=\sqrt{\frac{GM}{R}} \quad \cdots\cdots ⑥$$

ここで，$M=5.98\times10^{24}$ kg，$R=6.37\times10^6$ m，$G=6.67\times10^{-11}$ Nm^2/kg^2 を代入すると，$v_1=7.90\times10^3$ m/s となる。

次に第 2 宇宙速度だが，地表から初速度 v_2 で打ち上げたとき，人工衛星が持っている力学的エネルギーを元に考える。なお，万有引力による位置エネルギーについては第 4 節で扱う。この人工衛星が地球の中心から距離 r だけ離れた地点に達したとき，その速さを v とすると，力学的エネルギー保存の法則から次式が成り立つ。

$$\frac{1}{2}mv_2^2-G\frac{Mm}{R}=\frac{1}{2}mv^2-G\frac{Mm}{r}$$

地球の引力圏を脱するとは無限遠方まで飛び去ることであり，このとき

$$\frac{1}{2}mv_2^2-G\frac{Mm}{R}\geqq 0 \longrightarrow v_2\geqq\sqrt{\frac{2GM}{R}}$$

より第 2 宇宙速度（上式を満たす最小の v_2）は

$$v_2=\sqrt{\frac{2GM}{R}}=11.2\times10^3 \text{ m/s} \quad \cdots\cdots ⑦$$

となる。第 2 宇宙速度は第 1 宇宙速度の $\sqrt{2}$ 倍である。

ちなみに第 3 宇宙速度は $v_3=16.7\times10^3$ m/s である。

5 単振動

質点 P が円 O（半径 A）の円周上を等速円運動するとき，質点 P から直径 AB 上（たとえば x 軸）に下ろした垂線の足 Q の運動を**単振動**という。単振動は振動の中で最も簡単で，しかも全ての振動の基礎となるものである。

単振動を表す変位，速度，加速度，また単振動を引き起こす力についてまとめておこう。

> **定義** 単振動の表式
>
> $$\left.\begin{aligned} x &= A\sin\omega t \\ v_x &= \frac{dx}{dt} = A\omega\cos\omega t \\ a_x &= \frac{dv_x}{dt} = -A\omega^2\sin\omega t \\ &= -\omega^2 x \end{aligned}\right\} \quad \cdots\cdots ⑧$$
>
> $$F = ma_x = -m\omega^2 x \quad \cdots\cdots ⑨$$
>
>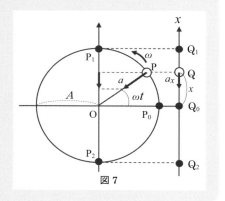
>
> 図7

⑨式で表される力が物体に働くとき，その物体は単振動をする。このような力を**復元力**という。

なお，⑧，⑨式の導出については，以下の教員採用試験で確認しておこう。

> 点Oを中心とする半径Aの円周上を等速運動している物体Pをx軸上に投影した物体Qの運動を単振動という。時刻$t=0$のとき，Pが図7のP_0から角速度ωで左回りに等速円運動をはじめるとき，時刻tの回転角の大きさは【ωt】であり，Pの速度の向きは円の【接線】方向で大きさは【ωA】，加速度は円の【中心】方向で大きさは【$\omega^2 A$】である。
>
> Qの運動はPの運動をx軸上に投影したものであるから，Qの時刻tにおける変位x，速度v_x，加速度a_xは次のように表すことができる。
>
> $$x = A\sin\omega t, \quad v_x = A\omega\cos\omega t, \quad a_x = -A\omega^2\sin\omega t = -\omega^2 x$$
>
> したがって，図7の点Q_0，点Q_1，点Q_2のうち，Qの速さが最大となるのは，点【Q_0】であり，加速度が正の向きに最大となるのは点【Q_2】である。また，Qの振幅は【A】，周期は【$\frac{2\pi}{\omega}$】と表される。
>
> 以上のことから，質量mの物体がQと同じ運動を行うときは，運動方程式より物体には$F = $【$-m\omega^2$】$x$で表される力が働く（この力を**復元力**という）。この力の大きさは物体の変位xに【比例】し，向きは変位xと【逆（反対）】向きである。
>
> 【山口県高校物理（2012年度）】

単振動については，次のいずれかで定義することができる。
(1) 等速円運動の直径上への正射影の運動
(2) 単振動の加速度aが$a = -\omega^2 x$で表される運動
(3) 復元力$F = -kx$（$k = m\omega^2$）が作用する質点の運動

したがって，物体の運動が単振動するかどうかの判定は，上記(1)〜(3)に該当するかどうかをみればよい。ばねの運動や単振り子などは，見かけ上は異なった運動に見えるが，いずれも復元力が働いており，その運動は単振動である。

|単振動の例|

【ばねの運動】ばね定数 k のばねの一端を固定し，他端に質量 m の物体をつけ，物体を滑らかな水平面上に置く。ばねを自然長から x だけ引き伸ばして静かに放すとき，物体には，伸びに比例し，変位とは逆向きの**復元力**が働く。

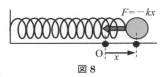

図8

$$F=-kx(k=m\omega^2) \longrightarrow \omega=\sqrt{\frac{k}{m}} \longrightarrow T=2\pi\sqrt{\frac{m}{k}}$$

【単振り子の運動】長さ l の軽い糸の先に質量 m の小さなおもりをつけ，鉛直面内で十分に小さな振幅で振らせたとき，おもりは単振動をする。以下，このことを示そう。振幅が十分に小さいとき円弧は弦とほぼ等しいとみなせるので，おもりを元の位置に戻そうとする力 F は，$F=-mg\sin\theta \longrightarrow F=-\frac{mg}{l}x$ と近似できる。これが**復元力**になる。

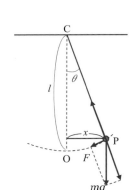

図9

$$F=-\frac{mg}{l}x\left(\frac{mg}{l}=m\omega^2\right) \longrightarrow \omega=\sqrt{\frac{g}{l}}$$

$$\longrightarrow T=2\pi\sqrt{\frac{l}{g}}$$

単振り子の周期と振れの角の関係については，次ページの|発展|を参照のこと。

【水面に浮かんだ木片の運動】太さの一様な木片が水面に浮かんでいる。水中の部分の長さは l_0 である。

この木片を少し沈ませて手を放す。つり合いの状態では，重力と浮力とがつり合っており次式が成り立つ。

$$mg=\rho Sl_0 g \quad (\rho：水の密度，S：木片の断面積)$$

つり合いの状態での木片の底部を原点に取ると，

$$ma=mg-f \longrightarrow ma=mg-\rho S(l_0+x)g$$

$$\longrightarrow ma=-(\rho Sg)x$$

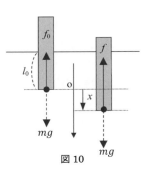

図10

このように木片には**復元力**が働き，その運動は単振動になる。

$$\rho Sg=m\omega^2(\leftarrow m=\rho Sl_0) \longrightarrow \omega=\sqrt{\frac{g}{l_0}} \longrightarrow T=2\pi\sqrt{\frac{l_0}{g}}$$

第1章 力　学

■ 発展　単振り子の周期と振れの角との関係

単振り子の周期が振れの角とどのような関係にあるかを調べよう。図11のように，s を最下点から点Pまでの円弧に沿った距離，また最下点での質点の速さを v_0 として力学的エネルギー保存則を適用する。

$$\frac{1}{2}m\left(\frac{ds}{dt}\right)^2 - mgz = \frac{1}{2}mv_0^2 - mgl \quad \cdots\cdots ①$$

ここで，$s=l\theta$，$z=l\cos\theta$ という変数変換を行うと，

$$l^2\left(\frac{d\theta}{dt}\right)^2 = v_0^2 - 2gl(\cos\theta - 1) \quad \cdots\cdots ②$$

さらに，θ を微小角として $\cos\theta \approx 1 - \frac{1}{2}\theta^2$ を用い，θ について解くと

図11

$$\theta = \frac{v_0}{\sqrt{gl}}\cos\left(\sqrt{\frac{g}{l}}t + \alpha\right) \begin{cases} A = \dfrac{v_0}{\sqrt{gl}} & 振幅 \\ T = 2\pi\sqrt{\dfrac{l}{g}} & 周期 \end{cases}$$

が得られ，確かに単振動をしていることが分かる。

さて，以下②式を用いて周期 T の θ 依存性を求めることにしよう。そこで

$$1 - \cos\theta = 2\sin^2\frac{\theta}{2} \quad k = \frac{v_0^2}{4gl}$$

とおいて②式を整理すると，

$$\frac{1}{2}\frac{d\theta}{dt} = \pm\sqrt{\frac{g}{l}}\sqrt{k^2 - \sin^2\frac{\theta}{2}} \quad (\text{以下，正の方をとる}) \quad \cdots\cdots ③$$

このとき，③式は k の値によって次のように分類できる。

$k<1$ のとき	$k=1$ のとき	$k>1$ のとき
$1-\sin^2\dfrac{\theta_{\text{MAX}}}{2}=0$ を満たす θ_{MAX} の範囲内で振動する。	$1-\sin^2\dfrac{\theta}{2}=0$ より $\theta=\pi$ となる。	任意の θ で振動(回転)する。

もう少し運動の分析を行いたいところではあるが，先を急ごう。

③式の見通しをよくするために，$k\sin\varphi = \sin\dfrac{\theta}{2}$ と変数を置き換えて整理すると，

$$\frac{d\theta}{dt} = \sqrt{\frac{g}{l}}\sqrt{1 - k^2\sin^2\varphi} \rightarrow \int_0^\varphi \frac{d\varphi}{\sqrt{1 - k^2\sin^2\varphi}} = \sqrt{\frac{g}{l}}t \quad \cdots\cdots ④$$

④式の積分は楕円積分と言われるものである。ここで，積分の範囲だが，下端を0 (これは $\theta=0$)，また上端を $\dfrac{\pi}{2}$ にとる。このとき，$\dfrac{d\theta}{dt}=0$ から振動の最上端を表しており，時間的には四分の一周期 $\dfrac{T}{4}$ になる。よって，

$$T = 4\sqrt{\frac{l}{g}} \int_0^{\frac{\pi}{2}} \frac{d\varphi}{\sqrt{1-k^2\sin^2\varphi}} \quad \cdots\cdots ⑤$$

したがって，⑤式の積分が求められればよいのだが，ここでは分母の $(1-k^2\sin^2\varphi)^{\frac{1}{2}}$ をテイラー展開し整理することを考える．その結果，⑤式は

$$T = 2\pi\sqrt{\frac{l}{g}} \left\{ 1 + \left(\frac{1}{2}\right)^2 k^2 + \left(\frac{1\cdot 3}{2\cdot 4}\right)^2 k^4 + \left(\frac{1\cdot 3\cdot 5}{2\cdot 4\cdot 6}\right)^2 k^6 + \cdots \right\} \quad \cdots\cdots ⑥$$

と近似できる．この⑥式を用いて単振り子の振れの角 θ と周期 T の関係を求める．

いま，この振動の最大振幅を ω とすると $k = \sin\frac{\omega}{2}$ であり，このとき，③式から k の値は $\frac{d\omega}{dt} = 0$ の関係を利用すれば求めることができる．

ちなみに最大振幅を $5°$ とすると，このときの k の値は $k = \sin\frac{5°}{2} = 0.04$ であるから，⑥式より右辺第 2 項までとって

$$T_5 = 2\pi\sqrt{\frac{l}{g}}\left\{1 + \frac{1}{2500}\right\} \leftarrow 0.04\%のずれ$$

このように，理想値から 0.04% ずれることになる．

同様に ω として $30°$，$60°$ とすると，周期の値はそれぞれ次のようになる．

$$T_{30} = 2\pi\sqrt{\frac{l}{g}}\left\{1 + \frac{1}{64}\right\} \leftarrow 1.6\%のずれ,\quad T_{60} = 2\pi\sqrt{\frac{l}{g}}\left\{1 + \frac{1}{16}\right\} \leftarrow 6.6\%のずれ$$

その様子を表したものが次のグラフで，振れの角度が大きくなるにつれて，単振り子の周期の理想値からのずれが大きくなっていることが分かる．

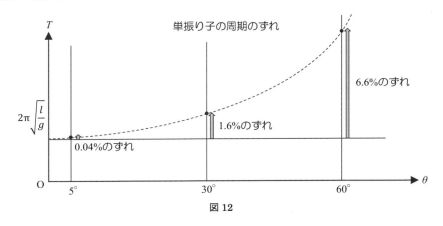

図 12

第1章　力　学

活用例題で学ぶ知識の活用

【活用例題1】

地球から小惑星へと向かった探査機の軌跡について考えた。探査機は図のように点Oにある質量 M [kg] の太陽の周りを地球の公転軌道とほぼ同じ半径 R [m] の円軌道 C_1 を点Aから出発して1周し，再び点Aに戻った後，楕円軌道 C_2 (OB=2R) を4/5周期分の時間だけ飛行して小惑星に到着した。万有引力定数を G [Nm²/kg²] として以下の問いに答えよ。

鳥取県高校物理2013年度（頻出・普通）

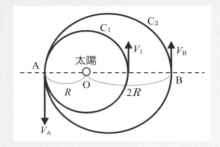

(1) 円軌道 C_1 を公転する質量 m [kg] の探査機の運動を考える。探査機は太陽から受ける万有引力を向心力として速さ V_1 [m/s] で等速円運動をしており，地球などの惑星から受ける万有引力は無視できるものとする。
① 軌道 C_1 を公転する探査機の速さ V_1 を求めよ。
② 探査機の円運動の周期 T_1 を求めよ。

(2) 軌道 C_1 を一周した探査機は，再び点Aに戻ったときに C_1 の接線方向に加速して速さ V_A [m/s] となることで，小惑星の公転軌道 C_2 に移った。
③ 楕円軌道 C_2 上の点A，Bでの探査機の速さをそれぞれ V_A [m/s]，V_B [m/s] とする。V_A，V_B の間に成り立つ関係式を2つ答えよ。また，この関係式が成り立つ根拠となる法則名を答えよ。
④ 点Aにおける速さ V_A を G，M，R を用いて表せ。
⑤ 点Aにおいて探査機の速さを V_1 から V_A にするためには，どれだけの力学的エネルギーを加えなければならないか。G，m，M，R を用いて表せ。

📖解説　円軌道から楕円軌道に移る探査機（人工衛星）に関する基本問題。(1)は等速円運動，(2)は力学的エネルギー保存の法則とケプラーの第2法則を用いる。

【素過程1】等速円運動（万有引力が向心力となる）　→　(1)①，②
【素過程2】力学的エネルギー保存の法則　→　(2)③，④
【素過程3】ケプラーの第2法則（面積速度一定の法則）　→　(2)③，④

人工衛星の問題は秋田県（2012年度），富山県（2012年度），熊本県・熊本市（2012年度），北海道（2014年度），福島県（2014年度），島根県（2014年度），宮崎県（2014年度）など実に多くの都道府県で出題されている。

3 いろいろな運動（その1）

☞ **解答への指針**

(1) ① 探査機には太陽から万有引力が働き，これが向心力となって速度 V_1 の等速円運動をおこなう。

② 周期 T_1 は，①で求めた速度 V_1 を用いる。

$$F = G\frac{Mm}{R^2} \longrightarrow F = \frac{mV_1^2}{R} \longrightarrow T_1 = \frac{2\pi R}{V_1}$$

(2) ③ 楕円軌道 C_2 に移ってからは，2点 A, B には

【力学的エネルギー保存の法則】

$$\frac{1}{2}mV_A^2 - G\frac{Mm}{R} = \frac{1}{2}mV_B^2 - G\frac{Mm}{2R}$$

【ケプラーの第2法則】

$$\frac{1}{2}V_A \times R = \frac{1}{2}V_B \times (2R)$$

がそれぞれ成り立つ。

④ V_A, V_B の連立方程式を解く。

⑤ C_1 軌道上であるから位置エネルギーは同じ。

$$\frac{1}{2}mV_A^2 - \frac{1}{2}mV_1^2$$

素過程への分解・分析
素過程1 万有引力が向心力となって，探査機は等速円運動をする
素過程2・3 C_2 道上では，力学的エネルギーが保存する。 また，ケプラーの第2法則（面積速度）が保存する → $\frac{1}{2}V_A \times R$, 　$\frac{1}{2}V_B \times (2R)$ A, B での面積速度

【活用例題2】　　　　　　　　　　　　　滋賀県高校物理2013年度（頻出・普通）

ばね P, Q, R と質量 m の物体が水平でなめらかな台の上に図のようにつながれている。ばね P, R の一端は壁で固定されている。3本のばねの質量と，台と物体の間の摩擦は無視できるものとする。

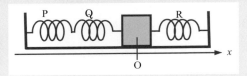

物体が静止しているとき，3本のばねの長さは自然の長さとする。物体が静止している状態での物体の位置を原点とし，ばねの水平方向右向きに x 軸をとる。外力を加えて，物体を静止の位置から x 軸に沿って正の向きに A だけ移動させて，その後外力を取り去ったところ，物体は単振動した。

① ばね P, Q, R のばねの定数がいずれも k であるとき，物体が x 軸の正の方向に A だけ移動した状態で物体に働く弾性力の合力を求めよ。

② ①の条件で単振動しているとき，物体が原点を通過するときの速さを求めよ。

③ ばね P, Q, R のばね定数がそれぞれ k, $2k$, $3k$ であるとき，単振動の周期を求めよ。

📖 **解説**　ばねに働く力，および復元力が作用する物体の運動（単振動）。

【素過程1】 ばねに働く力（直列つなぎ）　→　①, ③

ばね P, Q の伸びを x_P, x_Q とすると

第1章 力　学

$$\begin{cases} x_P + x_Q = A & \text{伸びの和が } A \\ kx_P = kx_Q & \text{ばね P, Q に働く力は等しい} \end{cases}$$

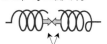

が成り立つ．ばね定数が変化しても扱いは同じ．

【素過程2】復元力が作用する物体の運動（→単振動）　→　②

☞ 解答への指針

(1) ばね P，Q，R に働く弾性力は，フックの法則から
　　ばね R : $F_R = -kA$　←向きは負方向
　　ばね P，Q の伸びをそれぞれ x_P，x_Q とすると
　　$x_P + x_Q = A$，$kx_P = kx_Q$

したがって，物体に働くばね Q の弾性力は $F_Q = -\frac{1}{2}kA$

よって，その合力は
$$F = F_R + F_Q = -\frac{3}{2}kA \qquad \text{左向きに } \frac{3}{2}kA$$

(2) 働く力は復元力であるから，物体は単振動する．原点を通過するときの速さは最大であるから，
$$\frac{3}{2}k = m\omega^2 \longrightarrow \omega = \sqrt{\frac{3k}{2m}} \longrightarrow v = \omega A = \sqrt{\frac{3k}{2m}}A$$

(3) 物体に働く合力を求める．
$$x_P + x_Q = A,\ kx_P = 2kx_Q \longrightarrow F_Q = -\frac{2}{3}kA$$

したがって，合力 F は
$$F = F_R + F_Q = -\frac{11}{3}kA$$
$$\frac{11}{3}k = m\omega^2 \longrightarrow \omega = \sqrt{\frac{11k}{3m}} \longrightarrow T = \frac{2\pi}{\omega} = 2\pi\sqrt{\frac{3m}{11k}}$$

素過程への分解・分析

素過程1
ばね P，Q に働く力

この2つの力は等しい
$kx_P = kx_Q$

素過程2
復元力と単振動
$F = -kx \rightarrow k = m\omega^2$
$\rightarrow \omega = \sqrt{\dfrac{k}{m}}\quad v = \omega r,$
$T = \dfrac{2\pi}{\omega}$

素過程1
ばね P，Q に働く力については，扱い方は(1)と同じ．「P，Q 間に働く力が等しい」がポイント．

|解答例|

【活用例題1】

(1) ① $V_1 = \sqrt{\dfrac{GM}{R}}$ [m/s]　② $T_1 = 2\pi R\sqrt{\dfrac{R}{GM}}$ [s]

(2) ③ $\dfrac{1}{2}mV_A^2 - G\dfrac{Mm}{R} = \dfrac{1}{2}mV_B^2 - G\dfrac{Mm}{2R}$ 【力学的エネルギー保存の法則】

$\dfrac{1}{2}V_A \times R = \dfrac{1}{2}V_B \times (2R)$ 【ケプラーの第2法則】

④ $V_A = 2\sqrt{\dfrac{GM}{3R}}$ [m/s]　⑤ $\dfrac{GMm}{6R}$ [J]

3 いろいろな運動（その1）

【活用例題2】

(1) 左向きに $\dfrac{3}{2}kA$ (2) $\sqrt{\dfrac{3k}{2m}}A$ (3) $2\pi\sqrt{\dfrac{3m}{11k}}$

Coffee Break 1　速度の概念に見る小・中・高の変化

　下の表は，小中高で扱われる「速度」の表現の仕方とその指導上の留意点を示したものです。小学校では，5年生「ふりこの運動」のところで「速さ」が登場します。日常経験的な量として登場するのですが，中学校では，「運動の規則性」で，単位 [m/s] とともに，距離と時間の比として定義された量，すなわち速さの数理科学的な扱いが強調されます。さらに，言葉の数も速さ・平均の速さ・瞬間の速さ・速さの変化，および等速直線運動と急激に増加します。

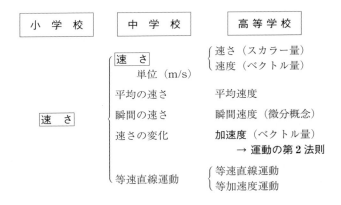

　高等学校物理では，「運動の第2法則」を見通した加速度，その前提としての微分概念である瞬間の速度が位置づけられます。微分概念の基礎となる極限操作に関しても，中学校では「だんだん（速くなる，遅くなる）」という状態の変化を表す語句，また「ごく短い（時間に移動した距離）」など極限操作を彷彿とさせる語句は使用されてはいるものの，「平均の速さ」と「瞬間の速さ」との関係は意識的に避けられています。また，速さ，速度もそれぞれスカラー量，ベクトル量として明確に区別されており，このように，小中高と進むにつれて，日常経験的な量としての速さから，数理科学的な量としての速度概念への転換が図られている様子が見て取れるのではないでしょうか。

第1章　力　学

実力錬成問題

[1] 図のように水平でなめらかな板に小さな穴 O を開け軽いひもを通し，その両端に質量 m [kg] の小球 A，B をそれぞれ取り付けた。ただし，ひもと小さな穴との間に摩擦はないものとする。また，重力加速度の大きさを g [m/s²] とする。

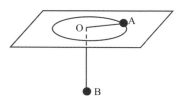

(1) 小球 A に，ある初速をあたえ，O を中心に半径 a [m]，速さ v_0 [m/s] の等速円運動を行わせたところ，小球 B は静止したままであった。
　① ひもの張力の大きさを T_0 [N] とし，小球 A の運動方程式を示せ。
　② 小球 B のつり合いの式を示せ。
　③ 小球 A の速さ v_0 と半径 a の関係を示せ。
　④ 小球 A の動径 OA が単位時間に描く面積（面積速度）を a, v_0 を用いて示せ。

(2) 次に，小球 B を手で下方にゆっくりと b [m] （$b<a$）だけ引き下げたところ，小球 A の運動は速さ v [m/s] の運動に変わった。ただし，この過程で小球 A に働く力は中心 O に向かっているため，小球 A に対して O を中心として回転させる力にはならないものとする。また，小球 A の動径 OA が単位時間に描く面積（面積速度）は，速さが v_0 の等速円運動から速さ v の等速円運動に変わっても変化しないものとする。
　⑤ 小球 B を下方に b だけ引き下げたときの面積速度を a, b, v を用いて示せ。
　⑥ 小球 A の速さ v を a, b, v_0 を用いて示せ。
　⑦ ひもの張力の大きさ T [N] を a, b, m, g を用いて示せ。
　⑧ 手が小球 B を下方に引いている力の大きさを a, b, m, g を用いて示せ。
　⑨ 小球 B を b だけ下方に引き下げたとき，手のした仕事を a, b, m, g を用いて示せ。また，$2b=a$ のとき，小球 A の運動エネルギーの増加を ΔE として，手のした仕事を ΔE を用いて示せ。

【山梨県高校物理（2014年度）】

[2] 図のように，地球（質量 M）のまわりを半径 r の円状の軌道1で周回する人工衛星（質量 m）がある。軌道1上の点 P において，人工衛星にエネルギーを与えて瞬間的に加速したところ，人工衛星は地球を焦点とする楕円状の軌道2に移行したとする。ただし，万有引力定数を G とする。

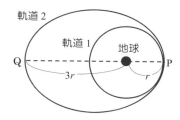

(1) 軌道1を周回しているときの，人工衛星の速さ v_1 と周期 T_1 はいくらか。
(2) 軌道2に移行後の人工衛星の周期 T_2 は T_1 の何倍か。
(3) 軌道2に移行後の，図の点 P，Q での人工衛星の速さをそれぞれ v_P, v_Q とする。
　① v_P は v_Q の何倍か。

② v_P の値はいくらか。
③ 軌道 1 から軌道 2 に移行する際に人工衛星に与えたエネルギーはいくらか。

【北海道・札幌市高校物理（2014年度）】

解法への指針

1 (1)【素過程（等速円運動）】，(2)【素過程（面積速度一定）】，【素過程（エネルギー原理）】【状況】(1) ④面積速度は $\pi a^2 \div \left(\dfrac{2\pi a}{v_0}\right)$，(2) ⑤〜⑦では半径が $(a-b)$ の等速円運動。⑧力のつり合いを考える。⑨は変化前後の小球 A，B の力学的エネルギーを考える。小球 A，B の力学的エネルギーの差が手のした仕事になる。

2 (1)【素過程（等速円運動）】，(2)【素過程（ケプラーの第 3 法則）】，(3)【素過程（ケプラーの第 2 法則（面積速度一定））】【素過程（エネルギー原理）】
【状況】(2)軌道 2 の長半径は $2r$ である。(3)は活用例題 1 参照

4 仕事と力学的エネルギー

キーワードチェック

□仕事　□仕事率　□運動エネルギー　□位置エネルギー　□弾性エネルギー
□力学的エネルギー　□力学的エネルギー保存の法則　□保存力

ワンポイントチェック

① 図1で力と変位のなす角度は _____ であるから，力のした仕事は _____ である。

② 図2で力と変位のなす角度は _____ であるから，力のした仕事は _____ である。

③ 力 $\vec{F}$ と力による変位 $\vec{s}$ とのなす角度を θ とすると，力のした仕事の大きさは _____ で表される。

④ 単位時間にする仕事を _____ という。t 秒間に W [J] の仕事をするときの仕事率は _____（単位は _____）で表される。

⑤ 高所からボールを落下させると，落下するにつれて _____ エネルギーは減少し，_____ エネルギーは増加する。両者の和を _____ エネルギーという。空気等の抵抗がなければ，_____ エネルギーは _____ する。

⑥ 重力のような _____ エネルギーが保存する力を _____ という。重力以外に，このような力の例としては _____ がある。

⑦ 自然長から x [m] だけ変位したばね定数 k [N/m] のばねの弾性力は _____ [N] である。このとき，弾性力による位置エネルギーが kx^2 とならず _____ となるのは，力が _____ により _____ するからである。

⑧ 摩擦の無視できる水平な台にばねを置き，一方は台に取り付け，他方は自由に動けるようにした。物体を介して自然長からある長さだけばねを押し込み手を放したところ，物体は速さが _____ になる _____ の所でばねから離れる。

解答例　① 90°，0　② 180°，負（マイナス）　③ $Fs\cos\theta$　④ 仕事率，$\dfrac{W}{t}$，ワット [W]
⑤ 位置，運動，力学的，力学的，保存　⑥ 力学的，保存力，ばねの力（弾性力）　⑦ kx，$\dfrac{1}{2}kx^2$，変位 x，変化　⑧ 最大，自然長

重要事項の解説

1 仕事の定義（一定の力が作用する場合）

物体に一定の力が働いて，その力の方向にある距離だけ移動したとき，その力は物体に対して**仕事**をしたという。

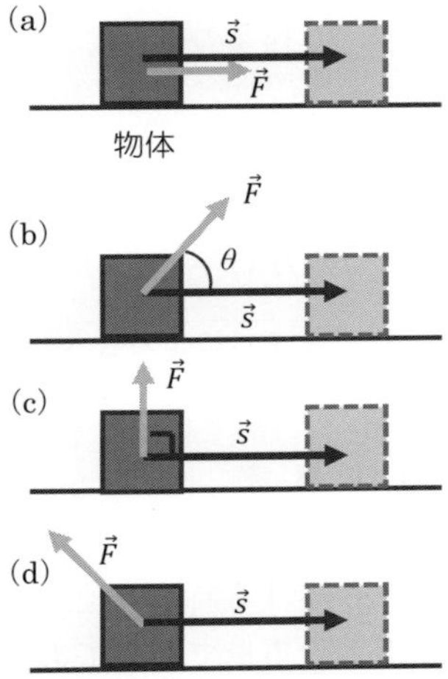

> **定義 仕事の定義**
> 仕事の大きさ W は，図3(a)のように力 F[N] と力の向きに動いた距離 s[m] との積で表される。
> $$W = Fs \text{ [J]} \quad \cdots\cdots ①$$

なお，ジュール [J] は仕事の単位である。

力の方向と移動の方向が異なる場合は，力 $\vec{F}$ と変位ベクトル $\vec{s}$ との内積（スカラー積）を仕事という。

$$W = \vec{F} \cdot \vec{s} = Fs\cos\theta \quad \cdots\cdots ②$$

ここで，θ は力と変位のなす角度である。このように，角度 θ によって仕事は大きく3つの場合に分けられる。

> 角度 θ が**鋭角**の場合，力 $\vec{F}$ は物体に対して仕事をした。（→図3(b)）
> 角度 θ が**直角**の場合，力 $\vec{F}$ は物体に対して仕事をしない。（→図3(c)）
> 角度 θ が**鈍角**の場合，②式から仕事 W は負になる。物体が力 $\vec{F}$ に対して仕事をした（力 $\vec{F}$ が逆にこの物体から仕事をされた）。（→図3(d)）

たとえば，手で荷物を持ち上げて横に移動する場合は図3(c)に該当し，この場合，手は荷物を運ぶという仕事には関わっておらず，その仕事は0である。

> **例題で確認** 図4を用い，場所によって力の大きさが変化する場合の仕事 W は次式で表されることを示せ。
> $$W = \lim_{\Delta r \to 0} \sum_i \Delta W_i = \lim_{\Delta r \to 0} \sum_i \vec{F_i} \cdot \Delta \vec{r_i} = \int_P^Q \vec{F} \cdot d\vec{r}$$

状況▶▶ 物体に力が働き点Pから点Qまで移動する場合を考える。区間PQを微小区間に分割し，そこでは力の大きさは変わらないとして②式を活用する。

展開▶▶ 図4のように微小区間（変位 $\Delta \vec{r_i}$）で物体に働く力を $\vec{F_i}$ としたとき，この区間で

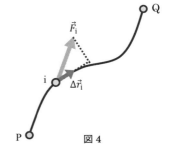

図3 一定の力による仕事

図4

は力の大きさは一定とみなせるので②式が成り立つ。この微小区間の仕事を ΔW_i とし，求めた微小区間での仕事を全区間 PQ について足し合わせればよい。

$$\Delta W_i = \vec{F_i} \cdot \Delta \vec{r_i} \longrightarrow W = \lim_{\Delta r \to 0} \sum_i \Delta W_i = \lim_{\Delta r \to 0} \sum_i \vec{F_i} \cdot \Delta \vec{r_i} = \int_P^Q \vec{F} \cdot \mathrm{d}\vec{r}$$

例題から得られる結論 物体に働く力と仕事の関係

仕事の一般式 $\quad W = \int_P^Q \vec{F} \cdot \mathrm{d}\vec{r} \quad \cdots\cdots ③$

ばねによる仕事や万有引力による仕事は③式を利用して求める。ここでばねの弾性力による仕事を③式から求めておこう。伸びが x である地点から，伸びが 0 である基準点までの間にばねの力 $(F=-kx)$ がする仕事 W は，③式から次のようになる。

弾性力による仕事 $\quad W = \int_x^0 (-kx)\mathrm{d}x = \frac{1}{2}kx^2$

② 仕 事 率

物体に力を加えて仕事をする場合，力の大きさと移動距離の積が同じなら，その仕事をやり遂げる時間（速さ）に関わらず，仕事の量は変わらない。

同じ仕事量であっても，仕事に要した時間によって，仕事の様子は明らかに異なる。この仕事の速さを表す物理量として，単位時間にする仕事を導入する。これを**仕事率**といい P で表す。

定義

時間 t [s] の間に仕事 W [J] を一定の割合でおこなう場合の仕事率 P は，

$$P = \frac{W}{t} \left(\frac{[\mathrm{J}]}{[\mathrm{s}]} = [\mathrm{W}] \right) \quad \cdots\cdots ④$$

で表す。

仕事率の単位は [J/s] であるが，これを [W] で表しワットという。なお，仕事率としては，**馬力**を用いることもある。1 馬力（ただし仏馬力）は約 736 W に等しい。

例題で確認 仕事率の定義から，仕事率 P は $P = F \times v$ で表されることを示せ。ここで v は移動速度である。

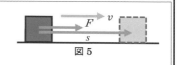
図 5

解説 ▶▶ 仕事の定義である①式を用いると

$$P = \frac{W}{t} = \frac{F \times s}{t} = F \times \frac{s}{t} = Fv \quad \cdots\cdots ⑤$$

となる。これは，物体に加える力が一定の場合，移動にかかる速度 v とその間に働く力 F との積が仕事率 P に等しいことを表している。

3 エネルギー

物体が他に対して仕事のできる状態にあるとき，物体はその仕事の量だけのエネルギーをもつという。したがって，エネルギーの単位は仕事の単位，すなわちジュール〔J〕で表す。以下，運動エネルギーと位置エネルギーについて扱う。

【運動エネルギーの定義】

運動している物体は，静止するまでに，他に仕事をすることができる。このエネルギーを**運動エネルギー**とよぶ。

> **定義**
> 質量 m の物体が，速度 v で運動しているときの運動エネルギーは
> $$E_k = \frac{1}{2}mv^2 \quad \cdots\cdots ⑥$$
> で表される。

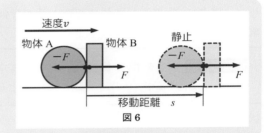
図6

> **例題で確認** 図6を用いて，運動エネルギーが $E_k = \frac{1}{2}mv^2$ で与えられることを示せ。

状況 ▶▶ 速度 v で運動している質量 m の物体 A が，他の物体 B に衝突し，物体 B を一定の力 F で押し続け，距離 s だけ移動して止まるという状況を考えよう。

展開 ▶▶ 物体 A は物体 B より反作用として逆向きに一定の力 $(-F)$ を受け等加速度運動し，やがて静止する。(→成り立つ関係式 $ma = -F$, $0^2 - v^2 = 2as$)

仕事の定義から，力 F のした仕事 W は物体 A の等加速度運動の関係式を用い

$$\boxed{W = Fs} \xrightarrow{F = -ma,\ s = -\frac{v^2}{2a}} \boxed{W = \frac{1}{2}mv^2} \Rightarrow \boxed{E_k = \frac{1}{2}mv^2}$$

と変形できる。A が静止するまでに A が B にした仕事 W を求めれば，それが A が B に衝突した時点で持っていた運動エネルギー E_k となる。

【重力による位置エネルギー】

物体がその位置を変えることによって，他に対して仕事ができるとき，その物体は**位置エネルギー**（U）を持つという。位置エネルギーは，働く力（重力やばねの弾性力など）によって，さらに分類することができる。まずは，**重力による位置エネルギー**について扱う。なお，万有引力による位置エネルギーについては，発展1（p.55）で詳しく扱うことにする。

第1章 力　学

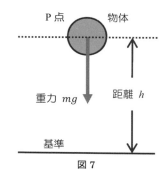
図7

> **定義** 重力による位置エネルギー
> 基準面から高さ h [m] の位置にある質量 m [kg] の物体のもつ位置エネルギーは
> $$U = mgh \quad \cdots\cdots ⑦$$
> で表される。

⑦式は、質量 m の物体を重力（mg）に逆らって、基準面である地上から高さ h の P 点まで持ち上げる仕事に等しい（図7）。**仕事として与えられた分だけ他に対して仕事ができる状態にあるといえる。**

> **例題で確認** 図8を用い、位置エネルギーは基準面の取り方で変化するが、その差は変化しないことを示せ。

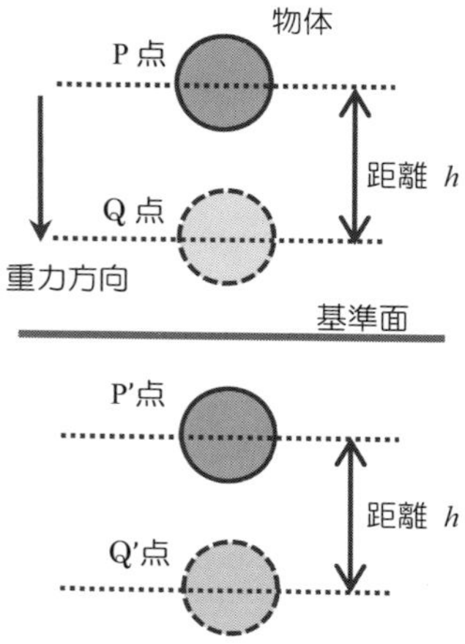

状況▶▶ 地面を基準面としたときの、各点での物体の位置エネルギーを求める。位置エネルギーは基準面より上にあるときは正、下にあるときは負となる。

展開▶▶ 定義より、物体の各点での位置エネルギーは、

$U_P = mgh_P,\ U_Q = mgh_Q$ ←基準面より上（正）

$U_{P'} = -mgh_{P'},\ U_{Q'} = -mgh_{Q'}$

　　　　　　　　　　　←基準面より下（負）

となる。$h_P,\ h_Q,\ h_{Q'},\ h_{P'}$ はそれぞれ基準面からの距離である。ここで、位置エネルギーの差 $U_P - U_Q$, $U_{P'} - U_{Q'}$ を考えると、$h_P - h_Q = h_{Q'} - h_{P'} = h$（一定）であるから

$$\boxed{U_P - U_Q = mgh} \iff \boxed{U_{P'} - U_{Q'} = mgh}$$

このように、位置エネルギーの値は基準面の取り方で変化するが、その差は基準面の取り方にはよらない。

図8

【弾性力による位置エネルギー】

縮んだ（または伸びた）ばねは、自然長に戻る際に他に対して仕事をすることができる。このばねの変位に伴うエネルギーをばねの**弾性力による位置エネルギー（弾性エネルギー）**という。

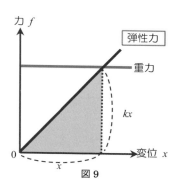
図9

> [定義] 弾性力による位置エネルギー
>
> 自然長から x[m] だけ変位したばね定数 k[N/m] のばねの弾性力による位置エネルギーは
> $$U = \frac{1}{2}kx^2 \quad \cdots\cdots ⑧$$
> で表される。

> [例題で確認] 図10を用いて、ばねの弾性力による位置エネルギーは $U = \frac{1}{2}kx^2$ で与えられることを示せ。

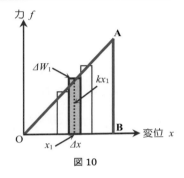

図 10

状況▶▶ 微小区間 $\varDelta x$ で、ばねの弾性力を一定とみなし、その間での**外力による微小な仕事** $\varDelta W$ を全区間にわたって足し合わせる。すなわち、微小な長方形の面積の和で△OAB の面積を近似しようという設定である。

展開▶▶ ばねの伸びが x_1 のとき、ばねの弾性力(大きさ)は kx_1 であり、このとき、弾性力に逆らって**向きは反対だが大きさの等しい力**でわずかな距離 $\varDelta x$ を伸ばす仕事 $\varDelta W_1$ は $kx_1 \times \varDelta x$ で、これは図の長方形の面積に等しい。なお、$\varDelta x$ は微小距離であり、この間、力はほぼ一定だと考えてよい。したがって、自然長から x までこのばねを**引き伸ばす仕事**は、図の長方形の面積の和となり、$\varDelta x$ を極めて小さくとる極限では△OAB の面積に一致する。

$$W = \sum_i \varDelta W_i = \sum_i kx_i \varDelta x \to (\varDelta x \text{を小さくすると}) \to W = \int_0^x kx\,\mathrm{d}x = \frac{1}{2}kx^2$$

この仕事が伸び x のばねのもつ位置エネルギー(弾性エネルギー)としてばねに蓄えられる。

[発展1] 万有引力による位置エネルギー

地球の質量を M とし、地球の中心から距離 r_P 離れた P 点にある質量 m の物体の万有引力による位置エネルギー U_P を求めよう。ポイントは次の2点である。

① ポイント 1 (基準の設定) 万有引力が及ばない位置、すなわち無限遠 ($r \to \infty$) を基準 ($U=0$) に取る。座標軸の原点は地球の中心に置く。

② 万有引力に逆らって、基準点 ($U=0$) から P 点まで運ぶ仕事 W を考える。

③ ポイント 2 (仕事とエネルギーの関係) P 点の位置エネルギーを U_P とすると、$U_\mathrm{P} = W$ という関係が成り立つ。

以下、手順1, 2にしたがって U_P を求めよう(図11参照)。

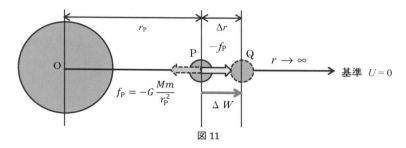

図11

【手順1】万有引力に逆らって，P点からQ点まで運ぶ仕事を考える。P点での質量 m の物体に働く万有引力は $f_P = -G\dfrac{Mm}{r_P^2}$（向きに注意）であり，その値は距離 r_P とともに変化する。そこで，微小区間PQ（距離 Δr）を考え，この間では力の大きさは変化しないとみなし，PQ間での仕事（微小仕事）ΔW を求める。

$$\Delta W = -f_P \times \Delta r = G\dfrac{Mm}{r_P^2} \times \Delta r \qquad \text{微小区間 PQ の仕事}$$

【手順2】この微小区間の仕事をもとに，位置エネルギーの基準である無限遠（$r \to \infty$）からP点（$r = r_P$）まで運ぶ仕事 W を求める。

$$W = \int_{\infty}^{r_P} G\dfrac{Mm}{r^2} dr$$
$$= -G\dfrac{Mm}{r_P} \qquad \leftarrow \int \dfrac{1}{r^2} dr = -\dfrac{1}{r}$$

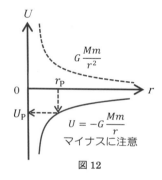

図12

ポイント2から，P点での位置エネルギー U_P は

$$U_P = W = -\int_{\infty}^{r_P} f_P dr = -G\dfrac{Mm}{r_P} \quad \cdots\cdots ⑨$$

このように，無限大を基準点としたとき，万有引力による位置エネルギーは**マイナス**になる（図12）。これは，プラスの仕事をしなければ無限遠，すなわち地球の影響が無視できる所まで運ぶことはできず，**質量 m の物体は地球に束縛されている**（安定な状態）ことを示している。

4 力学的エネルギー保存の法則

物体を落下させると，位置エネルギーが減少するにつれ物体の運動エネルギーは増加する（図13参照）。

位置エネルギーの減少 → 運動エネルギーの増加

位置エネルギーと運動エネルギーの和を**力学的エネルギー**というが，両者には次の関係が成り立つ。

4 仕事と力学的エネルギー

法則 力学的エネルギー保存の法則

空気の抵抗等が無視できるとき，P点，Q点の2点間の力学的エネルギーは保存する。

$$\frac{1}{2}mv_1{}^2+mgh_1$$
∥ P点の力学的エネルギー

$$\frac{1}{2}mv_2{}^2+mgh_2 \quad \cdots\cdots ⑩$$
Q点の力学的エネルギー

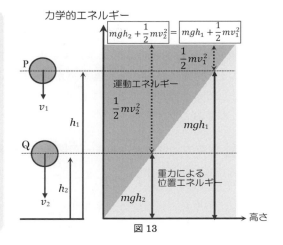

図 13

落下するにつれ，物体の位置エネルギーや運動エネルギーの大きさは変化するが，重力の下では，その和である力学的エネルギーは保存する。力学的エネルギーが保存するような力を**保存力**という。空気の抵抗や摩擦力など非保存力が働く場合，力学的エネルギーは保存しない（発展2（p.58））。

例題で確認 図14のように傾きが30°の斜面に質量 m の小物体を静かに置いたところ距離 L すべり降りた。斜面と小物体間の動摩擦係数を μ'，重力加速度の大きさを g としてすべり降りたときの速さを求めよ。【沖縄県高校物理（2012年度）改】

状況▶▶ 摩擦力が働いたとき力学的エネルギーは保存しない。最高点P，最下点Qでの力学的エネルギーの差は何かを考える。

展開▶▶ 最高点P，最下点Qの2点での力学的エネルギー E_P，E_Q の差 (E_Q-E_P) はマイナスになるが，これは斜面と小物体間の動摩擦力によって仕事として力学的エネルギーが一部奪われたことを表している。

P点，Q点での力学的エネルギーについては，最下点（Q点）を位置エネルギーの基準にとると，最高点Pでは小物体を静かに置いていることから位置エネルギー，また最下点Qでは運動エネルギーのみである。

P点の力学的エネルギー		Q点の力学的エネルギー		奪われたエネルギー
位置エネルギー $mgL\sin30°=\frac{1}{2}mgL$	=	運動エネルギー $\frac{1}{2}mv^2$	+	$W=F\times s$ $(mg\cos30°\mu')L=\frac{\sqrt{3}}{2}mg\mu'L$

$$\frac{1}{2}mgL=\frac{1}{2}mv^2+\frac{\sqrt{3}}{2}mg\mu'L \longrightarrow v=\sqrt{(1-\sqrt{3}\mu')gL} \quad \text{ただし，} \mu'\leqq\frac{1}{\sqrt{3}}$$

このように動摩擦力によって奪われたエネルギーをも考慮したとき，P点，Q点での力学的エネルギー，また「動摩擦力によって奪われたエネルギー」の間には広い意味でのエネル

第1章 力　学

ギー保存の法則が成り立つ。

発展2　保存力と力学的エネルギー保存の法則について

これまで位置エネルギーを基準点から考察する位置までの「保存力に逆らってする仕事」として考えたが，ここではまず保存力 $f(r)$ と位置エネルギー $U(r)$ の関係についてまとめておこう。

> **定義** 保存力と位置エネルギーの関係（一般的関係）
> $$U(r) = -\int_{r_0}^{r} f(r)\,dr \Longrightarrow f(r) = -\frac{dU(r)}{dr} \quad \cdots\cdots ⑪$$
> r_0 は基準点，r は位置エネルギーを求める点の座標を表す。

⑪式より，保存力の向きと大きさについては次の関係が読み取れる（図15）。

　　保存力の向き　　：位置エネルギーの減少する向き
　　保存力の大きさ：位置エネルギーの変化する割合
　　　　　　　　　　に比例

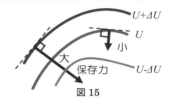

図15

さらに，保存力（重力など）とそれぞれの位置エネルギーとの関係については，以下の表のようにまとめることができる。

$$U(r) = -\int_{r_0}^{r} f(r)\,dr$$

保存力 $f(r)$	基準点 r_0	考察位置 r	位置エネルギー $U(r)$
重力 $-mg$	0	h	$U(h) = mgh$
弾性力 $-kr$	0	x	$U(x) = \dfrac{1}{2}kx^2$
万有引力 $-G\dfrac{Mm}{r^2}$	無限遠（∞）	r	$U(r) = -G\dfrac{Mm}{r}$

$$f(r) = -\frac{dU(r)}{dr}$$

【保存力と力学的エネルギー保存の法則について】

次に，保存力が作用するとき，力学的エネルギー保存の法則が常に成り立つことを運動方程式（微分形）から直接導いてみよう。

　微分形　　$m\dfrac{dv}{dt} = -\dfrac{dU(r)}{dr} \quad \cdots\cdots ⑫ \quad \leftarrow m\dfrac{dv}{dt} = f(r),\ f(r) = -\dfrac{dU(r)}{dr}$

⑫の両辺に dr をかけて，左辺を次のように変形する。

$$m\frac{dv}{dt} \times dr = m\frac{dv}{dt}\left(\frac{dr}{dt}dt\right) = m\left(\frac{dv}{dt}v\right)dt$$
$$= \frac{d}{dt}\left(\frac{1}{2}mv^2\right)dt = d\left(\frac{1}{2}mv^2\right)$$

したがって，⑫式（保存力が作用するときの運動方程式）は

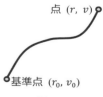

図16

$$\mathrm{d}\left(\frac{1}{2}mv^2\right) = -\mathrm{d}U(r) \quad \cdots\cdots ⑬$$

と書き換えることができる。この⑬式を位置エネルギーの基準点から考察する点まで積分する（図16）と

$$\int_{v_0}^{v} \mathrm{d}\left(\frac{1}{2}mv^2\right) = \frac{1}{2}mv^2 - \frac{1}{2}mv_0^2, \quad \int_{r_0}^{r} -\mathrm{d}U(r) = -U(r) + U(r_0)$$

の関係を用いて，

$$\boxed{積分形} \quad \frac{1}{2}mv_0^2 + U(r_0) = \frac{1}{2}mv^2 + U(r) \quad \cdots\cdots ⑭$$

が得られる。運動の**微視的記述**（微分形）である運動方程式に対して，力学的エネルギー保存の法則は運動を**巨視的に表した式**（積分形）だとみることができる。

このように，重力や弾性力など保存力の下では，力学的エネルギー保存の法則は常に成り立つ。

第1章　力　学

活用例題で学ぶ知識の活用

【活用例題1】　　　　　　　　　広島県高校物理2011年度（頻出・普通）
1．水平な面上で質量10 kgの物体に，水平方向に15 Nの力を加え続けて，ゆっくりと4.0 m移動させた。このとき，加えた力がした仕事，重力がした仕事はそれぞれいくらか。ただし，重力加速度の大きさを9.8 m/s²とする。
2．次の文は運動エネルギーについて述べたものである。空所に適語を入れよ。
「運動する物体が他の物体に対して（　　　）をもっているとき，その物体は運動エネルギーをもっている。」
3．右図は，水平な地面から質量 m の小球を水平から角度 θ 上方に，初速度の大きさ v_0 で投げ出して，最高点に達した様子を示したものである。以下(1)〜(3)に答えよ。重力加速度の大きさを g，地面を重力の位置エネルギーの基準面とし，空気抵抗は無視できるものとする。

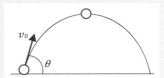

(1) 小球のもつ力学的エネルギーを求めよ。
(2) 最高点の高さを求めよ。その求め方も示せ。
(3) 小球はやがて地面に達する。水平到達距離を L としたとき，この値を $2L$ にするには投げ出す速さを元の何倍にすればよいか。投げ出す角度は変えないものとする。求め方も示せ。

📖 **解説**　仕事の定義，放物運動における小球のエネルギー変化に関する問題。内容的には次の3つの**素過程**からなる。
【素過程1】仕事の定義（仕事をする能力）　→　1．
【素過程2】仕事とエネルギー（仕事と運動エネルギー）　→　2．
【素過程3】力学的エネルギー保存の法則　→　3．(1), (2), (3)
　3．(2)(3) 放物運動は【鉛直方向】は投げ上げ運動，【水平方向】は等速度運動に分解できる。最高点では，速度の水平成分は $v_0\cos\theta$ でゼロではない。

☞ **解答への指針**
1．力の方向と物体の移動方向を考える。
$$W=\vec{F}\cdot\vec{s}=Fs\cos\theta \begin{cases} 重力の場合　：\theta=90°,\ W=0 \\ 水平力の場合：\theta=0°,\ W=Fs \end{cases}$$
2．運動している物体は，静止するまでに，他に仕事をすることができる。このエネルギーを**運動エネルギー**とよぶ。
3．(1) 放物運動では運動につれて，運動エネルギー，位置

素過程への分解・分析
素過程1
力の方向と移動の方向が異なる場合の仕事
$W=\vec{F}\cdot\vec{s}=Fs\cos\theta$
素過程2
運動エネルギーの定義

エネルギーとも変化するが，その和である力学エネルギーは変化しない（力学的エネルギーの保存の法則）。

投げ出した点での力学的エネルギーの内訳

運動エネルギー：$\frac{1}{2}mv_0^2$，位置エネルギー：0

(2) 最高点での力学的エネルギーの内訳

運動エネルギー：$\frac{1}{2}m(v_0\cos\theta)^2$　←0 ではない！

位置エネルギー：mgh　←求める高さを h とする

$$\frac{1}{2}mv_0^2=\frac{1}{2}m(v_0\cos\theta)^2+mgh$$

(3) 最初の速さ v_0 のとき，水平到達距離 L

$$L=\frac{2v_0^2\sin\theta\cos\theta}{g}$$　←放物運動の関係式

最初の速さを k 倍したとき，水平到達距離は $2L$ となる。

$$2L=k^2\frac{2v_0^2\sin\theta\cos\theta}{g}$$

両式から k を求める。

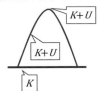

素過程3
放物運動と力学的エネルギー

K：運動エネルギー
U：位置エネルギー
放物運動
投げ上げ運動（鉛直成分）
等速度運動（水平成分）

【活用例題2】　　　　　　　　　　岡山県高校物理2012年度（頻出・普通）

人工衛星の質量を m[kg]，地球の半径を R[m]，地球の自転周期を T[s]，地表の重力加速度の大きさを g[m/s²] として，次の各問いに答えよ。ただし，地球周辺の万有引力は地球の質量がその中心の一点にあるものと考え，太陽や月などの他の星の影響は考えないものとする。

1　地球の中心を原点とした座標軸上において，次の問いに答えよ。

(1) 位置 r[m] にある人工衛星に働く万有引力を F[N] とする。$F=-mg\dfrac{R^2}{r^2}$ となることを説明せよ。

(2) 一般に，ある物体の保存力による位置エネルギーは，その位置から基準となる位置まで，保存力が物体にする仕事と等しい。このことを利用して，無限遠を基準とする万有引力による位置エネルギーが，地表（位置 R[m]）にある物体の場合には $-mgR$ となることを計算により示せ。

2　地球の重力を振り切るために必要な最小初速度の大きさ（第二宇宙速度）を求めよ。ただし，空気抵抗は考えないものとし，打ち上げ直後から推進力は利用しない。

📖 **解説**　人工衛星，また惑星の軌道に関するいわゆるケプラー問題は，近年だけでも秋田県，静岡県，香川県，福岡県，沖縄県をはじめ随所で出題されている。内容的には次の3つの**素過程**から構成される。

【素過程1】万有引力の表式（地表での万有引力＝重力）　→　1(1)
【素過程2】万有引力による位置エネルギー（地表での位置エネルギー）　→　1(2)

第1章　力　学

【素過程3】第2宇宙速度（無限遠に達するための速度）→ 2

1(2)については 発展1 (p.55)を参照のこと。特に，万有引力による位置エネルギーは万有引力の影響が無視できる無限遠を基準（位置エネルギー0）にとる。2については，地表での束縛（地表での位置エネルギー）を打ち破るだけの運動エネルギーを与えれば人工衛星は無限遠まで飛び去ることができる。

☞ 解答への指針

1(1) 地球の中心から距離 r[m] の位置での質量 m[kg] の物体に働く引力（力の向きに注意）

$$F = -G\frac{Mm}{r^2} \quad \cdots\cdots ①$$

また，地表での引力 F_0 は

$$F_0 = -G\frac{Mm}{R^2} \quad \cdots\cdots ② \qquad F_0 = -mg \quad \cdots\cdots ③$$

②，③式から G を M, R で表し，①式へ代入する。

1(2)　$U = -G\dfrac{Mm}{R} \quad \cdots\cdots ④$

②，③式から G を M, R で表し，④式へ代入する。

2　無限遠では，位置エネルギーは0であるから（無限遠での速さを v_0 とする），地表と無限遠で成り立つ力学的エネルギー保存の法則から

$$-mgR + \frac{1}{2}mv^2 = 0 + \frac{1}{2}mv_0^2 \geq 0 \;\blacktriangleright\; \frac{1}{2}mv^2 \geq mgR$$

を満たす最小値 v を求める。

素過程への分解・分析
素過程1 万有引力 $F = -G\dfrac{Mm}{r^2}$ F の符号（マイナス）に注意
素過程2 万有引力による位置エネルギー（発展1参照）
素過程3 地表での位置エネルギー（束縛エネルギー）に等しい運動エネルギーを与えればよい。

【活用例題3】　　　　　　　　千葉県高校物理2007年度・改題（頻出・普通）

　図のようにレールを丸めてループコースターを作り，水平面に対して鉛直に立て，ばねで物体を運動させて，そのループを通過させることにした。ばねの左端は動かない台に固定し，右端には軽い板をつけて水平な面上に置いた。板には質量 m の物体を押し付けて，ばねを自然

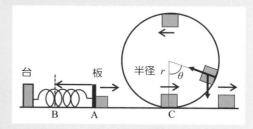

の長さの位置 A から B まで押し縮めて離したところ，物体はループの最下点 C を通過し，レールの内側から離れることなく円運動をした。ただし，ばね定数を k, ループの半径を r, 重力加速度の大きさを g とし，ばね，板及び物体とレールとの間の摩擦や空気抵抗はないものとする。(1)～(4)の問いに答えよ。

(1) 縮められたばねが B から A に戻るまでの間の物体が持つ運動エネルギーの変化，およびばねが持つ弾性力による位置エネルギーの変化の様子をグラフに表せ。

(2) AB 間の距離を x として，物体が板から離れるときの速さを m, k, x を用いて表せ。

(3) 物体が上昇して最下点とのなす角が θ になったときの物体の速さを v として，物体がレールから受ける力を m, v, g, r, θ を用いて表せ。
(4) ループの最高点で物体がレールから離れないためには，ばねの縮み x をいくら以上にすればよいか。

解説 力学的エネルギーの保存の法則を用いて，運動の解析を行う代表的な問題である。特に，(4)のループの最高点で物体が落下しない条件は頻出問題であり，<u>力学的エネルギー保存の法則と最高点での力の働き方</u>（**接触条件**）の2つの素過程の活用がポイントになる。素過程は次の3つである。

【素過程1】力学的エネルギー保存の法則 → (1), (2), (4)
【素過程2】等速円運動を起こす力（向心力） → (3)
【素過程3】物体と面とが接触する条件（面からの垂直抗力の存在） → (4)

解答への指針
(1)(2) 摩擦や空気抵抗はないとすると，物体の運動エネルギー E_k とばねの位置エネルギー U の間には，力学的エネルギー保存の法則が成り立つ。

$$E_k + U = (\text{一定}) \begin{cases} (1) \ U = (\text{一定}) - E_k \\ (2) \ \dfrac{1}{2}kx^2 = \dfrac{1}{2}mv^2 + \dfrac{1}{2}kx'^2 \end{cases}$$

物体が板から離れるのは物体の速さが最大のとき（自然長）である。
(3) このとき瞬間的に等速円運動すると仮定する。

$$m\frac{v^2}{r} = \boxed{\text{レールから受ける力}} - \boxed{\text{重力の半径方向}}$$

(4) レールから受ける力 ≥ 0 （(3)の利用）

$$\frac{1}{2}kx^2 = \frac{1}{2}mv^2 + mg \times 2r$$

（力学的エネルギー保存の法則）

を連立させ，v の最小値を求める。

素過程への分解・分析
素過程1 力の方向と移動の方向が異なる場合の仕事
素過程2 向心力 $= m\dfrac{v^2}{r}$ 重力の半径方向 $mg\cos\theta$
素過程3 物体がレールから離れない条件：レールから受ける力 ≥ 0

解答例

【活用例題1】
1 15 N の力のする仕事：60 J，重力のなす仕事：0 J

2 仕事をする能力　3 (1) $\dfrac{1}{2}mv_0^2$，(2) 求め方：求める高さを h とすると

$$\frac{1}{2}mv_0^2 = mgh + \frac{1}{2}m(v_0\cos\theta)^2 \quad \therefore \quad h = \frac{v_0^2\sin^2\theta}{2g}$$

(3) 求め方：$L = \dfrac{2v_0^2\sin\theta\cos\theta}{g}$，$2L = k^2\dfrac{2v_0^2\sin\theta\cos\theta}{g}$ から $k = \sqrt{2}$ 　　∴ 　$\sqrt{2}$ 倍

第1章　力　学

【活用例題2】

1(1) 人工衛星に働く万有引力は，地球の質量を M とすると $F=-G\dfrac{Mm}{r^2}$（①式）となる。ここで，人工衛星が地表にあるとき，$F=-mg=-G\dfrac{Mm}{R^2}$ から $g=G\dfrac{M}{R^2}$。これを①式に代入して $F=-mg\dfrac{R^2}{r^2}$

(2) $U=\int_R^\infty F dr=-mgR^2\int_R^\infty \dfrac{1}{r^2}dr=-mgR$

2　$v=\sqrt{2gR}$

【活用例題3】

(1) 右図　(2) $\sqrt{\dfrac{k}{m}}x$　(3) $m\dfrac{v^2}{r}+mg\cos\theta$

(4) $\sqrt{\dfrac{5mgr}{k}}$

備考：(3)では，「物体が上昇して最下点とのなす角が θ になったとき」というある瞬間の位置に着目して，瞬間的に等速円運動をすると仮定したが，円運動では常に法線方向（半径方向）の加速度が $m\dfrac{v^2}{r}$ で表されることを用いて求めてもよい（第6節「いろいろな運動（その2）」(p.82) 参照）。

実力錬成問題

1 (1) 図1のように質量 m [kg] の物体が基準面より h [m] 高い所から自由落下運動をした。基準面に達したときの速さを V [m/s] としたとき，落下する前の重力による位置エネルギーと基準面での運動エネルギーが等しいことを自由落下運動が等加速度運動であることを踏まえて説明せよ。

(2) 図2のように質量 m [kg] の物体Aに伸び縮みしない糸をとりつけ，糸の上端を固定し物体を最下点から糸がたるまないように高さ h [m] だけ持ち上げて放す。このとき物体Aには糸の張力が働き，運動の軌道が違うのに最下点での速さ V [m/s] にも(1)と同様の関係が成り立つことを生徒にわかりやすく示せ。

【宮崎県高校物理（2011年度）改】

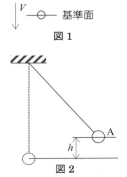

図1

図2

2 右の図は，水平な台の上に，半径 r のなめらかな円筒面とそれに続くなめらかな斜面を設け，小球を高さ h のところから静かにすべらせた様子を模式的に示したものである。小球が円筒面の最高点にまで達するのは h がいくら以上のときか。その際，求め方も示せ。ただし，重力加速度の大きさを g とし，空気抵抗を無視できるものとする。

【広島県高校物理（2012年度）】

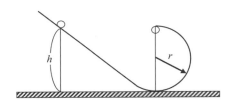

3 次の文章を読んで，(1)～(5)の各問いに答えよ。

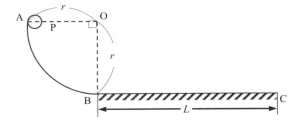

図のように，半径 r の滑らかな円筒内面ABからなる面と点Bで滑らかに接続している長さ L の粗い水平面BCでの小物体P（質量：m）の運動を考える。水平面BCには摩擦力がはたらき，小物体PとBCの間の動摩擦係数は μ である。小物体Pを水平面BCからの高さ r の位置にある点Aから静かに放したところ，点Bを通過し，点Cでちょうど静止した。重力加速度の大きさを g とし，空気の抵抗力は無視できるも

のとする。また，小物体の運動は点 A，B，C を含む鉛直面内で起こるものとする。
(1) 重力のように力がする仕事が道すじによらず，初めと終わりの位置だけで決まり，位置エネルギーを考えることができる力を何というか。
(2) 点 B を通過するときの小物体 P の速さを求めよ。
(3) 水平面 BC 上で小物体 P に働く全ての力を正しく図示せよ。
(4) 小物体 P が点 B から点 C まで移動したときの動摩擦力が P にした仕事を求めよ。
(5) 小物体 P が点 C をとび出すことなく，点 C でちょうど静止するための r の条件を書け。

【宮城県・仙台市高校物理（2009年度）】

|解法への指針|

1 (1)【素過程（自由落下運動）】，(2)【素過程（力学的エネルギー保存の法則）】具体的には，(1) $v^2 - v_0^2 = 2ax$ (2) 糸の張力と物体の移動方向（接線方向）は常に垂直であるため糸の張力は仕事をしない。よって，力学的エネルギーが保存する。

2 【素過程（力学的エネルギー保存の法則）】，【素過程（物体と面とが接触する条件）】具体的には活用例題3(4)参照。

3 (2)【素過程（力学的エネルギー保存の法則）】，(3)【素過程（物体に働く力の種類：接触力と遠隔力）】，(4)(5)【素過程（力学的エネルギーの減少＝摩擦のした仕事）】摩擦力は力学的エネルギーが保存しないので保存力ではない。

5 運動量と衝突

キーワードチェック

☐運動量 ☐力積 ☐撃力 ☐運動量保存の法則 ☐はねかえりの係数
☐弾性衝突 ☐完全非弾性衝突 ☐非弾性衝突 ☐斜め衝突

ワンポイントチェック

① 質量 m[kg] の物体が速さ v[m/s] で x 軸正方向に運動しているときの運動量は [____][単位]で与えられる。

② 質量 m[kg] の物体が速さ v[m/s] で x 軸負方向に運動しているときの運動量は [____][単位]で与えられる。

③ 運動量の変化は [____] に等しい。この関係は [____] からも導くことができる。この関係を用いれば，物体に作用する力（平均の力）は [____] 時間あたりの [____] の変化に等しい。

④ 質量 m の物体が時間 Δt に，速度が v_1 から v_2 に変化したときの運動量の変化は図1の [____] に等しい。瞬間的に働く力 F を [____] という。

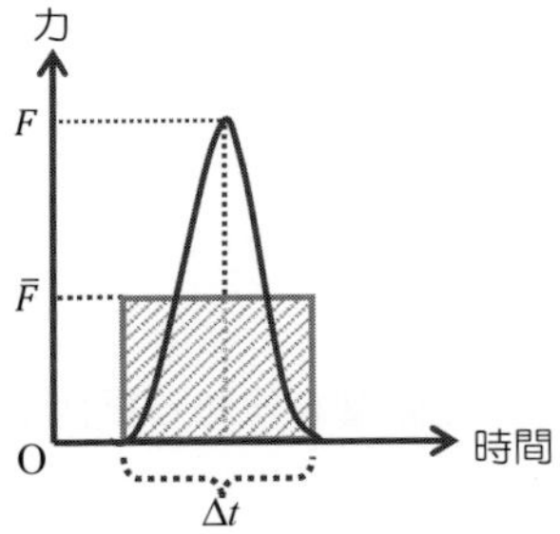

⑤ 摩擦のない直線上で2つの球が衝突音を発しながら激しくぶつかった。このとき運動量は [____] が，運動エネルギーは [____]。

⑥ [____] 力が働いていても，[____] 力が働いていなければ，[____] の運動量は保存される。

図1

⑦ 2球の衝突で，衝突前・後の2球の相対速度が同じとき，はねかえりの係数の値は [____] で，このような衝突を [____] という。

⑧ 摩擦の無視できる直線上を質量 m の粘土球が静止している質量 $3m$ の粘土球に速さ v でぶつかり2球は合体した。このとき，
(1) この衝突を何というか。はねかえりの係数はいくらか。
(2) 合体後の粘土球の速さはいくらか。

解答例 ① mv[kg·m/s] ② $-mv$[kg·m/s] ③ 力積，運動方程式，単位，運動量 ④ 面積 $\bar{F}\Delta t$, 撃力 ⑤ 保存する，保存しない ⑥ 内，外，系全体 ⑦ 1, 弾性衝突 ⑧ (1) 非弾性衝突, 0 (2) $\dfrac{v}{4}$

第1章 力　学

重要事項の解説

1 運動量の表し方

　同じ速度でも，質量の違う軽自動車（質量小）と大型のトラック（質量大）とでは，私たちの傍らを通り過ぎる際に感じる**運動の激しさ**が異なる。また，同じ軽自動車でも，速度が大きければ運動の激しさは大きい。このように，質量と速度の両方に関係した運動の激しさを表す物理量が**運動量**である。

> **定義** 運動量
>
> 　質量 m の質点が速度 $\vec{v}$ で運動しているとき，質量と速度の積である
>
> $$\vec{mv} \quad \cdots\cdots ①$$
>
> を，その質点の**運動量**という（図2参照）。

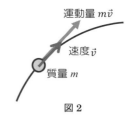

図2

　このように，運動量は速度と同じ向きをもつ**ベクトル量**である。

（注意）①式で，質量を2倍にしても，また速度の大きさを2倍にしても，運動量はともに $2\vec{mv}$ で同じになる。①で表される運動量は，私たちが日常感じる運動の激しさを表わす物理量だと考えてよい。

2 運動量を決める要因としての力積

　運動量を左右する要因としての**力積**（りきせき）について調べよう。運動の法則から，物体に力が加わると速度が変化する。しかし，その加わり方が短時間なのか，それとも持続して加わるのかで速度の変化の様子は違う。

　この力 $\vec{F}$ [N] とそれが物体に作用した時間 Δt [s] との積，すなわち $\vec{F} \cdot \Delta t$ [Ns] を**力積**という。力積もまた，力 $\vec{F}$ と同じ向きをもつベクトルである。力積とは，力がどれくらい長く物体に作用したかを表す物理量である。

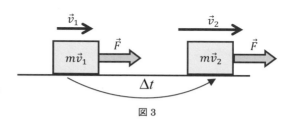

図3

> **例題で確認** 図3を用い，運動の法則から，次の運動量の変化と力積の関係を導け。
> $$\vec{F} = m\vec{a} \longrightarrow \vec{F}\Delta t = m\vec{v_2} - m\vec{v_1}$$

状況▶▶ 摩擦の無視できる面を質量 m [kg] の物体が速度 $\vec{v_1}$ [m/s] で運動している。この

物体に一定の力 $\vec{F}$ [N] が時間 Δt [s] 働き，その結果，速度が $\vec{v_2}$ [m/s] に変化したという状況である。

展開 ▶▶ このときの加速度は $\vec{a} = \dfrac{\vec{v_2} - \vec{v_1}}{\Delta t}$ であるから，運動方程式 $m\vec{a} = \vec{F}$ に代入し変形すると

$$m\dfrac{\vec{v_2} - \vec{v_1}}{\Delta t} = \vec{F} \xrightarrow{\text{両辺を力が作用した時間}(\Delta t)\text{倍すると}} m\vec{v_2} - m\vec{v_1} = \vec{F} \cdot \Delta t$$

> **例題から得られる結論** 運動量の変化と力積の関係
>
> $\boxed{\text{運動量の変化}}\ m\vec{v_2} - m\vec{v_1} = \vec{F} \cdot \Delta t\ \boxed{\text{力積}}$ ……②
>
> この②式は運動量の原理とよばれ，「物体の運動量の変化は，その間に物体に与えられた力積に等しい」ことを表している。

③ 運動量の原理が威力を発揮する場面

運動方程式 $m\vec{a} = \vec{F}$ によって，力 $\vec{F}$ が質量 m の物体に作用したときの加速度 $\vec{a}$ を求め，その後の物体の運動を，v–t グラフなどで時々刻々追跡することができた。

しかし，バットでボールを打つとか，物体同士の衝突のように，短時間に大きな力（これを**撃力**という）が作用するとき，加速度を表す式 $\left(\vec{a} = \dfrac{\vec{v_2} - \vec{v_1}}{\Delta t}\right)$ の分母が極端に小さくなるために，運動方程式により時間を追って，その運動を記述することが難しくなる。

このようなとき，たとえば撃力の及ぼす効果を知りたければ，その瞬間の力積（図4の長方形の面積）で表すのが便利であり，それには運動量の原理（②式）より，撃力を加える前後の運動量の変化を調べればよい。

さらに，一般に撃力は力の大きさが一定ではなく複雑に変化する。しかし，運動量の変化から求められた力積を作用した時間（Δt）で割れば，この間に働いた平均の力（$\overline{F}$）として，その大きさを見積もることができる。

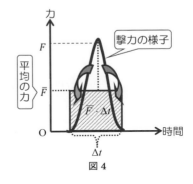

図4

④ 運動量保存の法則（衝突問題を例にして）

物体に作用した力積が 0 のとき，②式から $m\vec{v_2} = m\vec{v_1}$ となり，運動量は変化せず保存されることになる。以下，衝突，特に直線上を運動する 2 つの物体が衝突するとき，摩擦等の外力が働かなければ（条件），これらの 2 つの物体の運動量の和が衝突の前後で保存する（結果）ことを学ぶ。

第1章 力　学

> **例題で確認** 図5を用い，衝突の前後で小球A（質量 m_1），B（質量 m_2）の運動量の和が保存することを示せ。
> $$m_1v_1+m_2v_2=m_1v_1'+m_2v_2'$$

状況▶▶ 直線上を速度 v_2〔m/s〕で進む質量 m_2〔kg〕のBが速度 v_1〔m/s〕で進む質量 m_1〔kg〕のAに追突した。追突後，A，Bの速度はそれぞれ v_1'，v_2' となった。ただし，A，Bには外力（摩擦等の抵抗力）は働かないものとする。

展開▶▶ 2つの物体が衝突した時間を Δt とし，その間にAがBから受ける平均の力を F（右向き）とすると，作用・反作用の法則から，BがAから受ける平均の力は $-F$（左向き）となる。

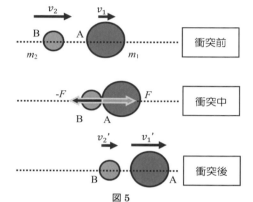

Aに着目すると，Bから F を受け速度が v_1 から v_1' に変化したのであるから，
$$m_1v_1'-m_1v_1=F\cdot\Delta t \quad \cdots\cdots ③$$
物体Bは物体Aから $-F$ を受けて速度が v_2 から v_2' に変化しており
$$m_2v_2'-m_2v_2=-F\cdot\Delta t \quad \cdots\cdots ④$$

図5

このように，衝突の前後で，A，Bとも運動量は変化しており保存しない。ここで，③式，④式の和をとってみよう。
$$(m_1v_1'-m_1v_1)+(m_2v_2'-m_2v_2)=0 \rightarrow m_1v_1+m_2v_2=m_1v_1'+m_2v_2' \quad \cdots\cdots ⑤$$

> **例題から得られる結論** ⑤式の表す意味
>
>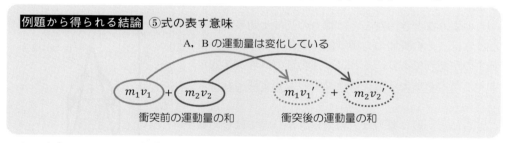

このように，A，Bの運動量は衝突の前後で変化するが，しかし両物体の運動量の和は衝突の前後で変化しない。一般にいくつかの物体が，互いに力を及ぼし合うだけ（内力という）で，摩擦力のように外部からの力が作用しないとき，これらの物体の運動量の和は常に一定に保たれる。これを**運動量保存の法則**という。この法則は，花火の破裂のように，内力の働きで分裂するときも成り立つ。

5　運動量保存の法則の2次元への拡張

摩擦のない水平面上を質量 m_1，m_2 のなめらかな物体（ここでは球）A，Bが，図6のように斜めに衝突した場合を考えよう。

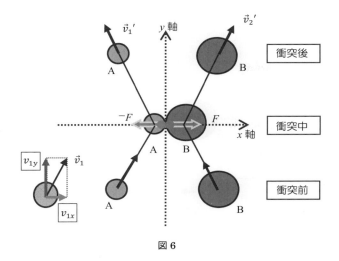

図6

　いま，2つの球の中心を結ぶ方向をx軸，それに垂直な方向をy軸とし，
　A，Bの衝突前の速度（成分）を
　　　$\vec{v}_1(v_{1x},\ v_{1y})$　$\vec{v}_2(v_{2x},\ v_{2y})$
　A，Bの衝突後の速度（成分）を
　　　$\vec{v}_1{}'(v_{1x}{}',\ v_{1y}{}')$　$\vec{v}_2{}'(v_{2x}{}',\ v_{2y}{}')$
とする。
　このように，平面内での衝突では，速度を成分に分けることがポイントになる。
　なめらかな球では，衝突の際に力が作用しあうのは図6のようにx軸方向のみであり，y軸方向については力は働かない。したがって，x成分については，衝突の前後で運動量の和が保存し，y成分については両物体とも運動量の変化はなく衝突の前後で速度は変化しない。
　すなわち，　　（**x成分**）　　$m_1 v_{1x} + m_2 v_{2x} = m_1 v_{1x}{}' + m_2 v_{2x}{}'$　……⑥
　　　　　　　　（**y成分**）　　$v_{1y} = v_{1y}{}'$　　$v_{2y} = v_{2y}{}'$　……⑦
　このように，摩擦力のような外力が働かない場合，平面内での斜め衝突に対しても運動量保存の法則は成り立つ。また，成分で扱うことによって，自明なy成分を除き，x成分については，直線上での衝突に帰着させることができる（**活用例題2**「**斜面上での物体の落下問題**」参照）。

6 衝突を特徴づけるはねかえりの係数（反発係数）

　金属球同士の衝突と木製の球と金属球との衝突では，衝突の様子が大きく異なる。両者とも，衝突の前後で運動量の和は保存するが，この物体の性質（材質）による衝突の特徴を表す物理量が**はねかえりの係数**である。
　直線上を物体A，Bがそれぞれ速さv_1，v_2（$v_1 > v_2$）で運動し，衝突後，速さがそれぞれ$v_1{}'$，$v_2{}'$（$v_1{}' < v_2{}'$）に変わったとする（図7）。
　このとき，衝突前後での相対速度を考えると，

第1章 力　学

|衝突前| AがBに v_1-v_2 で接近し
|衝突後| BがAから $v_2'-v_1'$ で遠ざかる。

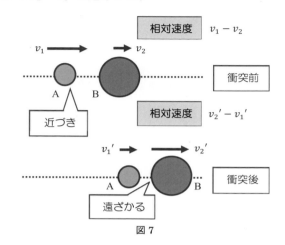
図7

この衝突前後の相対速度の比は，両物体の性質（材質）によって決まり

$$e=\frac{v_2'-v_1'}{v_1-v_2} \begin{matrix}\leftarrow 衝突後の相対速度（遠のく速度）\\ \leftarrow 衝突前の相対速度（近づく速度）\end{matrix}$$

で表される e をはねかえりの係数（反発係数）という。

|例題で確認| 図8を用い，はねかえりの係数 e の値は $0\leq e \leq 1$ の範囲にあることを示せ。

状況▶▶ 図8のように，物体Bが床や壁のように常に静止している場合には $v_2=v_2'=0$ であるから，はねかえりの係数は鉛直下向きを正とすると右枠内の式のようになる。

$$e=\frac{-(-v_1')}{v_1}=\frac{v_1'}{v_1}$$

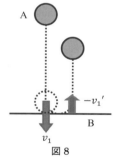
図8

展開▶▶ 床と物体Aの間でエネルギーの損失が無視できる場合は $v_1=v_1'$ であるから $e=1$ となり，また粘土のかたまりを床に落とせば崩れてしまってはね返らない（$v_1'=0$）ように，このときは $e=0$ となる。

|例題から得られる結論| はねかえりの係数 e の範囲

$0\leq e\leq 1$

この値は，衝突する2つの物体の性質（材質）で決まり，その速さにはほとんど関係しない。

はねかえりの係数の例	
ガラス球同士	0.94
硬球同士	0.56
鉛球同士	0.25

7 はねかえりの係数による衝突の分類

図7の直線上を運動する物体A（m_1），B（m_2）の衝突で，衝突後のA，Bの速度をそれぞれ求めてみよう。その際の基本となる式は，以下の運動量保存の法則とはねかえ

りの係数である。
$$m_1v_1+m_2v_2=m_1v_1'+m_2v_2', \quad e=\frac{v_2'-v_1'}{v_1-v_2}$$
両式から，2物体の衝突後の速度 v_1', v_2' について求めると
$$v_1'=v_1+\frac{m_2(1+e)}{m_1+m_2}(v_2-v_1), \quad v_2'=v_2-\frac{m_1(1+e)}{m_1+m_2}(v_2-v_1) \quad \cdots\cdots ⑧$$
これらの式を用いて衝突前後の**エネルギーの損失** $\varDelta E$ を求めると
$$\varDelta E=\frac{1}{2}m_1v_1^2+\frac{1}{2}m_2v_2^2-\left(\frac{1}{2}m_1v_1'^2+\frac{1}{2}m_2v_2'^2\right)$$
$$=\frac{1}{2}\frac{m_1\times m_2}{m_1+m_2}(1-e^2)(v_1-v_2)^2 \quad \cdots\cdots ⑨$$

この⑨式で表された**エネルギー損失** $\varDelta E$ とはねかえりの係数 e の関係を示したものが図9である。

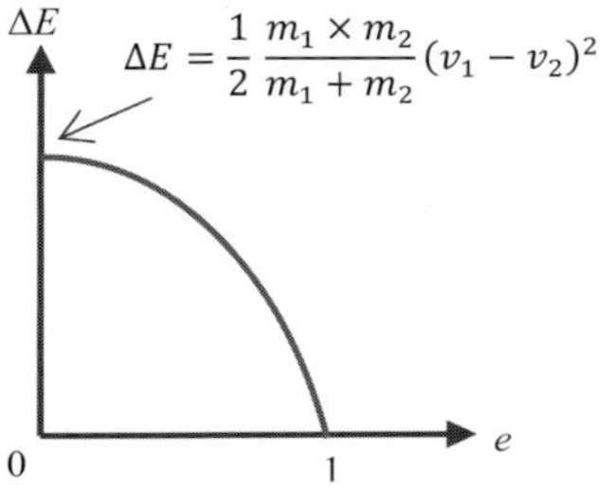

このように，はねかえりの係数 e が小さいほど，すなわち弾まない物体ほどエネルギーの損失が大きいことがわかる。

特に，$e=0$ のときは，⑧式から $v_1'=v_2'$ となり衝突後2つの物体は付着して運動することになる。また，⑨式からエネルギーの損失は
$$\varDelta E=\frac{1}{2}\frac{m_1\times m_2}{m_1+m_2}(v_1-v_2)^2$$
と最大になる。このような衝突を**完全非弾性衝突**という。

一方，$e=1$ のときは，⑨式からエネルギーの損失は $\varDelta E=0$ であり，衝突の前後で力学的エネルギーは保存する。さらにまた，⑧式から衝突の前後で相対速度が等しい。この場合を**弾性衝突**という。実際の衝突では $0<e<1$ をとり力学的エネルギーは必ず減少する。このような衝突を**非弾性衝突**という。

図9

発展 多粒子系と運動量保存の法則

N 個の粒子の集まり（N 個の分子からなる気体）を考えよう。各質点の質量を m_i，また各質点に働く外力を $\vec{F_i}$，他の質点からの力（内力）を $\vec{f_{ij}}$ する。

このとき，各質点（$i=1, 2, \cdots N$）の運動方程式，例えばi番目の質点（m_i）の運動方程式は
$$m_i\frac{d\vec{v_i}}{dt}=\vec{F_i}+\sum_{j}^{N}\vec{f_{ij}} \quad (i=1, 2, \cdots, N) \quad \cdots\cdots ⑩$$
となるが，iについて1から N まで，N 個の方程式を足し合わせると
$$\sum_{i}^{N}m_i\frac{d\vec{v_i}}{dt}=\sum_{i}^{N}\vec{F_i}+\sum_{ij}^{N}\vec{f_{ij}} \quad \cdots\cdots ⑪$$

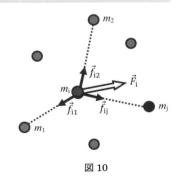

図10

ここで，⑪式の右辺第2項は $\vec{f}_{12}+\vec{f}_{21}(=\vec{f}_{12}-\vec{f}_{12})=0$ のように，作用・反作用の関係にある力が対になって含まれており互いに打ち消し合って0になる。

また，⑪式の左辺は，運動量 $\vec{p}_i(=m_i\vec{v}_i)$ を導入すると，

$$\sum_i^N m_i\frac{d\vec{v}_i}{dt}=\sum_i^N\frac{d(m_i\vec{v}_i)}{dt}=\frac{d(m_1\vec{v}_1+m_2\vec{v}_2+\cdots+m_N\vec{v}_N)}{dt}$$

$$=\frac{d(\vec{p}_1+\vec{p}_2\cdots+\vec{p}_N)}{dt}=\frac{d\vec{P}}{dt}$$

となり，全運動量 $\vec{P}$ の時間微分で表される。したがって，⑪式は $\dfrac{d\vec{P}}{dt}=\vec{F}\left(=\sum_i^N\vec{F}_i\right)$ と表され，全運動量は内力には影響されず，外力の和（合力）によってのみ変化を受けることになる。

このように，**内力によって個々の質点がいかに激しく運動しようとも，外力が働かなければ質点全体の運動量は常に一定である**。逆に運動量保存則が破れていれば，そこには系外からの力，すなわち外力が働いていることになる。

さらに，たとえば，系全体から質点の1つ（たとえば1番目の質点）を除いた $N-1$ 系を考えよう。このとき，質点1と他の質点との間に働く力はもはや内力ではなくなり，したがってこのとき **$N-1$ 系では運動量保存の法則は成り立たない**。

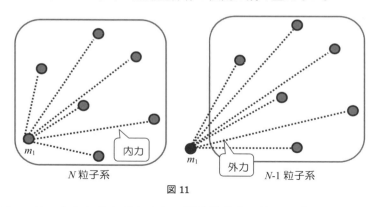

図11

このように，どのような系を考えるかで運動量保存の法則が成り立ったり（内力のみ作用），また成り立たなかったり（外力が作用）する点に注意したい。（参照：活用例題3，実力錬成問題3，4）

活用例題で学ぶ知識の活用

【活用例題1】　　　　　　　　　　　青森県高校物理2013年度（頻出・普通）

図のように質量が $2m$ の小球 A と質量が $3m$ の小球 B が，ともに長さが L の軽くて伸びない糸で鉛直につるされている。A と B の大きさは等しく，初め同じ高さで接している。A を糸を張りながら角度が θ となる点 P まで持ち上げてから静かに放したところ，A と B は最下点 Q で 1 回目の弾性衝突をした。その後，B は鉛直線から角度が ϕ の点 R まで上昇し，その後再び下降して A と 2 回目の弾性衝突をした。空気抵抗は考えず，A，B は同一平面内を運動するものとする。また，重力加速度を g，円周率を π，θ, $\phi \ll 1$ であるものとして次の(1)〜(6)に答えよ。ただし，(3)，(5)は計算過程等も示せ。

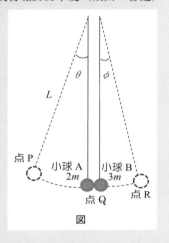

図

(1) 1 回目の衝突直前の A の速さを求めよ。
(2) 1 回目の衝突直前の A をつるしている糸の張力の大きさを求めよ。
(3) 1 回目の衝突直後の B の速さを求めよ。
(4) A と B が衝突してから，2 回目の衝突をするまでの時間を求めよ。
(5) 2 回目の衝突直後の B の速さを求めよ。
(6) 次に，小球 A に代えて，大きさが等しく質量が $5m$ の小球 C を取り付けて同様の実験を行った。このとき，
 ① C と B が衝突し，2 回目の衝突をするまでの時間は(4)の時間と比べてどうか。
 ② C と B が 2 回目の衝突をした直後の B の速さは(5)で求めた速さ比べてどうか。

📖 **解説**　2 球の衝突問題だが，内容的には次の 4 つの**素過程**から構成されている。

【素過程1】 小球の振り子の運動（条件より単振動と仮定）→　(1), (2)
【素過程2】 2 球の衝突の問題（はねかえりの係数，運動量の保存）→　(3), (5)
【素過程3】 振り子の性質（振り子の周期を左右する要因）→　(4), (6)の①
【素過程4】 弾性衝突と力学的エネルギーの関係 →　(6)の②

　複雑そうにみえる問題とは複数の素過程が絡みあった問題のことであり，問題を読み解くとは，問題がいくつの素過程から成り立つかを見極めることである。

$$\boxed{\text{複雑な問題}} \xrightarrow{\text{解く}} \boxed{\text{複数の素過程への分解・分析}}$$

　たとえば，設問(1), (2)は衝突前の小球 A の運動に関する問題であり，これは小球 A の振り子（単振り子）の運動の知識・解法を適用すればよい（→ **【素過程1】**）。特に，

第1章 力　学

$\theta \ll 1$ から振り子 A は単振動と見極めることが大切。

さらに,「衝突直前の糸の張力 S」は「衝突直前(→**瞬間の動き**)では小球 A は等速円運動をする」と仮定することから求める。この仮定もまた単振り子の運動ではよく用いるので注意したい。

☞ 解答への指針

(1) 求める速さを v_0 として,力学的エネルギー保存の法則より

$$(2m)gL(1-\cos\theta) = \frac{1}{2}(2m)v_0^2$$

(2) 衝突の直前という瞬間の動きでは,A は(1)で求めた速さで等速円運動しているとみなせる。このときの向心力は,糸の張力 S と重力の差で与えられるから

$$S - (2m)g = (2m)\frac{v_0^2}{L}$$

(3) A は B と弾性衝突するから,はねかえりの係数 e について

$$e = -\frac{v_1 - V_1}{v_0 - 0} = 1 \quad \therefore \quad V_1 = v_0 + v_1 \quad \cdots ①$$

が成り立つ。なお,衝突後の A,B の速さを v_1,V_1 とした。また衝突前後の運動量保存の法則より,

$$2mv_0 = 2mv_1 + 3mV_1 \quad \therefore \quad 2v_0 = 2v_1 + 3V_1 \quad \cdots ②$$

①,②から v_1,V_1 を v_0 で表す。

(4) 両球は単振動すると仮定してよい。このとき,振り子の周期 T は $2\pi\sqrt{\dfrac{L}{g}}$。最下点で両球は衝突したため,振れ幅が小さい場合は,半周期後に再び最下点で衝突する。

(5) 球は1回目の衝突後,それぞれ v_1,V_1 で運動した。この後,単振動を行い速度 $-v_1$,$-V_1$ で再び弾性衝突を行う。

(6)① 振り子の周期は,振り子の質量に依存しない。
② この現象は,衝突が弾性衝突であるために力学的エネルギーが保存する。2回目の衝突では C は再び最初の位置に戻るため,B は最初の状態,すなわち静止した状態になる。

素過程への分解・分析

素過程1
① 小球 A について,P,Q 点で力学的エネルギーが保存する
② 等速円運動の関係式

素過程2
① はねかえりの係数
② 運動量の保存
　→①,②を連立させる

素過程3
振り子の性質

素過程2
① はねかえりの係数
② 運動量の保存
素過程3
素過程4

【活用例題2】　　　　　　　　　　　　茨城県高校物理2010年度（頻出・やや難）

図のように，水平面に対して30°傾いているなめらかな斜面上へ，点Aから高さが h[m]の点から質量 m[kg]の小球を自由落下させた。小球は点Aで衝突し，斜面と45°の角度で跳ね返った。重力加速度の大きさを g[m/s^2]とし，空気抵抗は無視でき，運動はすべて同一鉛直面内で行われるものとして，以下の量を求めよ。

(1) 小球が点Aに衝突する直前の速さ
(2) 小球と斜面との反発係数
(3) この衝突で失われた力学的エネルギー

これ以降の問題は，(1)での速さを v[m/s]とする。

(4) この衝突によって小球が斜面から受けた力積の大きさ

その後，小球は斜面と点Bで2回目の衝突をする。

(5) 1回目の衝突から2回目の衝突までの時間，及びA，B間の距離

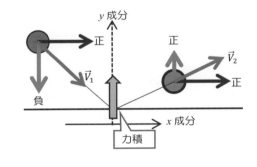

📖 **解説**　斜面との衝突問題。内容的には次の**4つの素過程**から構成されている。

【素過程1】小球の自由落下，斜方投射の問題　→　(1), (5)
【素過程2】はねかえりの係数の定義（相対速度の比）　→　(2)
【素過程3】非弾性衝突（$e<1$）による力学的エネルギーの損失　→　(3)
【素過程4】力積（運動量の変化）　→　(4)

まず，なめらか面に対して斜め方向から入射する衝突の扱いについて整理しておこう。

図のように，小球の衝突前後の速度 $\vec{V_1}$，$\vec{V_2}$ を水平成分（x成分），鉛直成分（y成分）に分けたとき，斜面から力積を受けるのは y成分のみであるから，衝突前後で小球の

① 運動量の x成分は変化しない
② 運動量の y成分のみ変化する

この点を押さえた後，素過程による設問の分析に入ろう。

☞ **解答への指針**

(2)〜(4)の前提：まず小球の衝突前後の速度を斜面に対して垂直成分（y成分）と平行成分（x成分）とに分ける。

　　　衝突前 $v(v_x, v_y)$　　x成分は変化なし　　$v_x = v_x'$
　　　衝突後 $v'(v_x', v_y')$　　衝突の影響は y成分に出る

(2) はねかえりの係数は，$e = \dfrac{-v_y'}{v_y}$ で表される

素過程への分解・分析
$v_x = v\sin30°$
$v_y = -v\cos30°$
$v_x' = v'\sin45°$
$v_y' = v'\cos45°$
符号に注意（v_y は負）
素過程2

(3) 力学的エネルギーの損失 $\varDelta E$ は以下を求めればよい。

$$\varDelta E = \frac{1}{2}mv_y^2 - \frac{1}{2}mv_y'^2 = \frac{1}{2}m(1-e^2)v_y^2$$

素過程3

(4) y 成分の運動量の変化が力積になる。

$$F\cdot\varDelta t = mv_y' - mv_y = -m(1+e)v_y = m(1+e)v\cos30°$$

素過程4

(5) 斜方投射の問題。このとき，重力を斜面に垂直な成分 (y 成分) と平行な成分 (x 成分) に分けることがポイント。

　y 成分：初速度 v_y'，重力加速度 g_y の投げ上げ運動
　x 成分：初速度 v_x'，加速度 g_x の等加速度運動

基本式：$0 = v_y't - \frac{1}{2}g_yt^2$，$l = v_x't + \frac{1}{2}g_xt^2$

を連立させ，時間 t と AB 間の距離 l を求めればよい。

素過程1
v は力学的エネルギー保存式より
$$v = \sqrt{2gh}$$

【活用例題3】　　　　　　　　　　　神奈川県高校物理2012年度，2011年度（頻出・易）

(1) 図1のように摩擦のない水平な床の上に，質量 M の物体Aが静止している。質量 m の物体Bを，水平方向から速さ v で物体Aに打ち込んだところ，AとBが一体となって進んだ。最初に物体Bが持っていた運動エネルギーと，一体となった物体が持っている運動エネルギーの差はいくらか。

(2) 図2にように，水平でなめらかな床の上に，表面がなめらかな質量 M の台が置いてある。床上のA点から質量 m の小球を速さ v で運動させたところ，小球は台の斜面部分を上りはじめ，床から h の高さまで達した。この h の値を求めよ。ただし，重力加速度の大きさを g とする。

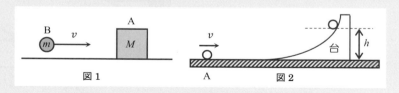

📖解説　衝突と保存量に関する問題。内容的には次の**素過程**から構成されている。

【素過程1】運動量保存の条件（内力の作用のみ）　→　(1)，(2)
【素過程2】力学的エネルギー保存の条件（エネルギーの損失なし）　→　(2)

　両現象とも，外力は働いていない（内力は働いている）。したがって，

(1) 打ち込む前と A と B が一体となった後での運動量は保存する。B と A に働く摩擦力（内力）は仕事をする（→**力学的エネルギーは減少**）。

(2) 小球と一体（小球＋台）後の運動量は保存する。両物体に働く力（内力）は小球の進行方向と常に垂直だから仕事をしない（→**力学的エネルギーは保存**）。

同じ内力であっても，エネルギー損失に関わるかどうかの吟味は重要である。

5 運動量と衝突

☞ **解答への指針**

(1)(2)とも運動量保存則から　　$mv = (m+M) \cdot V$

(1) 運動エネルギーの差は　　$\dfrac{1}{2}(m+M)V^2 - \dfrac{1}{2}mv^2$

(2) 力学的エネルギーが保存するから
$$\dfrac{1}{2}mv^2 = \dfrac{1}{2}(m+M)V^2 + mgh$$

なお，一体となった後の速さを V とする。

素過程への分解・分析
素過程 1
素過程 2

解答例

【活用例題 1】

(1) $\sqrt{2gL(1-\cos\theta)}$　(2) $2mg(3-2\cos\theta)$　(3) $\dfrac{4}{5}\sqrt{2gL(1-\cos\theta)}$　（計算過程は解説参照）

(4) $\pi\sqrt{\dfrac{L}{g}}$　(5) 0　(6) ① 変わらない　② 変わらない

【活用例題 2】

(1) $\sqrt{2gh}$ [m/s]　(2) $\dfrac{1}{\sqrt{3}}$　(3) $\dfrac{1}{2}mgh$ [J]　(4) $\dfrac{1+\sqrt{3}}{2}mv$ [N·s]

(5) $\dfrac{2\sqrt{3}}{3g}v$ [s], $\dfrac{1+\sqrt{3}}{3g}v^2$ [m]

【活用例題 3】（滋賀県，大阪府など類似問題多数）

(1) $-\dfrac{1}{2}\dfrac{mM}{m+M}v^2$（運動エネルギーは減少する）

(2) $h = \dfrac{1}{2g}\dfrac{M}{m+M}v^2$

実力錬成問題

1 図1のように，質量 m の小球 A と質量 M の小球 B を，それぞれ等しい長さ l の質量の無視できる糸で O 点からつるし，はじめ A を水平に糸を張って P 点で手で静止させておき，小球 B は鉛直につり下げて R 点で静止させておいた。

　小球 A，B の大きさおよび空気抵抗は無視できるものとし，また重力加速度の大きさを g とする。

(1) 手を離し，P 点で静止していた A が動きだし，Q 点に達した瞬間，∠POQ＝θ であった。この瞬間の糸の張力を求めよ。

(2) さらに円運動を続けた A は最下点 R において，右向きの速度 u で，静止していた B と衝突した。A と B のはね返りの係数を e とするとき，1回目の衝突直後の A の右向きの速度 V_1 を求めよ。

(3) A と B のはね返りの係数がゼロで，A は最下点 R で静止していた B と衝突した後，図2のように A と B が一体となって最高点 S まで上昇したとする。B の質量を $3m$ としたとき，最高点の高さを求めよ。

(4) (3)の衝突で失われた力学的エネルギーを求めよ。

【愛媛県高校物理（2012年度）】

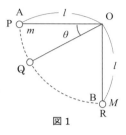

図1

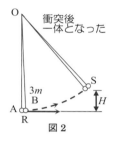

図2

2 水平な床面から高さ h_0 にある点 P から，質量 m の小球を自由落下させたところ，小球ははじめに床面に衝突してはねかえったあと，最高で高さ h_1 に達してから再び落下をはじめ，そのあと同様に何度か床面ではねかえった。右図はその様子を模式的に表したものである。空気の抵抗を無視できるものとし，また重力加速度の大きさを g，小球と床面の反発係数を e とする。

(1) 小球が点 P から落下をはじめてから，初めに床面に達するまでの時間とそのときの速さを求めよ。

(2) 小球がはじめに床面の衝突して，はねかえった後に達する最高の高さ h_1 を求めよ。

(3) 小球がはじめに床面に衝突してから，2度目に床面に衝突するまでの時間を求めよ。

(4) 小球が n 回目に床面に衝突してはねかえった直後の運動エネルギーを求めよ。

(5) 小球が静止するまでにかかる時間を求めよ。

【京都府中高理科（2010年度）】【長野県類問（2012年度）】【兵庫県類問（2012年度）】

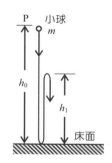

3 なめらかな水平面上に置かれた質量 m_2 の物体 P に，質量 m_1 の弾丸を速さ v_0 で撃ち込んだところ，物体 P は回転することも跳ね上がることもなく弾丸と一体となって

水平面 AB 上を等速で動いた。水平面 AB はなめらかで摩擦力は作用しない。右向きを正の向きとする。

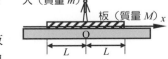

このとき，弾丸が撃ち込まれた後の物体 P の速さ V を m_1, m_2, v_0 を用いて表せ。【滋賀県高校物理（2010年度）抜粋】

4 水平面上に，長さ $2L$，質量 M の板が置かれ，その上面の中央に質量 m の人が立って静止している。図のように，板の重心直下の水平面上に原点 O を取り，x 軸を設定する。水平面と板との間に摩擦はないものとして，次の各問いに答えよ。

Ⅰ 人が x 軸の負の向きに走り始め，速度 $-v_0$ ($v_0 > 0$) で板の左端から水平方向に飛び出した。

(1) 人が左端から水平に飛び出した瞬間に，人から見た板の速さを求めよ。ただし，人の身長（目の高さ）は無視し，人と板は x 軸に沿って一直線上を互いに遠ざかるものとする。

Ⅱ 最初の状態に戻ってから，人が x 軸の正の向きに歩き始め，板の右端で止まった。

(2) 人の変位を x，板の変位を X として，これらを求めるために必要な式を 2 つ記せ。

(3) x と X を求めよ。【富山県中高物理（2011年度）】

|解法への指針|

1 (1)【素過程（等速円運動の向心力）】，(2)(3)【素過程（運動量保存の法則）】，【素過程（はねかえりの係数）】，(4)【素過程（力学的エネルギーの内訳）】(1) Q 点での瞬間の運動では，張力，重力の半径方向成分の合力を向心力とした速度 v の等速円運動と仮定する。

2 【素過程（床との衝突におけるはねかえりの係数）】，【素過程（自由落下，投げ上げ運動）】特に，(5) $t_1 + t_2 + \cdots$ は，公比 e ($0 < e < 1$) の等比級数（収束する）になる。

3 【素過程（外力が作用しなければ運動量が保存する）】弾丸と物体 P に働く力は内力であり，［弾丸の運動量］＝［（弾丸＋物体P）の運動量］が成り立つ。

4 (1)【素過程（運動量保存の法則）】，(2)【素過程（「人＋板」からなる系の重心の位置は不変）】，【素過程（人と板の重心との位置関係）】(2) 人と板には内力のみ作用。「人＋板」系は外力を受けておらずその位置は変化しない（重心の位置は絶えず原点にある）。(3) 右端の人から見ると板の重心は後方に L。

6 発展：いろいろな運動（その2）

キーワードチェック

□微分方程式　□回転運動　□角運動量　□角運動量保存の法則　□力のモーメント
□中心力　□剛体　□慣性モーメント　□回転運動の運動方程式

ワンポイントチェック

① 速度に比例した抵抗を受けながら落下する質量 m の物体の運動方程式（微分方程式）は，次のように表せる。

$$m\frac{dv}{dt} = mg + \boxed{}$$ （ただし，k は比例定数とする）

物体はやがて一定の速度になるが，これを $\boxed{}$ と言い，その値は $\boxed{}$ となる。

② 回転運動の激しさを表す物理量を $\boxed{}$ といい，記号 $\vec{L}$ で表す。物体が図1のように中心Oの周りを運動量 $\vec{p}$ で xy 平面を運動しているとき，$\vec{L}$ は $\boxed{}$ と表される。特に，半径 r の円周上を等速円運動（角速度 ω）しているとすると，

$\vec{L}\Longrightarrow$ 大きさ $\boxed{}$ 向き $\boxed{}$

となる。

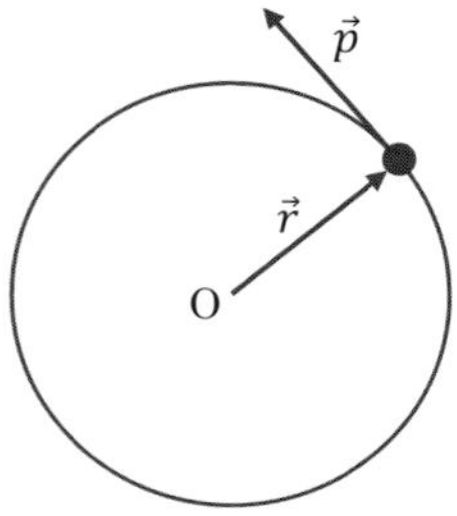

図1

③ 右の表は，並進運動と回転運動の特徴を表す物理量の対応関係を表したものである。回転運動の回転軸を z 軸，等速円運動のように回転軸からの距離が r（一定）として，表を完成せよ。

並進運動	回転運動
質量 m [kg]	
速さ v [m/s]	
運動量 mv [kg·m/s]	
加速度 a [m/s²]	

④ 剛体が回転しながら移動しているとき，その運動は，剛体全体としての運動は $\boxed{}$ の並進運動と $\boxed{}$ 周りの回転運動として表すことができる。

解答例　① $-kv$，終端速度，$\dfrac{mg}{k}$　② 角運動量，$\vec{r}\times\vec{p}$，$mr^2\omega$，z 軸　③ 慣性モーメント mr^2 [kg·m²]，角速度 ω [rad/s]，角運動量 $mr^2\omega$ [kg·m²/s]，角加速度 $\beta=\dfrac{d\omega}{dt}$ [rad/s²]　④ 重心，重心

重要事項の解説（例題研究）

1 本節で扱う運動

第6節では，いろいろな運動（その2）として，発展的な内容，すなわち
(1) 微分方程式で表された運動方程式の解法
(2) 回転運動（角運動量の導入）

および

(3) 剛体の運動（重心の並進運動と重心周りの回転運動）

を扱う。これらは，高等学校物理（物理基礎，選択物理）では扱わない発展的な内容でもあるので，これまでの展開（重要事項の解説→活用例題→実力錬成問題による展開）とは異なり，実際の教員採用試験問題を例題として用いながら，解説を通して，その基礎的内容，また運用の仕方などを概観する。

2 微分方程式で表された運動方程式の解法

次の例題は，空気抵抗が働くときの物体の落下運動に関する問題である。空気抵抗としては速度に比例した $-kv$ を仮定しており，この扱いそのものについては**終端速度**として高等学校物理でも登場する。しかし，ここでは微分方程式を解くことによって，速度の変化を時間を追って求めることにしよう。

〔例題1〕 空気抵抗が働くときの物体の落下運動を考える。物体の速度を v，比例定数を k とすると，物体に働く空気抵抗は速度 v に比例するので，$-kv$ と表すことができる。このとき，鉛直下向きを正の向きとして，物体の質量を m，時刻を t，重力加速度を g とすると，鉛直落下運動の運動方程式は次のようになる。ただし，物体の回転の影響は無視するものとする。

$$m\frac{dv}{dt} = mg - kv$$

問1 時刻 t における物体の速度 v を求めよ。ただし，初期条件を $t=0$ のとき，$v=0$ とする。

問2 問1の結果を用いて，物体の終端速度を求めよ。

問3 問1の結果を用いて，時刻 t における落下距離 x を求めよ。

問4 授業で生徒（高等学校の生徒）に終端速度を教えることを想定し，微分方程式を用いない物体の終端速度の求め方を答えよ。

【埼玉県・さいたま市高校物理（二次）試験（2013年度）】

ねらい 同様の問題は宮城県・仙台市（2011年度）にも出題されている。

本例題のねらいは，初期条件（$t=0$ のとき $v=0$）の下で微分方程式を解くことにある。なお，与えられた微分方程式は変数分離型とよばれるものである。

第1章　力　学

展開 1【変数分離型微分方程式の解法】問 1, 2, および問 3 の解法

$$m\frac{dv}{dt} = mg - kv \quad \cdots\cdots ①$$
$$= -k\left(v - \frac{mg}{k}\right)$$

プロセス：① → ③
$$\frac{dv}{dt} = g - \frac{k}{m}v \longrightarrow \frac{dv'}{dt} = g - \frac{k}{m}\left(v' + \frac{mg}{k}\right)$$

ここで，
$$v' = v - \frac{mg}{k} \quad \cdots\cdots ②$$

とおくと，①式は
$$\frac{dv'}{dt} = -\frac{k}{m}v' \longrightarrow \boxed{\frac{dv'}{v'} = -\frac{k}{m}dt} \quad \cdots\cdots ③ \quad \text{（変数分離型）}$$

と変形できる。③式の両辺をそれぞれ積分する。

$$\log_e v' = -\frac{k}{m}t + C \longrightarrow v' = C\exp\left(-\frac{k}{m}t\right) \quad \cdots\cdots ④$$

なお，C は積分定数である。再度，②式を代入し，初期条件を用い積分定数を決定すると，④式は

$$v = \frac{mg}{k}\left\{-\exp\left(-\frac{k}{m}t\right) + 1\right\} \quad \cdots\cdots ⑤$$

となる。

⑤式をグラフ化したものが図 2 である。速度に比例する空気抵抗を受けながら運動する物体の速度の変化の様子が表されている。

ちなみに，
$$t \to \infty \text{ のとき } v \to \frac{mg}{k}$$

より，物体はやがて一定の値に近づいていく。これが**終端速度**である。

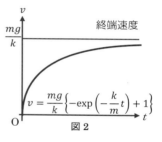
図 2

時刻 t における落下距離 x は，⑤式から
$$\frac{dx}{dt} = \frac{mg}{k}\left\{-\exp\left(-\frac{k}{m}t\right) + 1\right\}$$
$$\longrightarrow x = -\frac{mg}{k}\int_0^t \exp\left(-\frac{k}{m}t\right)dt + \frac{mg}{k}t$$

よって，
$$x = \frac{m^2g}{k^2}\exp\left(-\frac{k}{m}t\right) + \frac{mg}{k}t - \frac{m^2g}{k^2}$$

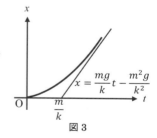
図 3

図 3 は落下距離と時間との関係を表したものである。

展開 2【終端速度を求める方法】問 4 の解法

問 2 では，微分方程式から得た⑤式の極限値
$$t \to \infty \text{ のとき } v \to \frac{mg}{k}$$

として終端速度を求めた。文字通り「終端」という意味が明確になる。問4では，逆に終端速度（ある一定の速度）に達したとき，その時点では物体は加速度運動しないという状況から終端速度を求めることになる。

求める終端速度（速度一定）を v_f とおくと，運動方程式 $ma=mg-kv$ から，

$$0=mg-kv_f \quad \therefore \quad v_f=\frac{mg}{k}$$

を得る。

3 剛体の回転運動

大きさのある物体，たとえば剛体では並進運動と合わせて，回転運動も考慮しなければならない。たとえば，物体を放り出すと，物体の重心は直線運動をし，さらに重心の周りに回転運動をする（図4）。

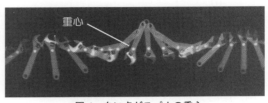

図4 白い点がスパナの重心

ここでは，回転運動に特徴的な物理量について扱う。角運動量，力のモーメント，角加速度，慣性モーメントなどである。

【角運動量と回転の運動方程式】

回転運動の激しさを表す量として**角運動量**を考えよう。

質量 m の質点が力 $\vec{F}$ を受けて運動しているとき，質点は運動量 $\vec{p}=m\vec{v}$ をもつ。質点の位置が $\vec{r}$ のとき，原点Oに関する運動量のモーメント

$$\vec{L}=\vec{r}\times\vec{p}=\vec{r}\times m\vec{v} \quad \cdots\cdots ⑥$$

を質点の**角運動量**という。⑥式で表される角運動量ベクトルは，$\vec{r}$ と $\vec{v}$ のベクトル積であり，その向きは「$\vec{r}$ と $\vec{v}$ を含む平面に垂直な方向，すなわち z 軸の方向」をもち，その大きさは「r と p を2辺とする三角形の面積」，すなわち $mrv\sin\theta$ に等しい（図5参照）。

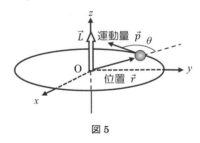

図5

> 質点が**等速円運動**（xy 平面内を運動）を行う場合，角運動量は z 軸を向き，その大きさを L_z とすると，
>
> $$L_z=mrv\sin\frac{\pi}{2}=mrv=mr^2\omega \quad \cdots\cdots ⑦ \quad 【等速円運動の場合】$$
>
> となる。なお，$v=r\omega$ であり，ω は角速度である。

ここで，原点（回転の中心）に関する力のモーメント $\vec{M}=\vec{r}\times\vec{F}$ と角運動量の関係を求めよう。運動方程式を出発点として

$$m\frac{d\vec{v}}{dt} = \vec{F} \longrightarrow \vec{r} \times m\frac{d\vec{v}}{dt} = \vec{r} \times \vec{F} \quad \cdots\cdots ⑧$$

一方，⑥式から角運動量の時間変化は

$$\frac{d\vec{L}}{dt} = \frac{d\vec{r}}{dt} \times m\vec{v} + \vec{r} \times m\frac{d\vec{v}}{dt} \longrightarrow \frac{d\vec{L}}{dt} = \vec{r} \times m\frac{d\vec{v}}{dt} \quad \cdots\cdots ⑨$$

なお，⑨式では $\frac{d\vec{r}}{dt} = \vec{v}$ より第1項目は $\vec{v} \times \vec{v} = 0$ となる。⑧，⑨式，および $\vec{r} \times \vec{F} = \vec{M}$ より

$$\frac{d\vec{L}}{dt} = \vec{M} \quad \cdots\cdots ⑩ \quad 【回転の運動方程式】$$

すなわち，「角運動量の時間変化は質点に働く力のモーメントに等しい」という関係が導ける。これは，「質点の運動量の変化は質点に働く力に等しい」という運動方程式に匹敵する関係（式）である。

（例）中心力が働くときの角運動量

　物体に働く力が常に，ある一定の点に向かっているような力を**中心力**という。たとえば，太陽系における惑星の運動は，近似的には太陽からの万有引力を中心力とするものである。このとき，⑩式において

$$\frac{d\vec{L}}{dt} = \vec{M}(=\vec{r} \times \vec{F}) \longrightarrow \frac{d\vec{L}}{dt} = \vec{r} \times G\frac{Mm}{r^3}\vec{r} = 0 \leftarrow \vec{r} \times \vec{r} = 0$$

が成り立ち，$\frac{d\vec{L}}{dt} = 0 \to \vec{L} = $ 一定，すなわち**角運動量は常に保存される**ことになる。角運動量が一定であるとは，質点は $\vec{r}$ と $\vec{v}$ のつくる定まった平面内で運動することになり，その平面は最初の位置，および速度（初期条件）で決まる。惑星の軌道面が一定なのは，この理由による。さらに，$\vec{L}$ の大きさも一定であることから，位置ベクトル $\vec{r}$ が単位時間に描く面積を「面積速度」とするならば，面積速度は一定というケプラーの第2法則が導けることになる。

【剛体の回転の運動方程式】

　剛体の運動の特徴は回転運動である。以下，簡単のために剛体は1つの平面内（xy 平面）で運動しているものとし，さらに固定軸の周りでの回転運動について考える。すなわち，「まわりながら動いている」剛体について，全体としての動きを剛体の重心運動（xy 平面）で表し，回転を重心の周りの回転で表すことにする。

　図6のように剛体が重心G周りに回転しているとき，各質点もまた重心Gを中心に半径 r_i の同心円を描いて運動をする。剛体では質点の相互の位置は変わらないから，各質点の角速度はいずれも等しい。

　ある質点の角運動量 L_i は，⑦式を用いて

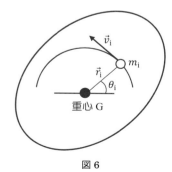

図6

6 発展：いろいろな運動（その2）

$$L_i = m_i r_i^2 \omega \longleftarrow \frac{d\theta_i}{dt} = \frac{d\theta}{dt} = \omega \quad \cdots\cdots ⑪$$

よって，剛体全体の重心周りの角運動量 L は

$$L = \sum_i L_i = \left(\sum_i m_i r_i^2\right)\omega = I\omega \longleftarrow \boxed{I = \sum_i m_i r_i^2} \quad \cdots\cdots ⑫$$

となる。この⑫式中の I は**慣性モーメント**と言われ，回転軸に関する剛体の質量分布を表す定数で，回転運動に対する慣性（回転のしにくさ）を表す物理量である。

⑩，⑫式から，剛体の重心 G 周りの回転運動は次式で表される。

$$I_G \frac{d\omega}{dt} = M_G \quad \cdots\cdots ⑬ \quad \text{【剛体の回転の運動方程式】}$$

ここで，M_G は xy 平面に垂直な方向（z 方向）の力のモーメントであり，I_G は重心を通る軸に関する慣性モーメントである。

以上から，剛体の平面運動は，重心に全ての外力が集中して働いたとした「重心質点の並進運動（⑭式）」と重心を通る軸を回転軸としてみた「重心周りの回転運動（⑮式）」とに分けて考えればよいことになる。

$$\text{剛体の運動}\begin{cases} \text{重心の並進運動} \quad m\dfrac{dx_G}{dt} = F_x, \; m\dfrac{dy_G}{dt} = F_y \quad \cdots\cdots ⑭ \\ \text{重心を回転軸とした回転運動} \quad I_G\dfrac{d\omega}{dt} = M_G \quad \cdots\cdots ⑮ \end{cases}$$

以下，回転運動の扱い方を実例を通して見てみよう。

> 〔例題2〕 質量 M，半径 r の一様な円盤を考える。この円盤を図7のように斜面の最大傾斜線を含む鉛直面内に置いたところ，円盤は滑らないで転がり始めた。重力加速度の大きさを g，円盤の重心の加速度を α，回転の加速度（角加速度）を β とする。
>
>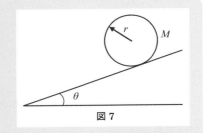
> 図7
>
> (1) 円盤について，並進運動の運動方程式と回転の運動方程式を示せ。
> (2) α と β の関係式を示せ。
> (3) 円盤が斜面上を滑らないで転がり落ちるための条件を，静止摩擦係数 μ と θ を用いて示せ。　　　　　　　【埼玉県・さいたま市高校物理（2010年度）抜粋】

|ねらい| 同様の問題は，神奈川県・横浜市（2012年度）や新潟県（2012年度）等にも出題されている。本例題のねらいは円盤（剛体）が斜面を滑りながら落下するのではなく，回転をしながら落下する際の条件を，並進運動，および中心周りの回転運動の方程式をたてて求めることにある。

その際の基本になるのは，円盤に働く力（重力，垂直抗力，摩擦力）を正しく見つけ出すことにある。力の発見が第一歩である。

|展開1|【並進運動・回転運動の方程式】(1)，(2)の解法

円盤に働く力としては，図8より

第1章　力　学

重力：Mg

斜面からの垂直抗力：N

静止摩擦力：f（$\leq \mu N$）

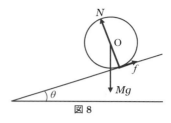

図8

の3つであるが，この内，円盤の並進運動に関わる力は重力の斜面成分，円板の中心O周りの回転運動に関わる力は摩擦力（静止摩擦力）fである。

したがって，並進運動（重心の移動），また回転運動の加速度をα，βとすると，

$M\alpha = Mg\sin\theta$ ……⑯ 【並進運動の運動方程式】

$\dfrac{1}{2}Mr^2\beta = f \times r$ ……⑰ 【回転運動の運動方程式】

回転運動の運動方程式は$I\beta = f \times r$であるが，半径rの円盤の中心周りの慣性モーメントは$I = \dfrac{1}{2}Mr^2$と書けることを用いた（発展（p.89参照））。

⑯式，⑰式は独立ではなく，特に円運動の場合，円盤の並進運動の速度vと回転運動の角速度ωの間には，$v = r\omega$の関係があることから，α，βは次の関係式で結ばれることになる。

$$\alpha = \dfrac{dv}{dt} = \dfrac{d}{dt}(r\omega) = r\dfrac{d\omega}{dt} = r\beta \quad \text{……⑱}$$

展開2【滑らない条件】(3)の解法

⑯〜⑱を解き，未知数であるα，β，そしてfを求めると，それぞれ次のようになる。

$\alpha = \dfrac{2}{3}g\sin\theta$，$\beta = \dfrac{2g}{3r}\sin\theta$，$f = \dfrac{1}{3}Mg\sin\theta$

滑らない条件とは，静止摩擦力fが最大静止摩擦力（$f_{\max} = \mu N$，$N = Mg\cos\theta$）以下ならばよいのであるから，

$\mu N \geq \dfrac{1}{3}Mg\sin\theta \longrightarrow \mu Mg\cos\theta \geq \dfrac{1}{3}Mg\sin\theta \longrightarrow \boxed{\mu \geq \dfrac{1}{3}\tan\theta}$

が得られる。

【いろいろな剛体の慣性モーメント】

すでに述べたように，慣性モーメントは回転運動のしにくさを表す量で，並進運動の質量（慣性質量）に相当する。ここでは，代表的な剛体の重心周りの慣性モーメントI_Gを示しておこう。

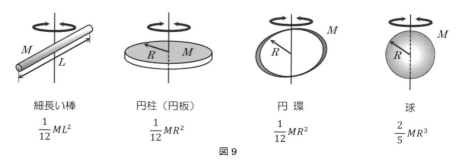

図9

発展　円板の慣性モーメントの導出

質量 M，半径 R の一様な円板の中心軸（z 軸）に関する慣性モーメント I を求めよう。円板を同心円状の円環の集まりと考える。1つの円環の質量を Δm，半径を r，その幅を Δr とすると，その円環の慣性モーメント ΔI は

$$\Delta I = \Delta m r^2, \quad \Delta m = \rho \times 2\pi r \Delta r$$

となる。なお，ここで ρ は円板の面密度である。

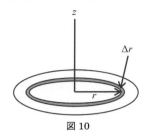

図10

したがって，これらを加え合わせて

$$I = 2\pi\rho \int_0^R r^3 \mathrm{d}r = 2\pi\rho \frac{R^4}{4} = \frac{1}{2} \cdot \rho\pi R^2 \cdot R^2 = \frac{1}{2}MR^2$$

を得る。

【並進運動と回転運動の対応関係】

下の表は並進運動と回転運動との対応関係をまとめたものである。なお，回転軸を z 軸とし，回転軸からの距離を一定とした。

並進運動	回転運動
質量 m [kg]	慣性モーメント $I = mr^2$ [kg・m^2]
速さ v [m/s]	角速度 ω [rad/s]
運動量 $p = mv$ [kg・m/s]	角運動量 $L_z = I\omega$ [kg・m^2/s]
加速度 α [m/s^2]	角加速度 β [rad/s^2]
運動エネルギー $\frac{1}{2}mv^2$ [J]	回転エネルギー $\frac{1}{2}I\omega^2$ [J]

α と β の関係は⑱式参照

なお，表に挙げた剛体の回転エネルギーについて導出しておこう。

固定軸の周りを回転している剛体は，回転運動にともなう運動のエネルギーを持つ。剛体を微小部分に分解して，質点の集合とみるとき，それらの質点の運動エネルギーは $K = \frac{1}{2}\sum_i m_i v_i^2$ で与えられる。剛体では，これらの質点が同じ角速度 ω で回転しているから

$$K = \frac{1}{2}\sum_i m_i v_i^2 \longrightarrow K = \frac{1}{2}(\sum_i m_i r_i^2)\omega^2 \quad \leftarrow v_i = r_i\omega \text{ の代入}$$

ここで⑫式から，上式の括弧内を剛体の慣性モーメント I で置き換えると，

$$K = \frac{1}{2}I\omega^2$$

これが剛体の回転エネルギーの表式である。

第1章 力　学

類似問題

[1] 半径 R，質量 M の円板 D について，以下の(1), (2)の問いに答えよ。必要ならば円周率を π，重力加速度の大きさを g とする。

(1) 図1のように，円板の中心を通り円板の面に垂直に z 軸をとるとき，
① この円板の面密度 σ を求めよ。
② この円板の z 軸周りの慣性モーメント I を R, M で表せ。

(2) 図2のように，円板 D 2枚を半径 a の細い軸でつなぎ，軸に細い糸を結び，ヨーヨーを作り，軸のまわりに糸を巻きつけ，糸の端を持って静かに放した。このとき③，④に答えよ。ただし円板は鉛直面内を運動し，その中心を回転の中心として回転するものとする。また，半径 a の細い軸の質量，および慣性モーメントは無視できるものとする。

③ 糸の端の位置を変えずに，ヨーヨーが下降するときの加速度と糸の張力を M, I, g, a を用いてそれぞれ表せ。

④ 糸が L_1 だけ解けたときのヨーヨーの下降する速さを v_1，ヨーヨーの角速度を ω_1 とすると，重力がした仕事が運動エネルギーの変化となることを示せ。

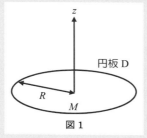

図1

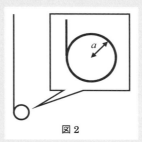

図2

【新潟県高校理科（2012年度）改】

[2] 半径 r，質量 m の一様な球が水平からの角度 θ の斜面を転がり上がる運動を考える。ここで斜面と球の間には滑りはないとし，一様な球の慣性モーメントは $\frac{2}{5}mr^2$ とする。

このとき，球と斜面との間の摩擦力の大きさ f は $mg\sin\theta$ の何倍か。斜面に沿う球の速度を v，回転の角速度を ω とするとき，

並進運動の運動方程式は $m\dfrac{dv}{dt} = f - mg\sin\theta$

回転運動の運動方程式は $\dfrac{2}{5}mr^2\dfrac{d\omega}{dt} = -rf$

と表される。また，空気抵抗は無視し，重力加速度の大きさを g とする。

【神奈川県・横浜市高校物理（2012年度）】

解答例

[1]
①, ②は 発展 参照

③ 並進運動，および回転運動の方程式は，それぞれ
$$2M\alpha = 2Mg - T, \quad 2I\beta = T \times a \quad (\alpha, \beta \text{ は並進，回転の加速度})$$
また，落下速度と角速度には，$v = a\omega$ の関係が成り立つ。これら3つの式から，加速度 α，および張力 T を求める。$\alpha = \dfrac{Ma^2 g}{I + Ma^2}, \quad T = \dfrac{2MIg}{I + Ma^2}$

④ $v_1 = \sqrt{2\alpha L_1}, \quad \omega_1 = \dfrac{v_1}{a}$

ヨーヨーの運動エネルギー，および回転エネルギーは
$$\frac{1}{2}(2M)v_1^2 + \frac{1}{2}(2I)\omega_1^2 = 2M\alpha L_1 + \frac{2I\alpha L_1}{a^2} = 2MgL_1 \quad \leftarrow \text{重力がした仕事}$$

[2]
運動方程式より $m\dfrac{dv}{dt} = f - mg\sin\theta$ である。$v = r\omega$ からこれを $mr\dfrac{d\omega}{dt} = f - mg\sin\theta$ とし，$\dfrac{2}{5}mr^2 \dfrac{d\omega}{dt} = -rf$ と連立させると，$f = \dfrac{2}{7} \times mg\sin\theta$ となる。したがって，答は $\dfrac{2}{7}$ 倍である。

Coffee Break 2　てこのつりあいの原点を探る

てこのつり合いは力のモーメントの習熟だ，これでは「エネルギーの見方（仕事との関わり）」を育てるという「てこの学び」には結びつきません。ここでは，アルキメデス自身が考えた「てこのつりあいのシナリオ」をご紹介しましょう。

アルキメデスは，次の2つの仮定から出発します。自明ともいえる仮定です。

[仮定 a]　左右対称なら，てこはどちらにも傾かない（基本的つり合い）。

[仮定 b]　支点からの距離が遠い方が傾く。

アルキメデスは，この自明といえるたった2つの原理から，てこのつりあいのすべてを導き出します。

仮定 a にしたがって分割

第1章 力　学

| 始状態 | 支点からの距離が L の所に，左右とも質量 m のおもりがあります。（このとき，基本的つりあい条件［仮定α］からつりあいは保たれています。） |

←【変形操作：L 移動】一方の腕にあるおもりを2等分しそれぞれ左右に等距離 L だけ移動させる。

| 状態Ⅰ | 変形後の右腕の状態［質量 $m/2$，支点からの距離（$2L$）］ |

←【変形操作：$2L$ 移動】

| 状態Ⅱ | 変形後の右腕の状態［質量 $m/4$，支点からの距離（$4L$）］ |

←【変形操作：$4L$ 移動】

| 繰り返し | ………… |

　ここでのポイントは，変形操作はすべて［仮定α］に基づいており，この操作によって仮定の根底にある対称性（基本的つりあいの状態）は変化を受けないという点です。したがって，始状態→状態Ⅰ→状態Ⅱ→……を通して右腕部分の重心は移動せず，腕の左側に対する右側の効果は常に同じになります。すなわち，てこは，常に「つりあいの状態」を保っているのです。
　例えば，状態Ⅱでは，

　　　　　　　　腕の左側　　　　　　　　腕の右側
　　　　質量 m が距離 L のところ　　質量 $\dfrac{m}{4}$ が距離 $4L$ のところ

$$m \times L = \dfrac{m}{4} \times 4L$$

という結果になります。
　このように，アルキメデスは［仮定α］のみに基づいて力の大きさと支点からの距離との関係（反比例関係）を導いており，ここでは，「左右が同じならどちらにも傾かない」という基本的バランス感覚だけが要求されています。このように"『てこのつり合い』，即『力のモーメント』"ではないのです。

第 2 章

熱力学

1 熱と温度
2 気体の性質
3 熱力学第 1 法則
4 熱力学第 2 法則と熱機関

1 熱と温度

キーワードチェック

□熱　□温度　□熱運動　□熱平衡　□セ氏温度　□絶対温度　□絶対零度
□熱容量　□比熱　□熱量保存の法則　□潜熱

ワンポイントチェック

① 物体の熱い，冷たいという感覚を定量的に表す物理量が □□□ である。

② 私たちになじみ深い温度は □□□ 温度（単位：[□□]）である。その温度目盛りは，水の氷点と沸点をそれぞれ 0°C，100°C と決め，その間を100等分して定める。

③ 物質を形作っている分子や原子，イオンの激しく乱雑な運動を □□□ という。

④ 分子の運動エネルギーの平均値によって □□□ 温度を定める。運動エネルギーの平均値が0になる温度が □□□ で，□□□°C（より正確には −273.15°C）である。温度目盛りはセ氏と同じで，単位は □□□（単位：[□□]）である。絶対温度 T[□□] とセ氏温度 t[□□] の関係は $T=$ □□□ で表される。

⑤ 高温の物体 A と低温の物体 B を接触させると，□□□ に達したとき熱の移動は止まる。このとき，A が失った熱量と B が得た熱量の間には □□□ の法則が成り立つ。

⑥ ある物質の温度を1K上昇させるのに必要な熱量を □□□，またある物質1gの温度を1K上昇させるのに必要な熱量を □□□ という。

⑦ 物質を加熱するとその状態は一般に固体→液体→気体と変化するが，例えば，固体から液体のように物質の状態変化が起こる間，その □□□ は変化しない。

⑧ 固体→液体，液体→気体の変化が起こる温度をそれぞれ □□□，□□□ とよぶ。また，状態変化に必要な熱量をそれぞれ □□□，□□□ といい，これらの熱を総称して □□□ という。

解答例　① 温度　② セ氏（セルシウス），°C　③ 熱運動　④ 絶対，絶対零度，−273，ケルビン，K，K，°C，$t+273$　⑤ 熱平衡，熱量保存　⑥ 熱容量，比熱　⑦ 温度　⑧ 融点，沸点，融解熱，蒸発熱，潜熱

重要事項の解説

1 熱と温度

熱現象は身近な現象である。物体の冷温を示す尺度として**温度**が考えられた。また，当初は**熱**と**温度**に混同がみられたが，やがて温度計が考案され，またさまざまな実験を通して熱と温度との違いが明確になる。このプロセスは重要であり，熱と温度の理解には欠かせない。両者の違いを以下の例題で確認しよう。

> **例題で確認** 一定の熱を加え続けた際，氷が水に，そして水蒸気へと時間を追って状態が変化していく。このときの温度と加熱時間を示すおおよそのグラフを描け。また，このグラフから熱と温度とは異なったものであることを説明せよ。
>
>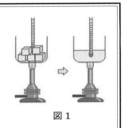
> 図1

状況▶▶ 氷を加熱していったとき固体→液体→気体と状態が変化していくが，そのときの温度がどのように変化していくかを把握することが重要である。

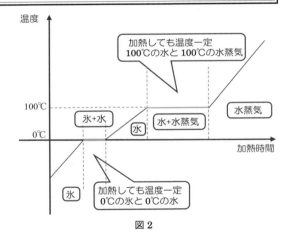
図2

> **例題から得られる結論**
> 相変化（固体→液体，液体→気体）の際には加熱しても温度は上がらず，両者には比例関係が成り立たない。

このことからも，温度と熱とは全く別の概念であることは明らかである。

【参考】かつて熱量の単位としてカロリー（記号 cal）が広く使われたが，今日では国際単位系（SI）によってジュール（記号 J）に統一されている。ちなみに SI 基本単位換算表によると，1 kcal＝4.18605 kJ≒4.19 kJ である。

2 熱とは何か

熱と温度は別ものであることは感覚的にはイメージできるが，ではいったい**熱**とは何か？ 以下の例題でより具体的にその違いをとらえておこう。

第2章 熱力学

> **例題で確認** 太郎の母親から，早朝，職員室のM先生のところに電話がかかってきた。「M先生，おはようございます。今日，太郎は熱があり休ませますのでよろしくお願いします。」，「では，お大事に。」この後，物理教師であるM先生は苦笑いをしたという。この理由を考えてみよう。

状況▶▶ 太郎の母親の「熱があるので」という表現は日常的には通用するのだが，物理の教科書の教える熱の概念からすると「熱がある」という言い方は正しくない。「<u>物質を熱したときに外部から物質へ移動したエネルギーが熱</u>」（T書籍「物理基礎」2013年）であり，以前の教科書では「<u>異なった温度の物体を接触させたとき，移った熱運動のエネルギーを熱</u>」（S出版「物理Ⅰ」1976年）とある（下線部に注意）。

展開▶▶ ポイントは，**熱とは温度の異なる複数の物体間でやりとりされるエネルギー**のことである。したがって，太郎の母親の表現を正しく言い換えると「今日，太郎はいつもより体内のエネルギーが多いので休みます」とでもなろうか。ここに物理学における表現と日常での言い回しの違いが見て取れよう。

③ 温度とは何か

物質（空気）の熱膨張を利用して温度計を最初に考案したのはガリレオだと言われている（図3）。ちなみに**ボイルの法則**のボイルは，晩年のガリレオに師事している。温度計の改良によって熱科学が進歩したことはすでに述べたとおりだが，今日では**絶対温度は，分子の種類によらず，分子の平均運動エネルギーに比例する量**であると考えられている。

ここで絶対温度 T[K] とセ氏温度 t[℃] には

$$T = 273 + t \quad \cdots\cdots ①$$ 【絶対温度とセ氏温度の変換式】

の関係がある。

図3 ガリレオの弟子たちが考案した温度計

【参考】 温度を測定する際に基準となる温度として，特定の物質の融点・沸点が利用されている。その代表的な例としては，**水の三重点**（氷・水・水蒸気が熱平衡にある状態の温度）を 0.01℃ と定義するなどがあげられる。

④ 熱平衡と熱力学第0法則

高温物体Aと低温物体Bとを接触させると，物体Aは冷やされ，物体Bは温められる。このとき，高温物体Aの熱運動によるエネルギー，つまり熱が低温物体Bに移動する。この熱の移動は，物体Aと物体Bの温度が等しくなるところで止まる。この温度が等しくなった状態を**熱平衡**という（図4）。逆に，2物体A，Bが熱平衡の状態にあれば，これらの物体の温度は等しい。すなわち，**熱平衡状態の共通の指標として温度がある**とも言える。

いま，AとBとを接触させて熱平衡状態になったとする。続いてBとCとを接触さ

せ熱平衡になったとすると，AとCとは直接に接触していなくても両者は熱平衡状態にあることが経験的に知られている（図5）。この経験的規則を**熱力学第0法則**という。

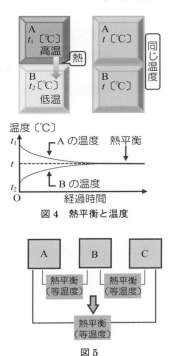

図4 熱平衡と温度

> **法則** 熱力学第0法則
> AとBが熱平衡
> BとCが熱平衡 ⟺ AとCも熱平衡にある

この法則のおかげで，安心して温度計を使って物体の温度を測定できるのである。ここで，Aを温度既知の物体，Cを温度未知の物体，そしてBを温度計としよう。まず，温度既知の物体Aを用い，温度計Bの目盛りを読む。物体Cの温度を測りたいのだが，物体AとCとを接触させなくても**携帯しやすい物体B**（すなわち温度計）と物体Cとを接触させ両者が熱平衡にあるならば，物体Cの温度は温度既知の物体Aの温度に等しいといえる。このことは温度計による温度測定が熱力学第0法則によって保証されていることに他ならない。

図5

【参考】いろいろな温度計
　身近な温度計には，水銀温度計やアルコール温度計などがある。これら**液体温度計**は，物質の熱膨張を利用している。また，ガスの炎のように高い温度を計る**熱電対温度計**や，物の表面の温度を離れた場所から計る**放射温度計**などがある。

5 熱量の保存と比熱の測定

熱はエネルギーであるから，高温物体Aと低温物体Bの接触によってAが熱量 Q を失えば，BはAが失った熱量と等しい熱量 Q を受け取る。すなわち，A，B全体としての熱量の増減はない。これを**熱量の保存**（または**熱量保存の法則**）という（図6）。

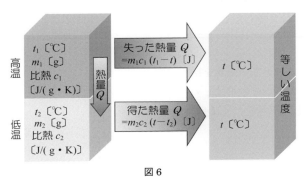

図6

第2章 熱力学

法則 熱量保存の法則

高温物体 A が失った熱量　$m_1 c_1 (t_1 - t)$
　　　　　　　　　　⇩
低温物体 B が得た熱量　　$m_2 c_2 (t - t_2)$

$$m_1 c_1 (t_1 - t) = m_2 c_2 (t - t_2) \quad \cdots\cdots ②$$

t_1, t, t_2 には $t_1 > t > t_2$ の関係がある。ここで，t は物体 A, B の達する熱平衡状態のときの温度である。

以下，物体の熱量を求める際に用いられる基本用語についてまとめておこう。

基本用語のまとめ 熱容量 C と比熱 c

① **熱容量 C**　物体の温度を 1K 上げるのに必要な熱量をその物体の**熱容量 C〔J/K〕**という。

熱容量は物体の熱の含有可能量とでもいうべき量である。

② **比熱 c**　1g の物質の温度を 1K 上げるのに必要な熱量をその物質の**比熱 c〔J/(g·K)〕**という。比熱が大きい物質は温まりにくく冷めにくい（表1）。

熱容量と比熱の関係

$$\begin{array}{ccc} C & = & m \cdot c \\ \text{〔J/K〕} & & \text{〔g〕〔J/(g·K)〕} \end{array}$$

表1　比熱の具体例

物 質	比 熱
水	4.22
氷	2.10
アルミニウム	0.88
鉄	0.44
銅	0.38
銀	0.24
鉛	0.13

〔J/(g·K)〕

【参考】 国際単位系では比熱の単位を〔J/(kg·K)〕としているが，比熱や熱容量を扱うときの質量の単位に g を使うことが多い。以下，これにならい比熱の単位として〔J/(g·K)〕を用いることにする。

例題で確認
(1) 表1で最も温まりやすく冷めやすい金属はなにか。
(2) 物体1（熱容量 C_1〔J/K〕，温度 t_1〔℃〕）と物体2（熱容量 C_2〔J/K〕，温度 t_2〔℃〕）を接触させ，熱平衡に達したときの全体の温度 t〔℃〕を求めよ。

解説 ▶▶ （解答例）
(1) 表1から最も比熱の小さい金属を探す（鉛）
(2) 物体1と物体2の持っていたはじめの総熱量は $C_1 t_1 + C_2 t_2$ 　……③
　　熱平衡に達したとき総熱量は $C_1 t + C_2 t$ 　……④

熱量保存の法則から③＝④として，未知の温度 t を求める。$t = \dfrac{C_1 t_1 + C_2 t_2}{C_1 + C_2}$

活用例題で学ぶ知識の活用

【活用例題１】　　　　　　　　　　　　　　　　青森県高校物理2010年度（頻出・標準）

温度の異なる物体や液体を接触させた時の熱平衡について，次の(1)～(3)に答えよ。また，結果だけでなく，考え方や計算過程も書け。ただし，容器及び外部との熱の出入りはなく瞬時に熱平衡に達するものとする。

また，物体 X から物体 Y へ熱量 Q が移動したとき，ここでは「物体 X の熱の移動量」として $\Delta Q_X = -Q$，「物体 Y の熱の移動量」として $\Delta Q_Y = Q$ と定義する。

(1) ある金属 A からなる物体 A（120 g，80.0°C）と，ある金属 B からなる物体 B（80.0 g，50.0°C）をある液体 C（100 g，30.0°C）に入れたところ，全体の温度が 40.0°C になった。ただし，金属 A の比熱を 0.400 J/(g·K)，金属 B の比熱を 0.100 J/(g·K)，液体 C の比熱を 2.00 J/(g·K) とするが，計算を簡単にするための設定であり実在する物質の値ではない。

① 物体 A の熱容量 C_A [J/K] を求めよ。
② 物体 A，B 及び液体 C の熱の移動量 ΔQ_A [J]，ΔQ_B [J]，ΔQ_C [J] を求め，$\Delta Q_A + \Delta Q_B + \Delta Q_C = 0$ となることを示せ。

(2) 物体 1（熱容量 C_1 [J/K]，温度 t_1 [°C]）と物体 2（熱容量 C_2 [J/K]，温度 t_2 [°C]）と物体 3（熱容量 C_3 [J/K]，温度 t_3 [°C]）を接触させ，熱平衡に達したときの全体の温度が t [°C] になった。

このとき，$t = \dfrac{C_1 t_1 + C_2 t_2 + C_3 t_3}{C_1 + C_2 + C_3}$ [°C] となることを示せ。

(3) 次の物体 D～H を同時に接触させ，熱平衡に達したときの全体の温度 t [°C] を求めよ。

物体 D：熱容量 25.0 J/K，温度 20.0°C，物体 E：熱容量 30.0 J/K，温度 30.0°C
物体 F：熱容量 35.0 J/K，温度 40.0°C，物体 G：熱容量 40.0 J/K，温度 50.0°C
物体 H：熱容量 45.0 J/K，温度 60.0°C

📖 **解説**　一見，見慣れない問題のように見えるが，問題文をていねいに読み解いていくと，温度の異なる物質（固体・液体・気体を問わない）の接触による熱のやりとりに関する問題であり，内容としては次の３つの【素過程】から構成されていることがわかる。

【素過程１】熱容量，比熱の定義　→　(1)，(3)
【素過程２】熱平衡（温度の異なる物体が接触後に達する状態）　→　(2)，(3)
【素過程３】熱量保存の法則（熱平衡の前後で成り立つ法則）　→　(2)，(3)

これら３つの素過程をどの場面で用いるか（→**問題の分析**）がポイントである。

解答への指針

(1)① 熱容量
$C = mc = 120\,\text{g} \times 0.400\,\text{J/(g·K)} = 48.0\,\text{J/K}$
（→単位を確認しておこう）

② 問題文中の定義にしたがって
$\Delta Q_A = m_A c_A \times \Delta t_A = 120 \times 0.400 \times (40.0 - 80.0)$
$\quad = -1920\,\text{J}$
$\Delta Q_B = m_B c_B \times \Delta t_B = 80 \times 0.100 \times (40.0 - 50.0)$
$\quad = -80\,\text{J}$
$\Delta Q_C = m_C c_C \times \Delta t_C = 100 \times 2.00 \times (40.0 - 30.0)$
$\quad = +2000\,\text{J}$
∴ $\Delta Q_A + \Delta Q_B + \Delta Q_C = 0$ ……①

(2) (1)より, $i = 1, 2, 3$ として
$\sum \Delta Q_i = \sum m_i \times c_i \times \Delta T_i = \sum C_i \times (t_i - t) = 0$
∴ $\sum C_i \times t = \sum C_i \times t_i$ ……②
∴ $t = \dfrac{\sum C_i \times t_i}{\sum C_i}$

(3) (2)の結果を使う。なお有効数字は3桁で答える
$$t = \frac{C_D t_D + C_E t_E + C_F t_F + C_G t_G + C_H t_H}{C_D + C_E + C_F + C_G + C_H}$$

> **素過程への分解・分析**
>
> **素過程1**
> 熱容量, 比熱の定義の正確な理解
>
> 熱量＝熱容量×温度変化
> 熱容量＝比熱×グラム数
>
> **素過程2**
> 熱平衡に達すると温度はともに等しくなる。
>
> **素過程3** ①, ②式
> 熱量保存の法則から
> $\Delta Q_A + \Delta Q_B + \Delta Q_C = 0$
> $\sum C_i \times t = \sum C_i \times t_i$
> が成り立つ。

【活用例題2】　石川県高校物理2011年度（頻出・標準）

図のような熱量計を用いて金属の比熱を測定する実験を, 次の手順1～3で行った。これについて, 次の(1), (2)に答えよ。ただし, 水の比熱を $c_0\,[\text{J/(g·K)}]$, この熱量計の熱容量を $H\,[\text{J/K}]$ とする。

手順1：熱量計の容器に質量 $M\,[\text{g}]$ の水を入れ, 十分時間が経過した後の水温 $t_1\,[\text{°C}]$ を測定する。

手順2：質量 $m\,[\text{g}]$ の金属球を熱湯の中に入れ, 十分時間が経過した後の水温 $t_2\,[\text{°C}]$ を測定する。

手順3：金属球を熱湯から取り出し, 熱量計の容器に入れ, かくはん棒でかき混ぜ, しばらく時間が経過した後の水温 $t_3\,[\text{°C}]$ を測定する。

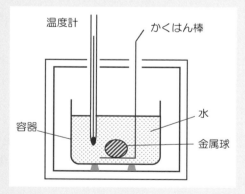

(1) 熱量計および容器内の水と金属球との間以外に熱の出入りがなかったものとすると, この金属の比熱は何 J/(g·K) か求めよ。

(2) この実験を授業で行ったところ, 生徒が求めた比熱の多くは, 教科書の値よりも小さくなった。この原因として考えられるものを1つあげ, より正確な値を得るために生徒にどのような指導をすればよいか簡潔に書け。

1 熱と温度

📖 **解説** 水熱量計を使って金属球の比熱を求める実験に関する問題はよく出題される。頻出問題であるとともに，高等学校では重要な実験の1つでもある。本例題によって実験の手順とともに指導上の留意点についても確認しておこう。内容としては3つの【素過程】からなる。

【素過程1】 水熱量計の実験方法 → (1), (2)
【素過程2】 熱容量，比熱の定義 → (1)
【素過程3】 熱量保存の法則 → (1), (2)

☞ **解答への指針**
(1) $t_1 < t_3 < t_2$ であることに気をつけて，熱量保存の式を立てる。水と熱量計が得た熱量 $Q_1 = Mc_0(t_3-t_1) + H(t_3-t_1)$，また金属球が失った熱量 $Q_2 = mc(t_2-t_3)$。ここで熱量保存の法則（$Q_1 = Q_2$）から金属の比熱 c が求まる。

(2) 実験の誤差を検討させる問題である。この実験で金属球を熱湯から取り出し，熱量計に移す間に外部（空気）に熱が逃げている。したがって，よく撹拌した後の温度が真の値より小さくなっているために，実験によって得られた値は教科書の値よりも小さいと考えられる。この誤差を小さくするためには金属球を移動する際の空気への放熱を小さくすればよい。

素過程への分解・分析
素過程1 水熱量計の実験から $t_1 < t_3 < t_2$
素過程2 熱容量，比熱の定義から得た熱量，失った熱量を求める
素過程3 熱量保存則が成り立っているかどうかの確認

解答例

【活用例題1】
(1)① 48.0 J/K ② 解説参照 (2) 解説参照 (3) 42.9°C

【活用例題2】
(1) $\dfrac{(Mc_0+H)(t_3-t_1)}{m(t_2-t_3)}$ (2) 解説参照

実力錬成問題

1 右の図のような水熱量計で銅製容器と銅製かくはん棒の質量の合計が 100 g であるとき，容器に水 150 g を入れ温度を測ると 20.4℃ で一定になった。そこへ温度 100℃，質量 50 g の金属球を入れ，よくかき混ぜたところ水温は 23.0℃ で一定になった。これについて次の各問いに答えよ。ただし，水の比熱を 4.2 J/(g·K)，銅の比熱を 0.38 J/(g·K) とし，図の水熱量計と水と金属球のほかに熱の出入りはないものとする。

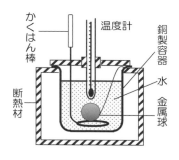

(1) 水が金属球から受けた熱量を求めよ。
(2) 金属球の比熱を求めよ。

【京都府中学理科（2007年度）】

2 電熱器を内蔵した熱量計の中に 100 g の氷が入っている。最初，熱量計の内部の温度は $-10℃$ であったが，電熱器の電力を 300 W に保ちながら熱し続けたところ，熱量計の内部の温度は図のように変化した。ただし，電熱器の熱は外に逃げることなく，熱量計内部の温度は一様であり，熱量計の熱容量を 90 J/K，水の比熱を 4.2 J/(g·K) とする。次の(1)，(2)の問いに答えよ。

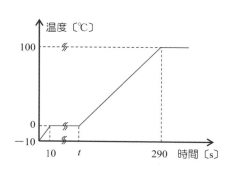

(1) 氷がすべて融けて水となる時刻は何 s か。適当なものを，次の①〜④のうちから一つ選べ。
   ① 24   ② 27   ③ 120   ④ 150

(2) 時刻 10 s から t [s] までの分子間の位置エネルギーと分子の運動エネルギーについての説明として，最も適当なものを次の①〜④のうちから一つ選べ。
   ① 分子間の位置エネルギーは増加するが，分子の運動エネルギーは変わらない。
   ② 分子間の位置エネルギーは変わらないが，分子の運動エネルギーは増加する。
   ③ 分子間の位置エネルギーと分子の運動エネルギーのどちらも増加する。
   ④ 分子間の位置エネルギーと分子の運動エネルギーのどちらも変わらない。

【大分県高校物理（2010年度）】

1 熱と温度

解法への指針

1 (1)【素過程（比熱，熱容量の定義）】，【素過程（熱量の計算）】
(2)【素過程（熱量の計算）】，【素過程（熱量保存則）】

2 (1)【素過程（潜熱，融解熱の理解）】，【素過程（熱量の計算）】，(2)【素過程（状態変化の理解）】
ここでは，氷の融解熱 $334\,\mathrm{J/g}$（$80\,\mathrm{cal/g}$）は既知としている。(2)では状態変化を粒子モデル（分子間の位置エネルギーと分子の運動エネルギー）として考える。

2 気体の性質

キーワードチェック

□気体の圧力　□ボイルの法則　□シャルルの法則　□ボイル・シャルルの法則
□理想気体の状態方程式　□理想気体　□実在気体　□絶対温度と分子運動

ワンポイントチェック

① 気体が物体の表面を垂直に押す単位面積あたりの力を □ という。$S[m^2]$ の面を気体が $F[N]$ の力で押しているとき，気体の圧力 $p[N/m^2]$ は $p=$ □ である。特に，面積 $1m^2$ あたり $1N$ の力が加わるときの圧力を 1 □ という。

② 一定量の気体の体積は，一定温度のもとでは □ に反比例する。これを □ の法則という。

③ 一定量の気体の体積は，一定圧力のもとでは □ に比例する。これを □ の法則という。

④ 一定量の気体の圧力と体積との □ は □ に比例する。これを □ の法則という。

⑤ 分子の □ および □ の影響を無視した気体を □ 気体という。また，これらを無視できない実際の気体を □ 気体という。

⑥ 気体の熱的状態は，□（記号 p），□（記号 V），□（記号 T）の3つの物理量で決まる。

⑦ □ 気体では，その種類によらず，3つの状態量 □，□，□ の間に成り立つ関係式を気体の □ 方程式という。

⑧ 絶対温度は分子の種類によらず，分子の □ エネルギーに比例する。

解答例　① 圧力，$\dfrac{F}{S}$，パスカル〔Pa〕　② 圧力，ボイル　③ 絶対温度，シャルル　④ 積，絶対温度，ボイル・シャルル　⑤ 大きさ，分子間力，理想，実在　⑥ 圧力，体積，絶対温度　⑦ 理想，圧力（p），体積（V），絶対温度（T），状態　⑧ 平均運動

重要事項の解説

1 ボイルの法則，シャルルの法則

【ボイルの法則】

シリンダーの中にピストンで気体を密閉，温度を一定に保って圧力を高めると気体は収縮し，圧力を弱めると気体は膨張する（図1）。

この気体の圧力と体積の関係についてボイル（英，1627〜1691）は，一定量の気体の**体積** $V[\mathrm{m}^3]$ は，温度 $T[\mathrm{K}]$ が一定のもとで，**圧力** $p[\mathrm{Pa}]$ に反比例して変化することを1661年に見出した（図2）。これを**ボイルの法則**とよぶ。

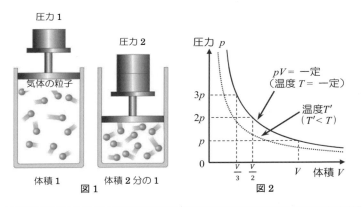

図1　図2

> **法則　ボイルの法則**
> 気体の温度が一定の下では，気体の体積は圧力に反比例する。
> $$pV = k(T) = 一定 \quad \cdots\cdots ①$$

①式において右辺の比例定数 k は，そのときの温度によって決まる値である。なお，このボイルの法則では，変化の過程において気体の量，また気体の温度は一定であることに注意したい。

【シャルルの法則】

ボイルに約100年遅れて登場したシャルル（仏，1746〜1823）は圧力 $p[\mathrm{Pa}]$ を一定に保ったまま温度 $T[\mathrm{K}]$ を 1 K 上げると，気体の体積 $V[\mathrm{m}^3]$ が 0°C での体積 V_0 の $\dfrac{1}{273}$ 倍だけ増加することを1783年に発見した。

その後，ゲイリュサックにより1802年に公表され世に知られることとなった。

$$V = V_0\left(1 + \frac{1}{273}t\right) = V_0\frac{273+t}{273} \Longrightarrow \boxed{V = V_0\frac{T}{273} = V_0\frac{T}{T_0}}$$

このように，絶対温度 $T=t+273$，($t=0°C$ のとき，$T=T_0$ [K] とした) を用いると，この関係式は，一定量の気体の体積 V [m³] は圧力 p [Pa] が一定のもとで絶対温度 T [K] に比例して変化すると表すことができる（図3）。これをシャルルの法則とよぶ。

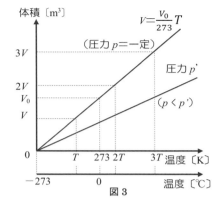

図3

> **法則** シャルルの法則
> 気体の圧力が一定の下では，気体の体積は絶対温度に比例する。
> $$\frac{V}{T} = \mathrm{k}'(p) = 一定 \quad \cdots\cdots ②$$

②式において右辺の比例定数 k' は，そのときの圧力によって決まる値である。なお，このシャルルの法則では，変化の過程において気体の量，また気体の圧力は一定であることに注意したい。

【ボイル・シャルルの法則】

ボイルの法則は，温度一定の下での気体の体積と圧力の関係を表し，またシャルルの法則は，圧力一定の下での気体の体積と温度の関係を表した。では，これら，いわゆる気体の状態を示す3つの物理量（圧力，体積，温度）全てが変化する場合，気体はどのような法則にしたがうのだろうか。

①，②式からその法則を探ってみよう。

　　　　　　　　　　　　左辺；p だけの関数　　　　右辺；T だけの関数

①÷②から　　$pT = \dfrac{\mathrm{k}(T)}{\mathrm{k}'(p)}$　∴　$p \times \mathrm{k}'(p) = \dfrac{\mathrm{k}(T)}{T}$　……③

③が常に成り立つためには両辺の値が定数のときに限る。そこでこの定数を R とおけば，①，②式での定数との関係は $\mathrm{k}(T) = T \cdot R$，$\mathrm{k}'(p) = R/p$ となり，①，②式はともに

$$pV = RT \quad \cdots\cdots ④ \qquad \therefore \quad \frac{pV}{T} = R \text{（一定）} \quad \cdots\cdots ⑤$$

を満たす。したがって，ボイルの法則とシャルルの法則をまとめると，一定量の気体の**体積 V [m³] は圧力 p [Pa] に反比例し，絶対温度 T [K] に比例する**と表すことができ，これを**ボイル・シャルルの法則**とよぶ。なお，定数 R の意味，またその具体的な値については，以下の例題で求めよう。

> **法則** ボイル・シャルルの法則
>
> 状態 A (p_1, V_1, T_1) と状態 B (p_2, V_2, T_2) には次の関係が成り立つ。
>
> $$\frac{p_1 V_1}{T_1} = \frac{p_2 V_2}{T_2} (=R) \Longrightarrow 気体の状態について \frac{pV}{T} が保存する$$

ボイル・シャルルの法則で、絶対温度 T を一定とするとボイルの法則に帰着し、また圧力 p を一定とするとシャルルの法則に帰着する。このように両法則を含んだ法則がボイル・シャルルの法則である。

2 理想気体の状態方程式

いま、1 mol の気体に対して④式が成り立つとすると、n [mol] の気体では同じ圧力、同じ温度において体積は n 倍になる。したがって、ボイル・シャルルの法則は $pV = n \cdot RT$ と書ける。この式を **理想気体の状態方程式** という。

> **公式** 理想気体の状態方程式
>
> 理想気体の体積と圧力、絶対温度の関係式（ボイル・シャルルの法則の整式形）が状態方程式である。
>
> $$pV = n \cdot RT \quad \cdots\cdots ⑥$$

ここで、⑥式での文字の表す物理量について確認しておこう。p [Pa], V [m³], n [mol], T [K], R [J/(mol·K)] は、それぞれ気体の圧力、体積、モル数、絶対温度、及び気体定数である。

> **例題で確認** 理想気体の状態方程式における気体定数 R の値を有効数字 3 桁で求めよ。

状況▶▶ ボイル・シャルルの法則から、任意の状態での $\frac{pV}{T}$ が R の値になるが、**標準状態** (273.15 K, 1 atm = 1.0132×10^5 N/m²) での 1 mol の理想気体（アボガドロの法則から 22.414 L の体積を占める）を考えよう。

展開▶▶ 上の数値をボイル・シャルルの式（または状態方程式）に代入し、R について求める。

$$R = \frac{pV}{1 \times T} = \frac{(1.0132 \times 10^5) \times (22.414 \times 10^{-3})}{1 \times 273.15} \fallingdotseq 8.31 \text{ J/(mol·K)}$$

> **例題で確認**
>
> 理想気体はボイル・シャルルの法則に厳密に従う仮想的な気体であるが、実在する気体では、極端に低温や高圧のときにはボイル・シャルルの法則が成り立たない。実在する気体において、ボイル・シャルルの法則が厳密には成立しない原因を 2 つ挙げよ。
>
> 【徳島県高校物理 (2011年度)】

状況▶▶ ボイル・シャルルの法則によると、圧力一定の下で温度を下げていくと気体の体

積は次第に小さくなり絶対零度では 0 となる。しかし，実際の気体では分子自身に大きさがあるため体積は 0 にはならない。また，絶対零度に達する前や，また高圧の状態では分子どうしの引き合う力（**分子間力**）のため液体や固体になってしまう。このように，実際の気体ではボイル・シャルルの法則は厳密には成り立たない。

展開▶▶ 以上の状況を整理する。（原因 1）気体分子には大きさがある。（原因 2）分子どうしが力を及ぼしあう。

【参考】実在気体の状態方程式

理想気体の状態方程式を補正した実験式としては，次のファン・デル・ワールス（**Van der Waals**）の状態方程式がある。

$$\left(p+\frac{a}{V^2}\right)(V-b)=RT \iff \text{（理想気体）} \quad pV=n\cdot RT$$

ここで用いられている文字 a，b はそれぞれ分子間力の補正，分子の大きさの補正を表しており，これらの値は気体の種類によって実験的に定められている。

3 気体の分子運動

【分子運動と圧力】

容器内（体積 V）の気体分子は分子運動によって器壁と絶えず衝突し，器壁に力を及ぼしている。1 個の分子が壁に衝突する時間は一瞬で，しかもその力は弱い。しかし，多数の分子が絶え間なく衝突することによって，器壁は気体分子から一定の力を受け続ける。単位面積あたりのこの力が**圧力**である。

この考え方に基づいて，巨視的な物理量である圧力 p を気体を構成する分子の運動を示す物理量（分子の質量，速度など）を用いて，次式⑦のように表すことができる（p. 110 の例題で確認を参照）。

> **公式** 圧力の分子運動論による表示
>
> 気体の圧力を分子の運動を示す物理量を用いて表す。
>
> $$p=\frac{mN}{3V}\langle v^2 \rangle \quad \cdots\cdots ⑦$$

なお，⑦式での文字は，m：気体分子の質量，N：気体分子数，V：容器の体積，$\langle v^2 \rangle$：気体分子の速さの 2 乗の平均値をそれぞれ表している。

【分子運動と絶対温度】

理想気体の絶対温度と分子の運動エネルギーの関係を調べよう。
⑦を書き換えて

$$pV=\frac{2}{3}N\cdot \boxed{\frac{1}{2}m\langle v^2 \rangle} \Longleftarrow \text{運動エネルギーによる表現}$$

これを 1 モルあたりの理想気体の状態方程式（$pV=RT$）と比較すると

$$\frac{1}{2}m\langle v^2\rangle = \frac{3}{2}\left(\frac{R}{N_A}\right)T = \frac{3}{2}k_B T \quad \cdots\cdots ⑧$$

なお，N_A は1モルの気体の分子数（アボガドロ数）である。

$$\frac{R}{N_A} = \frac{8.314 \text{ J/K}}{6.022\times 10^{23}} = 1.38\times 10^{-23} \text{ J/K}$$

という値を占める定数をボルツマン定数といい，k_B と表す。ボルツマン定数は物質の熱的性質を微視的に考察する際，重要な働きをする定数である。

> **公式** 気体の温度と分子の運動エネルギーの関係
>
> $$\frac{1}{2}m\langle v^2\rangle = \frac{3}{2}k_B T \quad \cdots\cdots ⑨ \quad \text{【温度の分子運動論による表示】}$$

このように，理想気体では分子の平均運動エネルギーは絶対温度に比例し，圧力や体積には無関係であることがわかる。

さらに，⑧から $\sqrt{\langle v^2\rangle} = \sqrt{\dfrac{3RT}{mN_A}} = \sqrt{\dfrac{3RT}{M\times 10^{-3}}} \quad \cdots\cdots ⑩ \quad (M：気体の分子量)$

この値を **2乗平均速度** という。分子の2乗平均速度は，おおまかなところ，分子の熱運動の速さの平均値を表していると考えてよい。

【参考】気体分子の速さの測定

図4上図のように，まず金属を炉で過熱し蒸発させて，生じた金属蒸気分子をスリットに通し，回転しているドラム内のフィルムに気体分子を送り込む。気体分子は速度に応じてフィルムの特定の位置に到達する。フィルムの位置による濃さの違いから，速度分布を計測できる。この速度分布のようすは，図4下図のように温度によって異なっている。

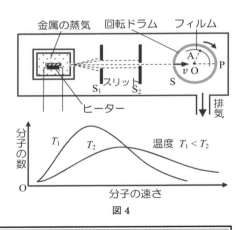

図4

> **例題で確認** 温度27℃の水素，酸素の気体分子の2乗平均速度を求めよ。

確認▶▶ ⑩式から水素：1.9×10^3 m/s　酸素：4.8×10^2 m/s となる。なお，参考までにジェット機：約 220 m/s（800 km/h），新幹線：約 75 m/s（270 km/h），音速（15℃）：340 m/s（1224 km/h）を示しておく。

⑦式および⑨式では，気体の圧力や温度という巨視的物理量と気体分子個々の運動という微視的物理量との関係を示した。以下の例題では，特に圧力を気体分子の容器壁への衝突から求めようとするものであるが，導出の手順とともに，その際，仮定されている事項などよく理解して欲しい。

例題で確認

一辺の長さ L [m],体積 $V(=L^3)$ [m³] の立方体の容器に,1個の質量が m [kg] である単原子分子 N 個からなる,理想気体を入れる。右図のように,x, y, z 軸をとり,x 軸に垂直な壁Sが受ける圧力を考える。ただし,分子は他の分子や器壁と弾性衝突するが,分子どうしの衝突は無視して考える。この容器内の気体の温度は T [K],気体定数を R [J/(mol·K)],アボガドロ定数を N_A [1/mol] として次の各問いに答えよ。この容器内において,速度 v [m/s](x 軸方向の成分を v_x とする)で運動している1個の分子について考える。

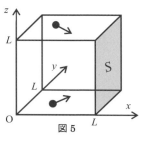

図5

(1) 1個の分子が,1回の衝突で x 軸に垂直な壁Sに及ぼす力積の大きさを求めよ。
(2) 壁Sが受ける圧力 p [Pa] を,$N, m, V, \langle v^2 \rangle$ を用いて表せ。
(3) 圧力 p を,気体の密度 ρ [kg/m³] および $\langle v^2 \rangle$ を用いて表せ。

【静岡県高校物理(2010年度)・改】

状況▶▶ 巨視的な物理量である圧力を,気体分子と器壁との衝突という微視的な力学現象から説明をするという代表的な問題である。

この種の問題では以下の仮定を前提としている。

- 分子と容器の壁とは弾性衝突をする
- 分子どうしの衝突は無視する
- 衝突時以外は等速度運動をする(重力は無視する)

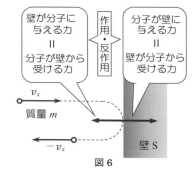

図6

展開▶▶ (1) 壁との衝突は完全弾性衝突なので図6のように分子の運動量は x 方向に $-2mv_x$ だけ変化する。運動量の変化は力積に等しく,作用・反作用の法則から**1回の衝突で分子が壁に与える力積の大きさを求めることができる**。

力積の大きさを $f\Delta t$ とすると

$$f\Delta t = 2mv_x$$

以下,この式が出発点となる。

(2) 図7のように,分子が壁Sに t 秒間に衝突する回数は $v_x t \div 2L$ であるから,1個の分子が t 秒間に壁に与える力積は

$$2mv_x \times \frac{v_x}{2L}t = \frac{mv_x^2}{L}t \quad (t \text{秒間あたりの運動量の変化})$$

となる。

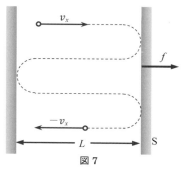

図7

壁Sが1個の分子から受ける平均の力の大きさを $\langle f \rangle$ とすると,

$$\frac{mv_x^2}{L}t = \langle f \rangle \times t \quad (\leftarrow \text{運動量の変化=力積})$$

から $\langle f \rangle = \dfrac{mv_x^2}{L}$ となる（図8）。

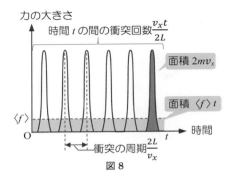

図8

したがって，壁 S が N 個の分子から受ける平均の力の大きさを F とすると

$$F = \sum_{}^{N} \langle f \rangle = \sum_{}^{N} \dfrac{mv_x^2}{L} = \dfrac{m}{L} \sum_{}^{N} v_x^2 \quad \cdots\cdots ⑪$$

ここで，v_x の大きさや向きは分子によってばらつきがあるので，v_x^2 についての平均値 $\langle v_x^2 \rangle$ で置き換えることを考える。

$$\langle v_x^2 \rangle = \dfrac{\sum_{}^{N} v_x^2}{N} \text{ から } \sum_{}^{N} v_x^2 = N \times \langle v_x^2 \rangle$$

さらに，三平方の定理を用いて，$\langle v^2 \rangle = \langle v_x^2 \rangle + \langle v_y^2 \rangle + \langle v_z^2 \rangle = 3\langle v_x^2 \rangle$

これらの関係を⑪式に代入すれば

$$F = \dfrac{m}{L} \times N \times \dfrac{1}{3} \langle v^2 \rangle = \dfrac{mN}{3L} \langle v^2 \rangle \quad \cdots\cdots ⑫$$

となる。また，圧力は単位面積あたりの気体（N 個の分子）が及ぼす力であるから，⑫式を面積 L^2 で割ると以下のように⑦式（圧力の微視的表現）を得る。

$$p = \dfrac{F}{L^2} = \dfrac{mN}{3L^3} \langle v^2 \rangle = \dfrac{mN}{3V} \langle v^2 \rangle \quad (\cdots\cdots ⑦)$$

(3) 密度 ρ は，$\rho(=$ 質量÷体積$) = \dfrac{M}{V} = \dfrac{mN}{V}$ であるから

$$p = \dfrac{1}{3} \dfrac{mN}{V} \langle v^2 \rangle = \dfrac{\rho}{3} \langle v^2 \rangle$$

発展　エネルギー等分配則

1つの力学系において，その配置を決めるのに必要な座標の数を**自由度**という。

単原子分子の運動では x, y, z の3つの自由度を有するが，H_2, N_2, O_2 などの2原子分子の場合は，分子の<u>重心の運動（並進運動）</u>に加えて原子間を結ぶ軸に垂直な2つの軸のまわりの<u>回転運動</u>が考えられ（図9），したがって自由度としては並進運動の3つの自由度に，回転の自由度2つが加わり合計5つとなる。

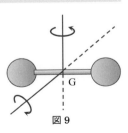

図9

> 単原子分子の自由度 3 （並進運動）
> 2原子分子の自由度 5 （並進運動＋重心周りの回転運動）

ところで，式⑧より

$$\frac{1}{2}m\langle v^2\rangle = \frac{1}{2}m\langle v_x^2+v_y^2+v_z^2\rangle = \underline{\frac{1}{2}m\cdot 3\langle v_x^2\rangle} = \frac{3}{2}k_B T \quad \cdots\cdots ⑬$$

なお上式（下線部）では，「分子の運動には特別な方向に対する偏りはなく $\langle v_x^2\rangle = \langle v_y^2\rangle = \langle v_z^2\rangle$ が成り立つ」を用いている．すなわち，

$$\frac{1}{2}m\langle v_x^2\rangle = \frac{1}{2}m\langle v_y^2\rangle = \frac{1}{2}m\langle v_z^2\rangle = \frac{1}{2}k_B T$$

このことは，気体が熱平衡にあるとき，1つの分子のもつ並進運動のエネルギーが，分子の質量や種類に関係なく，並進運動の自由度ごとに，平均として $\frac{1}{2}k_B T$ ずつ分配されていることを示している．

分子の回転運動もやはり1つの自由度の運動であるから，回転の自由度に対しても，$\frac{1}{2}k_B T$ の運動エネルギーが分配されることが期待できる．すなわち，「**気体が絶対温度 T で熱平衡にあるときは，それぞれの分子には，それぞれの自由度ごとに均等に，平均として $\frac{1}{2}k_B T$ ずつの運動エネルギーが分配される．**」これをエネルギー等分配則とよぶ．

活用例題で学ぶ知識の活用

【活用例題1】　　　　　　　　　　　　　茨城県中学理科2012年度（頻出・標準）

図は容積 V_A の容器 A と容積 V_B の容器 B が，コック付の細い管でつながっている。容器 A は真空になっていて，容器 B の中には絶対温度 T_B，圧力 p_B の理想気体が入っている。次の(1)，(2)の問いに答えよ。なお，T_B は一定で変わらないものとする。

(1) コックを開いて圧力が一定になったとき，容器内の圧力 p_1 はいくらになるか。V_A，V_B，p_B を用いて表せ。

(2) 次にコックを開いたままにしておいて，全体の温度を T にしたときの，容器内の圧力 P_2 はいくらになるか。V_A，V_B，T_B，p_B，T を用いて表せ。

📖 **解説**　容器のコック開閉前後の気体の圧力を求める問題である。熱平衡状態時の状態変化に関する理解が問われており，設問(1)，(2)とも次の2つの【素過程】の活用が鍵となる。

【素過程1】 熱平衡状態での状態方程式
【素過程2】 密閉容器では気体のモル数は不変

☞ **解答への指針**

(1) コックを開いて圧力が p_1（一定）になったとき，容器 A，容器 B の中の気体のモル数を n_A，n_B としてそれぞれの容器内の気体の状態方程式を立てる。

$$A：p_1 \times V_A = n_A \times R \times T_B \quad \cdots\cdots ①$$
$$B：p_1 \times V_B = n_B \times R \times T_B \quad \cdots\cdots ②$$

コックを開く前の容器 B 内の気体の状態方程式

$$B：p_B \times V_B = (n_A + n_B) \times R \times T_B \quad \cdots\cdots ③$$

ここで未知数は p_1，n_A，n_B の3つであり，①，②，③から p_1 を求める。

(2) コックを開いた状態での容器 A と容器 B とをひとつにした全体の気体の状態方程式を立てる。

$$p_2 \times (V_A + V_B) = (n_A + n_B) \times R \times T \quad \cdots\cdots ④$$

(1)の①②から n_A，n_B を求め，④に代入すれば p_2 が求まる

素過程への分解・分析
素過程1 ←状態方程式
素過程2 ←モル数不変 未知数と式の数はともに3つ
素過程1 ←状態方程式

【活用例題2】　　　　　　　　　岐阜県高校物理（1次）2011年度・改題（頻出・標準）

　図のような気球がある。気球内の空気の体積は $500\,\mathrm{m}^3$，気球内の空気を除く気球の質量は $150\,\mathrm{kg}$ である。気球内の空気は外部と自由に出入りができるため，気球内の空気圧と外気圧は常に等しいものとする。

　また，加熱装置により気球内の空気の温度を上昇させることができるものとする。ただし，気球の球体部分以外の体積は無視できるものとし，空気は理想気体として扱えるものとする。

　いま，外気の温度は $300\,\mathrm{K}$，外気圧は $1.0\times10^5\,\mathrm{Pa}$，外気の密度は $1.2\,\mathrm{kg/m^3}$ であり，気球内の空気の温度，気圧，密度も外気と同じ状態のままで気球は地表に静止しているとする。この状態から気球内の空気の温度を上昇させたところ，ある温度に達したときに気球は地表から上昇し始めた。重力加速度の大きさを $9.8\,\mathrm{m/s^2}$ とする。

(1) 気球が地表から上昇し始めたときの気球内の空気の密度を，次の①〜⑤のうちから1つ選べ。

　① $0.80\,\mathrm{kg/m^3}$　② $0.90\,\mathrm{kg/m^3}$　③ $1.0\,\mathrm{kg/m^3}$　④ $1.1\,\mathrm{kg/m^3}$　⑤ $1.2\,\mathrm{kg/m^3}$

(2) 気球が地表から上昇し始めたときの気球内の空気の温度を，次の①〜⑤のうちから1つ選べ。

　① $380\,\mathrm{K}$　② $390\,\mathrm{K}$　③ $400\,\mathrm{K}$　④ $410\,\mathrm{K}$　⑤ $420\,\mathrm{K}$

📖 **解説**　熱気球を加熱し上昇させていくときの気球内の密度と温度変化を求める問題である。また，気球に働く浮力に関するアルキメデスの原理の正しい理解，密度 ρ を用いた状態方程式の理解が必要である。したがって，以下の【素過程】を用いて問題を解くことができる。

【素過程1】力のつりあい　→　(1)
【素過程2】アルキメデスの原理：浮力は物体が押しのけた流体の重さに等しい　→　(1)
【素過程3】状態方程式　→　(2)

☞ **解答への指針**

(1) 気球内空気の密度を ρ として気球に働く力のつりあいの式を立てる

　下向きの力：気球装置の重力＋気球内空気の重力
　上向きの力：気球の浮力（＝気球が押しのけたまわりの空気の重さ）

(2) 気体の分子量を M，密度を $\rho\,[\mathrm{kg/m^3}]$ とすると，気体のモル数は $n=\dfrac{\rho V}{M}$ である。ρ を用いて気球が地上に静止しているときと上昇し始めたときの状態方程式を立てる。

素過程への分解・分析
素過程1
力のつりあい
素過程2
アルキメデスの原理
素過程3
状態方程式

【活用例題3】　佐賀県高校物理2011年度・改題（頻出・標準）

図のような半径 r の球状容器の中に，1分子あたりの質量が m の単原子分子 N 個からなる理想気体が n [mol] 入っている。各分子はすべて一定の速さ v で運動して，容器の壁面と完全弾性衝突を繰り返している。

ただし，分子どうしの衝突はないものとし，重力の影響は無視する。次の(1)〜(5)の各問いに答えよ。

図のように，1個の分子が入射角 θ で壁面に衝突した。

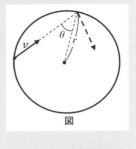

図

(1) 1個の分子が1回衝突するときの壁面に垂直な方向の運動量の変化の大きさはいくらか。
(2) 1個の分子の単位時間あたりの壁面への衝突回数はいくらか。
(3) 1個の分子が壁面に与える力はいくらか。

N 個の分子が壁面に及ぼす圧力を p，容器の体積を V，気体の温度を T とし，気体定数を R とする。

(4) p はいくらか。V, N, m, v を用いて答えよ。

📖 **解説**　気体を封入した容器は球形容器であるが，内容としては圧力を気体分子運動論から求めるという頻出問題である。運動量の変化を図から正しく求めることが必要であり，次の4つの【素過程】から構成される。

【素過程1】 完全弾性衝突　→　(1)
【素過程2】 運動量の変化は力積に等しい　→　(3)
【素過程3】 運動量変化の作図（ベクトルの合成）　→　(1)
【素過程4】 圧力の定義　→　(4)

☞ **解答への指針**　右図参照

(1) 中心Oに向かう成分の運動量変化 $= mv\cos\theta - (-mv\cos\theta)$
（中心に向かう向きを正として）

(2) 距離 $r\cos\theta \times 2$ だけ進むと壁に1回衝突する。

したがって単位時間の壁面との衝突回数は $v \div 2r\cos\theta$

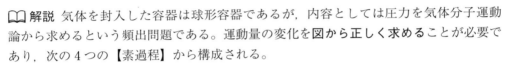

素過程への分解・分析
素過程1 完全弾性衝突
素過程3 運動量変化の作図
素過程2 運動量の変化は力積に等しい
【素過程4】 圧力の定義

(3) 1個の分子が1秒間に壁に与える力の大きさを f とすると，$f \times 1 = 2mv\cos\theta \times$（1秒間の衝突回数）

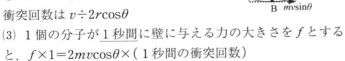
$$= 2mv\cos\theta \times \frac{v}{2r\cos\theta} = \frac{mv^2}{r}$$

(4) 分子は N 個あるので

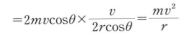
$$F = N \times f \quad \therefore \quad p = \frac{Nf}{4\pi r^2} = \frac{mNv^2}{3V}$$

（→容器の形状によらない結果が得られた）

第 2 章 熱 力 学

|解答例|

【活用例題 1】

(1) $\dfrac{p_B V_B}{V_A + V_B}$ (2) $\dfrac{p_B V_B}{(V_A + V_B) T_B} T$

【活用例題 2】

(1) ② (2) ③

【活用例題 3】

(1) $2mv\cos\theta$ (2) $\dfrac{v}{2r\cos\theta}$ (3) $\dfrac{mv^2}{r}$ (4) $\dfrac{mNv^2}{3V}$

実力錬成問題

1 図のように，容積 $2V_0$ の容器 A と容積 $5V_0$ の容器 B が，コックの付いた体積の無視できる細い管でつながれている。容器，細い管，コックは全て断熱材で作られており，A，B 内の気体は，それぞれ互いに独立に加熱することができるものとする。はじめ，コックは閉じられており，A には絶対温度 T_0 の単原子分子理想気体が n_0 [mol] 入っており B は真空である。気体定数を R として，次の各問いに答えよ。

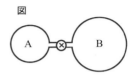

(1) はじめの状態で，A 内の気体の圧力を求めよ。
(2) コックを開いたところ，気体は B にも拡散した。この状態での A，B 内の絶対温度を求めよ。
(3) 次に，コックを開いたまま A，B の絶対温度をそれぞれ T_0，$2T_0$ に保った。この状態での A 内の気体の圧力を求めよ。

【富山県中高物理（1次）(2011年度）改】

2 地上にヘリウムガスのつまった気球が置かれている。内部のヘリウムガスを除いた気球の質量 M [kg]，空気の密度 ρ_0 [kg/m^3]，内部のヘリウムガスの密度 ρ [kg/m^3]，重力加速度の大きさを g [m/s^2] とする。気球下部のゴンドラの容積は無視できるほど小さく気球の容積は一定であるとする。

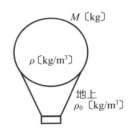

(1) 気球を浮揚させるには，気球の容積は何 m^3 以上にすればよいか答えよ。($\rho_0 > \rho$ とする）
(2) 空気の密度 1.30 kg/m^3，内部のヘリウムガスの密度 0.20 kg/m^3，内部のヘリウムガスを除いた気球の質量 1.00×10^2 kg，重力加速度の大きさ 9.8 m/s^2 のとき，気球を浮揚させるには，気球の容積を何 m^3 以上にすればよいか計算せよ。

【滋賀県高校物理（2010年度）改】

解法への指針

1 (1)【素過程（熱平衡状態→状態方程式）】
(2)(3)【素過程（密閉容器では気体のモル数は不変）】

2 (1)【素過程（力のつりあい（浮力と重力））】
(2)【素過程（熱平衡状態→状態方程式）】

3 熱力学第1法則

キーワードチェック

□内部エネルギー　□熱力学第1法則　□気体のする仕事　□定積変化, 定圧変化, 等温変化　□断熱変化　□定積モル比熱, 定圧モル比熱　□ポアソンの公式

ワンポイントチェック

① 熱運動をしている分子の [　　　] と分子間力による [　　　] を, すべての分子について加えたものを [　　　] という。

② 気体の内部エネルギーの増加 ΔU [J] は, 気体に加えられた熱量 Q [J] と与えられた仕事 W [J] を用いて $\Delta U=$ [　　　] と表せる。この関係式を [　　　] 法則という。この式は, 気体に関しての [　　　] 保存の法則を表す式である。

③ 圧力 p [N/m²] のままピストンをゆっくりと膨張させ, 体積が ΔV [m³] 増加したとき, 気体がした仕事 W は [　　　] [J] と表される。

④ 外部との熱のやりとりが無視できるような変化を [　　　] 変化という。この変化では, 内部エネルギーの増加 ΔU は [　　　] に等しい。断熱圧縮した場合は温度が [　　　] し, 断熱膨張した場合は温度が [　　　]。

⑤ 絶対温度 T [K] における単原子分子理想気体および2原子分子理想気体 n [mol] の内部エネルギー U は, それぞれ [　　　], [　　　] である。ただし, 気体定数を R [J/(mol・K)] とする。

⑥ 一定量の理想気体についての右の TV グラフ (図1) で, 過程 AB は [　　　] を表し, 過程 BC は [　　　] を表す。また, ボイルの法則にしたがう過程は [　　] であり, シャルルの法則を表す過程は [　　　] である。

⑦ 単原子分子理想気体では定積モル比熱 C_V, 定圧モル比熱 C_p は, それぞれ [　　　], [　　　] である。2原子分子理想気体の場合は $C_V=$ [　　　], $C_p=$ [　　　] である。

⑧ 断熱変化においては $T \cdot V^{\gamma-1}=$ 一定, $P \cdot V^{\gamma}=$ 一定 (ポアソンの公式) が成り立つ。このとき $\gamma=$ [　　　] である γ を [　　　] という。

解答例　① 運動エネルギー, 位置エネルギー, 内部エネルギー　② $Q+W$, 熱力学第1, エネルギー　③ $p\Delta V$　④ 断熱, 気体に加えられた仕事, 上昇, 下がる　⑤ $\frac{3}{2}nRT$, $\frac{5}{2}nRT$　⑥ 定圧, 定積, CA, AB　⑦ $\frac{3}{2}R$, $\frac{5}{2}R$, $\frac{5}{2}R$, $\frac{7}{2}R$　⑧ $\frac{C_p}{C_V}$, 比熱比

重要事項の解説

1 気体の内部エネルギー

熱運動をしている分子の**運動エネルギー**と分子間力による**位置エネルギー**とを，すべての分子について足し合わせたものを**内部エネルギー**という（図2）。理想気体では，分子は互いに力を及ぼし合うことなく自由に飛び交っており，位置エネルギーは無視できるので，内部エネルギーは分子の運動エネルギーだけの和となる。

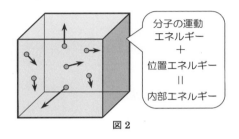

図2

公式 単原子分子理想気体 1 mol の内部エネルギー U [J]

分子運動論による絶対温度 T での単原子分子理想気体 1 mol の内部エネルギーは次のように表される。

$$U = N_A \times \frac{1}{2} m \langle v^2 \rangle = \frac{3}{2} RT \quad \cdots\cdots ①$$

ここで，N_A はアボガドロ数，R は気体定数である。

理想気体 n [mol] では，

$$U = \frac{3}{2} RT \, (1\,\text{mol}) \Longrightarrow U = \frac{3}{2} nRT \, (n\,[\text{mol}]) \quad \cdots\cdots ②$$

理想気体の内部エネルギーは $U = \frac{3}{2} nRT$ と表せ，**絶対温度とモル数（分子数）に比例する**。

ネオンやヘリウムのように1個の原子からなる分子を**単原子分子**，酸素や水素のように2個の原子からなる分子を**2原子分子**という（図3）。

単原子分子理想気体の内部エネルギーは①式（n [mol] の場合は②式）で表されるが，2原子分子の理想気体の場合は，分子の重心の**並進運動**のエネルギーのほかに，重心のまわりの**回転運動**のエネルギーが加わる。したがって，エネルギー等分配則から2原子分子の内部エネルギーは次式で表される（発展 p. 111 参照）。

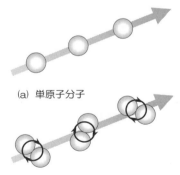

(a) 単原子分子

(b) 2原子分子　回転をしながら並進運動をする。

図3

第2章 熱力学

> **公式** 2原子分子理想気体1molの内部エネルギー U [J]
>
> エネルギー等分配則によると，絶対温度 T での2原子分子理想気体1molの内部エネルギーは次のように表される。
>
> $$U = N_A \frac{1}{2} m \langle v^2 \rangle = N_A \left(\frac{1}{2} k_B T \right) \times 5 = \frac{5}{2} RT \quad \cdots\cdots ③$$

ここで，k_B はボルツマン定数である。なお，2原子分子の場合の自由度は5であるから，1自由度あたりのエネルギー $\frac{1}{2} RT$ を5倍すればよい。

2 熱力学第1法則

【熱力学第1法則】

気体の内部エネルギーに関して，外部から加えた熱量を Q [J]，外部から与えた仕事を W [J]，内部エネルギーの増加を ΔU [J] とすると，これらの間には次の関係が成りたつ。

図4には，加えた熱をヒーターによる加熱で，気体にした仕事を手でピストンを押し込んだ様子で，さらに内部エネルギーの増加を温度計の目盛りの上昇で表している。

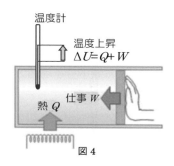
図4

> **法則** 熱力学第1法則
>
> 内部エネルギーの増加 ΔU [J] と加えた熱量 Q [J]，外部から与えられた仕事 W [J] との関係は次のように表される。
>
> $$\Delta U = Q + W \quad \cdots\cdots ④$$

④式は気体に関してのエネルギー保存の法則を表す式である。この関係を**熱力学第1法則**という。なお，④式を用いる際の熱量，仕事の正負について以下にまとめておこう。

熱量の正負	仕事の正負
加熱（気体が外部から熱をもらう）$Q > 0$	圧縮（気体が外から仕事をされる）$W > 0$
冷却（気体が外部へ熱を放出する）$Q < 0$	膨張（気体が外に仕事をする）$W < 0$

【気体のする仕事】

断面積 S [m²] の滑らかに動く気密なピストンをもつシリンダー内の気体に Q [J] の熱を与えたとき，体積が ΔV [m³] だけ膨張し，ピストンが Δx [m] だけ移動したとしよう。このとき，気体の圧力を p [N/m²] とすると，気体がピストンに及ぼす力は pS [N] であるから，気体はピストンに対して

$$pS \cdot \Delta x \text{[J]} = p \cdot \Delta V \text{[J]} \quad \cdots\cdots ⑤$$

の仕事をする（図5）。

気体が外部から受けた仕事 W は $-p \cdot \Delta V$ [J] であるから，内部エネルギーの増加 ΔU [J] は次式で与えられる。

$$\Delta U = Q - p \cdot \Delta V \quad \cdots\cdots ⑥$$

なお，気体が圧縮されるときは $\Delta V < 0$ と考えればよい。ここで，気体になされた仕事が $-p \cdot \Delta V$ [J]（マイナス記号）で表されることに注意しよう。

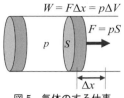
図5 気体のする仕事

$$W = -p \cdot \Delta V \begin{cases} \text{圧縮}(\Delta V < 0) \text{で} \\ W = -p \cdot \Delta V > 0 \\ \text{膨張}(\Delta V > 0) \text{で} \\ W = -p \cdot \Delta V < 0 \end{cases}$$

気体が外部にする仕事⑤は，図6(a)の pV グラフから長方形の面積で表されることがわかる。また，図6(b)のように圧力が変化する場合でも，AからBへ過程で気体の外部にする仕事 W は曲線ABで囲まれた pV グラフの面積で表される。

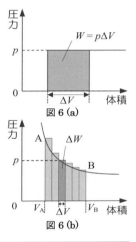
図6(a)

図6(b)

例題で確認

(1) n [mol] の理想気体の圧力を一定に保ったまま，温度を ΔT [K] 高めたときに，気体が外部にした仕事は $nR\Delta T$ [J] で表されることを示せ。

(2) 気体の温度を T [K] に一定に保ったまま気体の体積を増加させた場合，気体が外部にする仕事 W [J] を求めよ。

展開▶▶ (1) $\Delta(pV) = \Delta(nRT)$。ここで，p は一定，n, R は定数だから $\Delta W = p\Delta V = nR\Delta T$ [J]

(2) 気体のする仕事 W は $\int_{V_1}^{V_2} p \, dV$ で与えられ，pV グラフの下側の面積に等しい（図7）。等温変化の場合は

$$W = \int_{V_1}^{V_2} p \, dV = \int_{V_1}^{V_2} \frac{nRT}{V} dV = nRT \int_{V_1}^{V_2} \frac{1}{V} dV$$

$$= nRT \log_e \frac{V_2}{V_1} \text{[J]}$$

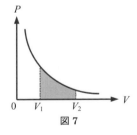
図7

③ 気体の状態変化

気体の状態（圧力，温度，体積）変化には，以下，詳しく示すように，4つの重要な変化がある。その特徴をよく理解することが大切である。

定積変化（体積一定）
定圧変化（圧力一定：シャルルの法則にしたがう変化）

第2章　熱力学

等温変化（温度一定：ボイルの法則にしたがう変化）
断熱変化（熱の出入りのない変化）

【定積変化（等積変化ともいう）】
　気体の体積を一定に保ったままの変化（等積変化）なので，気体が外にする仕事 W は 0 であり，与えられた熱量 Q だけ内部エネルギーは増加する（図8）。このとき，熱力学第1法則より定積変化において成り立つ関係式は次のようになる。

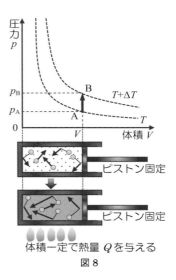

図8

> 法則　定積変化における熱力学第1法則
> 　　　$\Delta U = Q, \quad W = 0$ ……⑦

　⑦式より，外部から加えられた熱は100％気体の内部エネルギーの増加に使われる。

【定圧変化（等圧変化ともいう）】
　気体の圧力を一定に保ったままの変化（等圧変化）なので，気体は外部に仕事をする（図9）。したがって，熱力学第1法則より定圧変化において成り立つ関係式は次のようになる。

> 法則　定圧変化における熱力学第1法則
> 　　　$\Delta U = Q - p\Delta V$ ……⑧

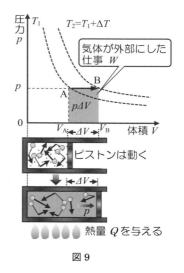

図9

　⑧式より，外部から加えられた熱は，一部気体の膨張に使用され，その残りが内部エネルギーの増加に使われる。なお，このとき状態方程式から，$p\Delta V = nR\Delta T$ が成り立つ。ΔT はこの変化における温度変化である。

【等温変化】
　気体の温度を一定に保ったままの変化（等温変化）なので，内部エネルギーの変化は $\Delta U = 0$ となり，気体が吸収した熱量 Q はすべて気体が外部にする仕事 W（pV 図の面積）となる（図10）。逆に，気体が外から仕事をされた場合は，そっくりそのまま熱量として放出される。
　したがって，熱力学第1法則より等温変化において成り立つ関係式は次のようになる。

3 熱力学第1法則

> [法則] 等温変化における熱力学第1法則
> $$\Delta U = 0, \quad Q + W = 0 \quad \cdots\cdots ⑨$$
> 【pV図の面積】

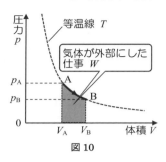

図 10

等温変化とは，ボイルの法則（$pV=k$（一定））が成り立つ変化である。したがって，この様子を表す pV グラフは反比例のグラフになる。

【断熱変化】

熱の出入りを断ったままの変化（**断熱変化**）なので，$Q=0$ である（図11）。したがって，熱力学第1法則より断熱変化において成り立つ関係式は次のようになる。

> [法則] 断熱変化における熱力学第1法則
> $$Q=0, \quad \Delta U = W \quad \cdots\cdots ⑩$$

⑩式より，気体が外部から仕事をされる（圧縮）とき，$\Delta U > 0$ となり気体の温度は上昇する。逆に気体が外部に仕事をする（膨張）とき，$\Delta U < 0$ となり気体の温度は下がる。

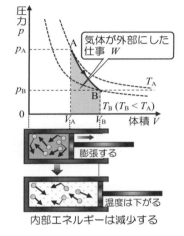

図 11

4 気体のモル比熱

1 mol の温度を 1K 高めるのに必要な熱量を**モル比熱**という。1 mol の気体に Q [J] の熱量を与えて，気体の温度が ΔT [K] 上昇したとき，気体のモル比熱（単位は [J/(mol·K)]）を求めよう。

> [定義] 気体のモル比熱の定義
> 気体のモル比熱を C とすると，モル比熱は次式で与えられる。
> $$C = \frac{Q}{\Delta T} \quad \cdots\cdots ⑪$$
> 【1K あたりの熱量 [J]】

ピストンを自由に動けるようにしたとき（定圧変化），熱力学第1法則より，$\Delta U = Q - p\Delta V$ が成り立つ。したがって，この関係を⑪式に代入して，

$$C = \frac{Q}{\Delta T} = \frac{\Delta U}{\Delta T} + p\frac{\Delta V}{\Delta T} \quad \cdots\cdots ⑫$$

この式から，モル比熱は，気体の体積を一定に保つ

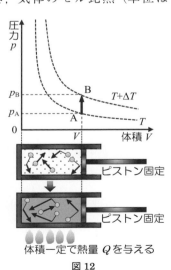

図 12

（右辺第2項が0）か，気体が自由に膨張できるようにするかによって異なることがわかる。すなわち，気体が膨張するときには外部に向かって仕事をするから，そのためのエネルギーを余分に与えなければならない。したがって，その分，比熱は大きくなる。

【定積モル比熱】体積を一定に保つ場合のモル比熱を**定積モル比熱**といい，C_Vで表す。この場合，$\Delta V=0$であるから，気体が外部にする仕事は0となり外部から与えた熱量は全て内部エネルギーの増加に使われる（図12）。したがって，

$$C_V = \frac{\Delta U}{\Delta T} \quad \cdots\cdots ⑬$$

が成り立つ。単原子分子の理想気体では，$\Delta U = \frac{3}{2}R\Delta T$（①式）から，

$$C_V = \frac{3}{2}R \approx 12.5\,\mathrm{J/(mol\cdot K)} \quad \cdots\cdots ⑭$$

となる。

【定圧モル比熱】気体が膨張できるようにした場合には，外部から与えた熱量の一部は気体が外部にする仕事のために費やされるから，体積を一定に保った場合よりも余分な熱量を与えなければならない。特に，圧力を一定に保った場合のモル比熱を**定圧モル比熱**といい，C_pで表す。表1に気体のモル比熱を示す。

理想気体では，温度がΔT[K]上昇したときに気体が外部にした仕事は$p\Delta V = R\Delta T$であるから，⑫式より

$$C_p = \frac{\Delta U}{\Delta T} + R \quad \cdots\cdots ⑮$$

表1　1気圧の下での気体のモル比熱　J/(mol·K)

物質（温度）		C_p	C_V	$C_p - C_V$
単原子分子	He(−180℃)	20.9	12.6	8.3
	Ne(19℃)	20.8	12.7	8.1
	Ar(27℃)	20.8	12.5	8.3
2原子分子	H₂(27℃)	28.9	20.5	8.4
	O₂(27℃)	29.4	21.1	8.3
	N₂(27℃)	29.2	20.8	8.4

となる。

気体の内部エネルギーは変化の過程に関係なく絶対温度だけで定まるから，⑬，⑮両式から定積モル比熱と定圧モル比熱については次の関係式が成り立つ。

$$C_p = C_V + R \quad \cdots\cdots ⑯$$

これを**マイヤーの関係式**という。

【参考】2原子分子理想気体の内部エネルギーと比熱

単原子分子の理想気体（1 mol）では，内部エネルギーは$U = \frac{3}{2}RT$であったが，2原子分子の理想気体（1 mol）の場合は，分子の重心の並進運動のエネルギーのほかに，重心のまわりの回転運動のエネルギーも加わり$U = \frac{5}{2}RT$で表わされた（図13）。

2原子分子理想気体の場合は，温度が上がると，さらに**原子間の振動運動の効果**も加

わり，内部エネルギーやモル比熱はさらに増加することが知られている。図14に水素分子（気体）の定積モル比熱の温度変化を示す。

単原子分子の運動は，並進運動しか自由度がない。しかし，2原子分子以上では自由度が大きくなる。2原子分子でも3種類の運動パターンがある。

図13

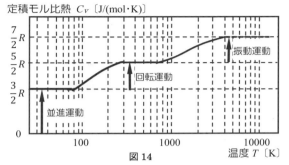

図14

> **例題で確認**
> 断熱変化において，温度と圧力の変化に関して次の関係式が成り立つことを証明せよ。
> $T \cdot V^{\gamma-1} = (一定)$，$P \cdot V^{\gamma} = (一定)$（ポアソンの公式），$\gamma = \left(\dfrac{C_p}{C_V}\right)$ この γ を比熱比という
> 【長崎県高校物理（2013年度）・改】

展開▶▶ 断熱変化では $Q = \Delta U + p\Delta V = 0$ が成り立つ。ここで，$\Delta U = C_V \Delta T$，$p = \dfrac{RT}{V}$ を代入して

$$C_V \Delta T + \dfrac{RT}{V} \Delta V = 0 \quad \text{ゆえに} \quad C_V \dfrac{\Delta T}{T} + R \dfrac{\Delta V}{V} = 0$$

両辺を積分すると $C_V \log_e T + R \log_e V = 一定$ が得られる。

この式にマイヤーの関係式 $R = C_p - C_V$ を代入し，さらに C_V で割り $\gamma = \dfrac{C_p}{C_V}$ を用いると，$\log_e T + (\gamma - 1)\log_e V = 一定$，すなわち，$T \cdot V^{\gamma-1} = (一定)$ を得る。

$T = \dfrac{pV}{R}$ を上式に代入すると $P \cdot V^{\gamma} = (一定)$ が得られる。なお，右辺の「一定」値は最初の状態で決まる値で，普遍定数ではない。

> **例題で確認**
> (1) 27℃の空気（比熱比 $\gamma = 1.4$）の体積が2倍に断熱的に膨張したときの温度を求めよ。
> (2) 27℃の空気の体積を0.1倍に断熱的に圧縮したときの温度を求めよ。

状況▶▶ ともに $T \cdot V^{\gamma-1} = (一定)$ を用いる。

展開▶▶ (1) $(27 + 273) \cdot V^{(1.4-1)} = (t + 273) \cdot (2V)^{(1.4-1)}$ を整理して $t = -43℃$ を得る。

この過程では70℃の温度降下がみられることになる。

(2) $(27 + 273) \cdot V^{(1.4-1)} = (t + 273) \cdot (0.1V)^{(1.4-1)}$ を整理して $t = 490℃$ を得る。

この過程では463℃の温度上昇がみられる。

(補足) (1) 上空に雲ができるのは地表付近で温められた湿った空気が膨張し，上昇気流とな

った結果である。夏の入道雲は積乱雲で，その上昇速度は $70\,\mathrm{km/h}\,(=20\,\mathrm{m/s})$ にも達する。このような急速に上昇する空気の塊は，上空での気圧の低下と相まって一気に**断熱的に膨張**すると考えられる。その結果，空気の塊の温度が下がり，水蒸気が水滴や氷晶となる。これが**積乱雲**の正体である。

Coffee Break 3　福沢諭吉の物理観

　福沢諭吉は，ファラデーの電磁誘導に文明開花の原理を見たといいます。福沢諭吉と電磁誘導，奇妙な取り合わせのような感じがしないでもありませんが，福沢諭吉と物理学，物理学に託した彼の想いを探ってみましょう。

　日本最初の科学読み物として，福沢諭吉は1868年「訓蒙 窮理図解」を著します。「窮理」とは，広い意味での物理学という意味です。ここには，数多くの挿し絵が用いられており，自然現象の原理が巧みに説明されています。では，この書物によって，福沢は何をめざそうとしたのでしょうか。

　「自然現象の原因と結果には，論理的なつながりがあること」を通して，日本人に「論理性」の重要性を示そうとしたのであり，そこには，物理の論理を理解することにより日本の非科学的な思考法からの脱皮が意図されていました。

　物理学を学ぶ意義について述べた箇所を，『福翁百余話』から引用しておきましょう。

　　「人間はすべて，経営の大本は自然の真理原則にあり，物理学はこの真理原則を教えるものである。……政治法律，商売工業のどの分野に進むにしても，学生は大本の物理学の勉強を忘れてはならない。」

　原因と結果とを結ぶ論理性の重視，これが最も自然な形で現れているものが物理学であり，この論理性の習熟こそが文明開化の最も根本をなすものでした。

活用例題で学ぶ知識の活用

【活用例題1】　　　　　　　　　　　　　青森県高校物理2012年度（頻出・標準）

図のように，滑らかに動くことができるピストン付きの円筒容器を鉛直に置いてある。この容器の中には窒素のみが充填されており，窒素は理想気体であると見なすことができ，標準状態における気体1molの体積をV_0，温度をT_0，圧力をP_0で表すものとする。

容器とピストンは断熱材でできており，ヒーターで中の窒素に熱を加えることができる。ピストンの断面積はS，ピストンの質量をM，最初のピストンの高さをL，容器の外の圧力はP_0，容器の中の最初の温度はT_0であった。なお，重力加速度をgで表すものとする。

次の(1)〜(3)に答えよ。また，(2)，(3)は結果だけでなく，考え方，計算過程等も書け。
(1) 容器内の最初の圧力Pを求めよ。
(2) 容器内の窒素の物質量nを求めよ。
(3) 次に，ヒーターから熱を加えたら，ピストンはゆっくりΔL上昇した。
　① このとき内部の窒素が外部にした仕事W_{out}を求めよ。
　② このとき窒素の内部エネルギーの増加ΔUを求めよ。
　③ このときに窒素にヒーターが与えた熱量Qを求めよ。

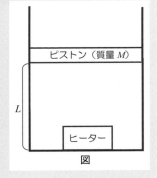
図

📖解説　熱力学第1法則から円筒容器内に閉じこめられた気体に熱を与えたときの温度，圧力などの状態量の変化，さらに外部にする仕事，内部エネルギーの変化を問う問題である。ただ，(1)の圧力を求める問題はピストンに働く力のつりあいの問題である。したがって，以下の一連の【素過程】の活用が解答への鍵となる。

【素過程1】静力学のつりあい　→　(1)
【素過程2】理想気体の状態方程式　→　(2)
【素過程3】熱力学第1法則　→　(3)③
　【素過程3-1】気体のする仕事　→　(3)①
　【素過程3-2】2原子分子気体の内部エネルギー　→　(3)②

熱力学第1法則は内部エネルギー，気体が得た熱量（放出した熱量），気体がした仕事（なされた仕事）という3つの物理量に関する関係式であるから，どの物理量に着目するかが重要である。さらに，(3)での「ゆっくりと変化した」とは，定圧変化（外圧とつり合いながらの変化）を指している。

第2章 熱力学

☞ 解答への指針

(1) ピストンは静止（つり合い）の状態にあるから，ピストンに働く力のつり合いの式を立てる。
$$P_0 S + Mg = PS$$

(2) 気体の熱力学的状態は（圧力 P，体積 $S \cdot L$，温度 T_0，モル数 $n \to$ 未知数）であることに注意して状態方程式を立てる。

(3) ① 気体が外部にする仕事 $W = P \times \Delta V$
② 窒素は2原子分子である点に注意。
③ 熱力学第1法則 $\Delta U = Q + W$ から Q が求まる。特に，W の正負の符号に注意する必要がある。

素過程への分解・分析
(1) 素過程1 静力学のつり合い
(2) 素過程2 理想気体の状態方程式
(3)
① 素過程3-1 気体のする仕事
② 素過程3-2 2原子分子気体の内部エネルギー
③ 素過程3 熱力学第1法則

【活用例題2】　　　　　　　　　　奈良県高校物理2012年度・改題（頻出・標準）

なめらかに動くピストン付きシリンダー内の $1\,\mathrm{mol}$ の単原子分子の理想気体（以下この問題では気体という）が，図のように状態Aから $A \to B \to C \to A$ と1巡する熱機関がある。状態Aと状態Bの体積はそれぞれ $V_0\,[\mathrm{m^3}]$ であり，状態Aと状態Cの圧力はそれぞれ $P_0\,[\mathrm{Pa}]$ である。また，状態Bの圧力は $5P_0\,[\mathrm{Pa}]$，状態Cの体積は $5V_0\,[\mathrm{m^3}]$ であり，$B \to C$ の過程では気体の温度が一定に保たれている。各問いに答えよ。

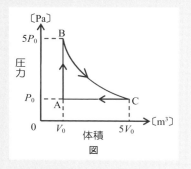
図

(1) $A \to B$ の過程における，気体の内部エネルギー増加量 $[\mathrm{J}]$ を求めよ。
(2) $C \to A$ の過程における，気体が得た熱量 $[\mathrm{J}]$ を求めよ。
(3) この $A \to B \to C \to A$ の過程の変化を，横軸に絶対温度 T，縦軸に体積 V をとったグラフで表せ。ただし，状態Aの絶対温度を $T_0\,[\mathrm{K}]$ とし，グラフに状態を示すA，B，Cの文字をかき，それぞれの状態の体積，絶対温度を V_0，T_0 を用いて記入せよ。
(4) この $A \to B \to C \to A$ の過程を1巡する間に気体が外部にした正味の仕事の大きさを表す部分を，上のグラフに斜線で示せ。
(5) この $A \to B \to C \to A$ の過程を1巡する間に気体が外部にした正味の仕事 $[\mathrm{J}]$ を求めよ。ただし，$B \to C$ の過程で気体が外部にした正味の仕事は $14P_0V_0\,[\mathrm{J}]$ である。

📖 解説　1巡する熱機関の pV グラフから，各過程において気体の受け取る熱量，気体のなす仕事，気体の内部エネルギーの変化などを求める問題である。したがって，熱力学第1法則の運用が鍵になる。同時に，気体が外部にする仕事が pV グラフのどこに示されるか，さらには，グラフから各過程の熱的変化の様子を正しく読み取る必要がある。なお，各状態での圧力，体積，温度という熱力学的状態量はボイル・シャルルの法則を使って求める。各問の素過程は以下の通りである。

【素過程1】 状態方程式 → (1), (2), (3)
【素過程2】 熱力学第1法則 → (1), (2)
　【素過程2-1】 定積変化：$W=0$, 等温変化：$\Delta U=0$ → (2), (3)
　【素過程2-2】 単原子分子気体の内部エネルギーと比熱 → (1)
　【素過程2-3】 気体のする仕事は pV 図の面積 → (2), (4), (5)

☞ 解答への指針

(1) AとBにおける温度 T_A, T_B を状態方程式から先に求めておく。
pV グラフより A→B の過程は**定積変化**。内部エネルギーの増加量は，熱力学第1法則，定積モル比熱を適用し，
$$\Delta U = Q + W = Q + 0 = C_V \Delta T$$
から求める。

(2) pV グラフより C→A の過程は**定圧変化**。また，熱力学第1法則 $\Delta U = Q + W$ を用いるが，気体は外から仕事 W をされるので $W > 0$ である点に注意。なお，定圧変化では，気体のされた仕事は $-p \cdot \Delta V$ で表される。

(3) A→B：定積変化，B→C：等温変化，C→A：定圧変化に気をつけて TV グラフを書く（→ワンポイントチェック⑥参照）。

(4) 気体が外にする仕事は pV グラフの面積で表される。

(5) B→C では外に $14P_0V_0$, C→A では外から $4P_0V_0$, したがって気体が正味，外にした仕事は $10P_0V_0$

素過程への分解・分析
(1)
素過程1　状態方程式
素過程2　熱力学第1法則
素過程2-2　単原子分子気体の内部エネルギーと比熱
(2)
素過程2　熱力学第1法則
素過程2-3　気体のする仕事は pV グラフ面積
(3)
素過程1　状態方程式
(4)(5)
素過程2-3　気体のする仕事は pV グラフの面積

【活用例題3】　　　　　　　　　　　広島県高校物理2013年度（新傾向・標準）

　右の図は n [mol] の単原子分子の理想気体の圧力と体積の変化を示したものである。図のように，気体の状態を A→B→C→D→A と変化させた。状態 A の圧力は p [Pa]，体積は V [m³] である。また，状態 C→D の変化は断熱変化である。断熱変化では，圧力 p_0 と体積 V_0 の間に $p_0 V_0^{\frac{5}{3}} = $ 一定という関係が成り立つものとする。これについて，次の(1)(2)に答えよ。

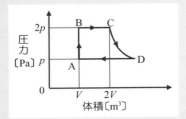

(1) この1サイクルの間で，気体が熱を吸収するのは A→B, B→C, C→D, D→A のどの過程か。すべて書け。また，そのとき気体が吸収する熱量はいくらか，求めよ。その際，求め方も書け。

(2) この1サイクルの間に，気体が外部にした仕事の総和はいくらか，求めよ。その際，求め方も書け。

第2章 熱力学

📖 **解説** 熱機関の1サイクルにおいて，各過程で気体が吸収した熱量，また1サイクルの間に気体の外部にした仕事の総和を求める問題である。まずは各状態での状態量（p, V, T）を明らかにし，各過程の熱的変化の様子を正しく読み取ったうえで，熱力学第1法則，および比熱の定義を用いる。同時に，断熱変化を含むのでポアソンの公式を使うことも必要になる。さらには，単原子分子理想気体の内部エネルギー，および定積・定圧モル比熱など本問題は熱力学の知識を総動員しなければならない。知識の整理と設問毎の【素過程】をしっかりと把握することが解法への第一歩である。

【素過程1】状態方程式 → (1), (2) 〈各状態での温度と体積を求める〉
【素過程2】ポアソンの公式 → (1), (2) 〈C→D過程（断熱変化）で適用する〉
【素過程3】熱力学第1法則 → (1), (2)
【素過程4】単原子分子理想気体の内部エネルギーと比熱 → (1), (2)
【素過程5】気体のする仕事 → (2)

☞ **解答への指針**

(1) 状態方程式を使ってB，C，D点での状態量（温度，圧力，体積）を求めておく。

- C→D（断熱変化）：ポアソンの公式から T, V を求める。
- A→B（定積変化）：$Q_{AB}=C_V \varDelta T=\dfrac{3}{2}nR\varDelta T_1$ を求めればよい。
- B→C（定圧変化）：$Q_{BC}=C_p \varDelta T=\dfrac{5}{2}nR\varDelta T_2$

なお，C→D では $Q=0$，D→A では温度降下。すなわち，放熱している点に注意。

(2) C→D では $Q=0$ だから $\varDelta U=W$。したがって，$\varDelta U$ を求めればよい。単原子分子の内部エネルギーから

$$\varDelta U=\frac{3}{2}nR(4T-T_D)$$

また，ポアソンの公式（$p_0 V_0^{\frac{5}{3}}=$一定）から，$V_D=2^{\frac{8}{5}}V$ が得られる。D点での状態方程式を使えば $T_D=2^{\frac{8}{5}}T$ が得られる。

$W=W_{BC}+W_{CD}+W_{DA}$ で外部にする仕事を正に取る。なお，

$$\begin{cases} W_{BC}=2pV \\ W_{CD}=\dfrac{3}{2}nR\varDelta T=\dfrac{3}{2}nR(4T-2^{\frac{8}{5}}T)=\dfrac{3}{2}(4-2^{\frac{8}{5}})pV \\ W_{DA}=-p\varDelta V=-p(2^{\frac{8}{5}}V-V)=(1-2^{\frac{8}{5}})pV \end{cases}$$

素過程への分解・分析

(1) まずは，各過程の変化の特徴をつかむ。その上で各素過程の活用。

素過程1 状態方程式
素過程2 ポアソンの公式
素過程3 熱力学第1法則
素過程4 単原子分子理想気体の内部エネルギーと比熱

(2)
素過程2 ポアソンの公式
素過程3 熱力学第1法則
素過程4 単原子分子理想気体の内部エネルギーと比熱
素過程5 気体のする仕事

与えられた物理量は圧力と体積，そしてモル数。解答はこれらの物理量で表記すること。

解答例

【活用例題1】

(1) $P_0 + \dfrac{Mg}{S}$　(2) $\dfrac{P_0S+Mg}{P_0V_0}L$　(3) ① $(P_0S+Mg)\Delta L$　② $\dfrac{5}{2}(P_0S+Mg)\Delta L$

③ $\dfrac{7}{2}(P_0S+Mg)\Delta L$

【活用例題2】

(1) $6P_0V_0$〔J〕　(2) $-10P_0V_0$〔J〕　(3) 下図左　(4) 下図右　(5) $10P_0V_0$〔J〕

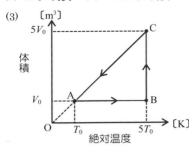
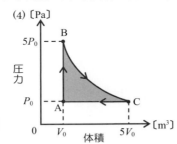

【活用例題3】

(1) A→B：$\dfrac{3}{2}pV$　B→C：$5pV$

(2) $2pV + \dfrac{3}{2}(4-2^{\frac{8}{5}})pV + (1-2^{\frac{8}{5}})pV = \left(9 - \dfrac{5}{2}\cdot 2^{\frac{8}{5}}\right)pV = (9 - 5\cdot 2^{\frac{3}{5}})pV$

実力錬成問題

1 図は単原子分子の理想気体1モルの状態を，A→B→C→D→Aと変化させたときの，圧力と体積の関係を示している。状態Aの絶対温度は T であったとして次の問いに答えよ。ただし，気体定数は R とする。

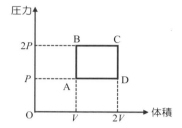

(1) 状態Cの絶対温度を求めよ。
(2) A→Bの過程で，気体が吸収した熱量を求めよ。
(3) B→Cの過程で，気体の内部エネルギーの変化を求めよ。
(4) B→Cの過程で，気体が外部にした仕事を求めよ。
(5) D→Aの過程で，気体が放出した熱量を求めよ。

【兵庫県高校物理（2012年度）改】

2 図はなめらかに動くピストンがついた円筒容器内に入っている n モルの単原子分子の理想気体の圧力 P [Pa] と体積 V [m³] の関係を示したものである。

このことについて下の(1)〜(4)の問いに答えよ。ただし，気体定数は R [J/(mol·K)] とする。

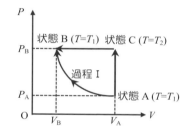

(1) 状態Aから状態Bへ変化する過程Ⅰにおいて，気体が外部からされた仕事 W_1 [J] と，外部から吸収する熱量 Q_1 [J] との間に成り立つ関係式はどれか。次のa〜dから一つ選べ。
  a $W_1 = Q_1$　　b $W_1 = -Q_1$　　c $W_1 = 2Q_1$　　d $W_1 = -2Q_1$

(2) 状態Aから状態Cへ変化する過程において，気体が外部から吸収した熱量 [J] はいくらか。次のa〜dから一つ選べ。

  a $\dfrac{3}{2}nR(T_2 - T_1)$ 　　　　　b $\dfrac{5}{2}nR(T_2 - T_1)$

  c $\dfrac{3}{2}nR(T_1 - T_2)$ 　　　　　d $\dfrac{5}{2}nR(T_1 - T_2)$

(3) 状態Cから状態Bに変化する過程において気体が外部からされた仕事 [J] はいくらか。次のa〜dから一つ選べ。
  a $P_B(V_A - V_B)$　　　　　　b $-P_B(V_A - V_B)$
  c $2P_B(V_A - V_B)$　　　　　d $-2P_B(V_A - V_B)$

(4) 状態Aから状態Cを経由して状態Bに変化する過程において，気体が外部から吸収する熱量 [J] はいくらか。次のa〜dから一つ選べ。
  a $P_B(V_A - V_B)$　　　　　　b $-P_B(V_A - V_B)$

c　$2P_B(V_A - V_B)$　　　　　　　　d　$-2P_B(V_A - V_B)$

【高知県高校物理（2011年度）改】

3 次の①〜④に答えよ。ただし，気体は理想気体であるものとし，気体1 molの質量をM [kg]，気体定数はR [J/(mol·K)]とする。また，④は結果だけでなく，考え方，計算過程等も書け。

① T [K]，n [mol] の気体の体積がV [m³]であるとき，気体の圧力P [N/m²]をn，V，T，Rで表せ。

② T [K]における，この気体の密度ρ [kg/m³]をMと①のn，Vを用いて表せ。

③ 温度t [℃]（$=T$ [K]）における音速をv [m/s]，温度0℃（$=T_0$ [K]）における音速をv_0とするとき，$v = v_0\sqrt{\dfrac{T}{T_0}}$と表せることを説明せよ。ただし，圧力を$P$ [N/m²]，密度をρ [kg/m³]，気体の比熱比をγとするとき，音速は$v = \sqrt{\gamma\dfrac{P}{\rho}}$で与えられるものとする。

④ 気温t [℃]における音速が$v = 331.5 + 0.61 \times t$ [m/s]であることを導け。
　　ただし，$T_0 = 273$ K，$t \ll 273$℃，0℃における音速を331.5 m/sであるものとする。

【青森県高校物理（2013年度）】

解法への指針

1 (1)【素過程（状態方程式）】 (2)〜(5)【素過程（状態方程式）】，【素過程（熱力学第1法則 $\Delta U = Q + W$）】，【素過程（内部エネルギー $U = \dfrac{3}{2}nRT$）】，【素過程（気体の外部にする仕事 $W = P\Delta V$）】

2 (1)〜(4)【素過程（熱力学第1法則 $\Delta U = Q + W$）】，【素過程（内部エネルギー $U = \dfrac{3}{2}nRT$）】，【素過程（等温変化 → $\Delta U = 0$，定積変化 → $\Delta V = 0$）】，【素過程（気体の外部にする仕事 $W = P\Delta V$）】

3 【素過程（状態方程式 $pV = nRT$）】，【素過程（ρ [kg/m³] × V [m³] ÷ M [kg] = n [mol]）】，【素過程（近似公式 x が十分に小さいとき，$\sqrt{1+x} \fallingdotseq 1 + \dfrac{1}{2}x$）】

4 熱力学第2法則と熱機関

キーワードチェック

□可逆変化　□不可逆変化　□熱力学第2法則　□熱機関　□熱効率
□第1種永久機関　□第2種永久機関　□乱雑さ　□エントロピー

ワンポイントチェック

① 外界に何らの変化も残さないで元の状態に戻すことができる変化を [　　　] 変化という。逆に，外界に何らかの変化を残さなければ元の状態に戻すことができない変化を [　　　] 変化という。

② 熱は，高温物体から低温物体へ移動し，自然に低温物体から高温物体へ移動することはない。これを [　　　] 法則という。

③ 熱エネルギーを繰り返して仕事に変える装置を [　　　] という。たとえば，ガソリン機関，ディーゼル機関，蒸気機関などである。

④ 外部から何も受け取らずに，仕事を生み出す装置を [　　　] 永久機関という。このような熱機関は，[　　　] 法則（エネルギー保存則）に反するので作ることはできない。

⑤ 熱力学第1法則は満たすが，熱力学第2法則に反する装置を [　　　] 永久機関という。経験的にこのような永久機関をつくることは（不可能，可能）*であるとされている。*不可能，可能から適当な語句を選べ

⑥ 熱エネルギーを仕事に変えるために，熱機関のシリンダー内に取り入れた物質を [　　　] 物質という。熱機関の熱効率は，いかなる [　　　] 物質を使おうと決して [　　　] にはならず，常にこの値より [　　　]。

⑦ 不可逆変化を分子や原子の運動にまで目を向けたとき，[　　　] ある状態から [　　　] な状態への変化，またはより [　　　] が増すような向きへの変化ととらえることができる。この乱雑さを表す物理量が [　　　] である。

解答例　① 可逆，不可逆　② 熱力学第2　③ 熱機関　④ 第1種，熱力学第1　⑤ 第2種，不可能　⑥ 作業，作業，1（または100％），小さい　⑦ 秩序，無秩序，乱雑さ，エントロピー

重要事項の解説

1 可逆変化と不可逆変化

【可逆変化】
　真空中で摩擦の無視できる支点につり下げられた振り子を振ると，おもりは元の位置に戻ってくる。このように**外界に何らの変化も残さずに，元の状態に戻ることができる変化**を**可逆変化（可逆過程）**という。空気の抵抗を無視したときの落下運動や放物運動も可逆変化である。

　一般に，保存力だけを受けている物体の運動は可逆変化であり，可逆変化では常に力学的エネルギー保存の法則が成り立っている。

【不可逆変化とその例】
（例1）熱の移動

　コップに入れた熱湯を室内に放置しておくと，熱湯は周りの空気に熱を放出し，冷えて水になる。逆に，コップに入れた水を室内に放置しておいても，周りの空気から熱を吸収して熱湯になるという変化は起こらない（図1）。

　すなわち，高温物体と低温物体を接触させておくと，熱は高温物体から低温物体へと移動し，両者が等しい温度になったとき，熱の移動は止まる。逆に，熱がひとりでに低温物体から高温物体へ流れ込み，低温物体はますます低温に，高温物体はますます高温になるということは起こらない（図2）。

　また，熱平衡の状態から，ひとりでに，一方が低温に，他方が高温になるということも起こらない。

（例2）摩擦があるときの物体の運動

　机の上で物体を滑らすとしだいに遅くなり，やがては止まってしまう。このとき発生した熱が再び運動エネルギーに戻って物体を走らせるようなことは起こらない。

　振り子の運動も，現実には空気の抵抗のため，振幅が次第に小さくなりやがては止まる。これらの現象は，たとえ時間の流れを逆にしたとしても決して現実には起こりえない。

　このように，摩擦のある物体の運動は不可逆現象であり，物体は摩擦力や空気抵抗に逆らって動くため，力学的エネルギーは消費され，その一部は物体の内部エネルギーの増加に使われ，物体自身の温度が上がることになる。

このように，一般に，**熱の発生をともなう現象は不可逆変化**だといえる。

（例3）気体の拡散

部屋の隅で一滴の香水を落とすと，香水は蒸発して，その香りが次第に部屋いっぱいにひろがる。この現象を**拡散**という。部屋いっぱいにひろがった香水の香りの分子が，すべてまた1点に集まって1滴の液体に戻ることはない。すなわち，拡散もまた**不可逆変化**である（図3）。

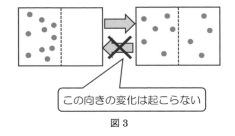

図3

以上，熱の移動，摩擦があるときの物体の運動，気体の拡散を通して不可逆変化の例を見てきたが，ここでは不可逆変化について以下のようにまとめておこう。

> **定義** 不可逆変化
> 　人為的に手を加えなければ（自然のままでは），元の状態に戻ることのない変化を不可逆変化（不可逆過程）という。

2 熱力学第2法則

熱の移動，摩擦をともなう物体の運動や拡散などの現象は不可逆変化であった。「**自然現象はすべて不可逆変化である**」ことを認める法則が**熱力学第2法則**の立場である。

熱力学第1法則は「自然界でおこる現象は，すべてエネルギーの総和が一定に保たれている」ことを示す法則であった。しかし，エネルギーが一定に保たれてさえいれば，その現象が自然界で起こるかと言えばそうではない。熱の移動のように現象の変化の向きが指定されるような変化もある。

このように，**自然現象の変化の向きを指定する法則が熱力学第2法則**だといえる。

熱力学第2法則も熱力学第1法則と同様に，さまざまな経験事実や実験などから帰納された法則であるから，いろいろな表現の仕方がある。ここでは，代表的な2つを示す。

> **法則** 熱力学第2法則（クラジウスの原理）
> 　熱が低温の物体から高温の物体へと，ひとりでに移ることはない

> **法則** 熱力学第2法則（トムソンの原理）
> 　外から受け取った熱量を全部仕事に変えることはできない

これら2つの原理は，一見，違った内容を表しているように見えるが，実は物理的に等価であることがわかっている。

3 不可逆変化の本質

「熱の移動」と「摩擦がある場合の物体の運動」を例に不可逆変化の本質について考

えよう。

> **例題で確認** 「熱の移動」と「摩擦がある場合の物体の運動」という2つの不可逆変化で共通していることは何か。"分子の熱運動"をキーワードにして説明せよ。

状況▶▶ 熱の移動をはじめ，不可逆変化で共通していることは，分子の熱運動の不規則さの程度が増加する向き，すなわち個々の分子の運動の「乱雑さ」が増加し，ますます無秩序になる向きに現象が進行するということである（下図参照）。

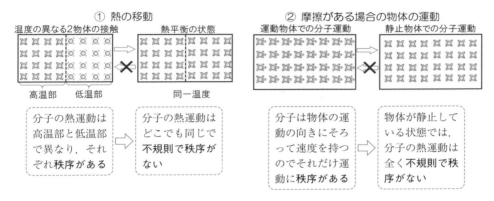

展開▶▶ 不可逆変化を物体を構成している分子や原子の運動にまで目を向けたとき，**秩序ある状態から無秩序な状態への変化**，またはより乱雑さが増すような向きへの変化ととらえることができる。

「熱が低温の物体から高温の物体へと，ひとりでに移ることはない」という熱力学第2法則は「秩序ある状態は，無秩序な状態に移りやすい。逆に，無秩序な状態がひとりでに秩序ある状態になることはない」と言い換えることができる。

熱力学第1法則だけでは，自然界に起こる変化の向き（実際に起こる現象の向き）までは示すことはできないが，この役目を担った「**自然界の変化の向きを示す法則**」が熱力学第2法則である。

4 熱機関と熱効率
【熱機関の宿命】

熱を連続的に継続して，仕事に変える装置を**熱機関**という（図4）。熱力学第2法則をトムソンの表現を借りれば，「外から受け取った熱量を全部仕事に変えることはできない」となり，したがって熱機関としては，「高温部から熱量を受け取るが，受け取った熱量を100%仕事に変換することはできず，低温部にいくらかを捨てなければならない」という限界を持つことになる。

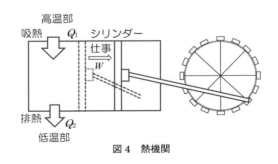

図4 熱機関

【熱機関の効率】

いまある熱機関が 1 サイクルの間，高温部（温度 T_1）から受け取った熱量を Q_1，低温部（温度 T_2）に放出した熱量を Q_2 とすると，外部にした仕事 W はエネルギー保存則から $W = Q_1 - Q_2$ と表すことができる（図 5）。

このとき，この熱機関の能率を表す**熱効率** η を次のように定義する。

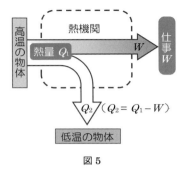

図 5

> **定義** 熱機関の熱効率
>
> 受け取った熱量 Q_1 [J] と外部にした仕事 W [J] との比を**熱効率**という。
>
> $$\eta = \frac{W}{Q_1} = \frac{Q_1 - Q_2}{Q_1} = 1 - \frac{Q_2}{Q_1} \quad \cdots\cdots ①$$

$Q_2 < Q_1$ であるから η は常に 1 より小さいことがわかる。表 1 に代表的な熱機関の熱効率を示す。

表 1

熱機関	熱効率
蒸気機関	0.1～0.2
ガソリン機関	0.2～0.3
ディーゼル機関	0.3～0.4

【補足】

外部からエネルギーを受け取ることなく仕事をし続けることのできる装置を**永久機関**とよぶ。永久機関の発明は人類の永年の夢であったが，残念ながらどの装置も物理学の基本法則に反するものであった。

特に，外部から何も受け取らずに外に仕事を生み出す装置（**第 1 種永久機関**という）は熱力学第 1 法則（エネルギー保存則）に反する。エネルギー保存則は満たすが，熱力学第 2 法則に反する装置（**第 2 種永久機関**という）も含め，熱力学第 1，第 2 の 2 つの法則によって第 1 種，2 種いずれの永久機関も存在しないことが示された。

5 熱力学第 2 法則の微視的解釈

熱力学第 2 法則は熱機関の原理を詳しく研究する過程で確立された。この法則の発見によって，**エントロピー**などの重要な概念が得られ，絶対温度が導入された。その後，統計力学の発展によって，熱力学第 2 法則が多数の分子の熱運動がもたらす"**無秩序さ**"や"**乱雑さ**"という概念と結びつけて理解されるようになった。この分子集団の無秩序さや乱雑さの程度を定量的にあらわす物理量が**エントロピー**である。以下，気体の拡散に関する例題を通して，熱力学第 2 法則を微視的に解釈してみよう。

> **例題で確認** 図 6 のように箱の中央を板で仕切り 2 つの部屋 A，B を作り，10 個の気体分子が A に 10 個，B には入っていない状態を考える。このとき，箱の中央の小さな穴をあけ十分に時間がたったとき，箱 A に i 個（$0 \leq i \leq 10$）の分子が入っている確率 p_i（$i = 0, 1, 2\cdots, 10$）を求めよ。

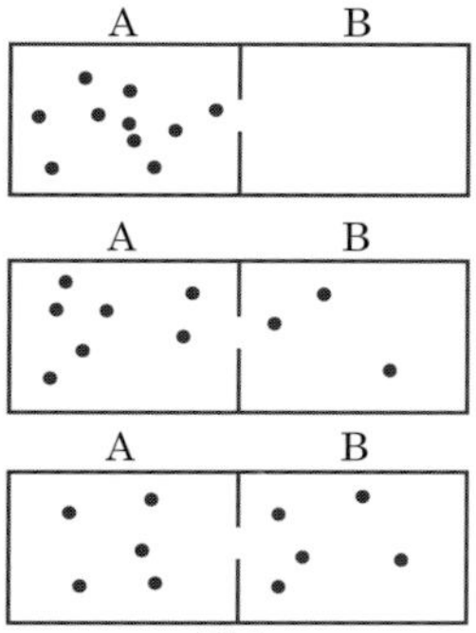

4 熱力学第2法則と熱機関

状況▶▶ 板に穴をあけ，十分に時間がたったとき，<u>Aに10個，Bに0個となる状態が現れる確率 p_{10} は $\dfrac{1}{2^{10}}$，Aに1個，Bに9個となる状態が現れる確率 p_2 は $\dfrac{10}{2^{10}}$，一般にAにi個，Bに (10−i) 個の分子が入る確率 p_i は $p_i={}_{10}C_i\left(\dfrac{1}{2}\right)^i\left(\dfrac{1}{2}\right)^{10-i}$ で与</u>えられる。どの場合の確率が最も大きいかを考える。確率の大きさが出現する現象の割合（頻度）を表している。

展開▶▶ 部屋A（B）にある分子数が N_A（N_B）である状態が現れる確率 $p_i={}_{10}C_i\left(\dfrac{1}{2}\right)^i\left(\dfrac{1}{2}\right)^{10-i}$（i=0，1，2 …，10）の値を下の表に示す。

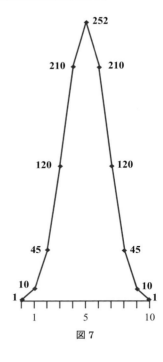

図6

N_A	10	9	8	7	6	5	4	3	2	1	0
N_B	0	1	2	3	4	5	6	7	8	9	10
p_i	$\dfrac{1}{2^{10}}$	$\dfrac{10}{2^{10}}$	$\dfrac{45}{2^{10}}$	$\dfrac{120}{2^{10}}$	$\dfrac{210}{2^{10}}$	$\dfrac{252}{2^{10}}$	$\dfrac{210}{2^{10}}$	$\dfrac{120}{2^{10}}$	$\dfrac{45}{2^{10}}$	$\dfrac{10}{2^{10}}$	$\dfrac{1}{2^{10}}$

横軸に部屋Aにある分子数，縦軸に「A（またはB）の部屋に入る**場合の数**」を取った折れ線グラフが図7である。図7から，A，Bの部屋に入る分子数が等しくなるような状態の出現する確率が最も大きくなり，分子数が非常に大きな数になると，$N_A=N_B$ なる状態が出現する確率はほとんど1になる。

分子の総数が大きくなるにつれて，グラフの山の幅が狭く，高く鋭くなる。つまり，A，B同数の分子が入る確率が他の場合に比べて著しく大きくなる。

総数が $1L$ 中に 10^{22} 個程度の分子が存在するような場合では，ほとんど $N_A=N_B$ の近くだけが0でないグラフになる。したがって，A，Bにほぼ同数の分子が入るような変化だけが起こり，その逆向きの変化は事実上起こらない。

このように，**個々の分子の運動は可逆的であっても，非常に大きな分子の集団では，出現確率の最も大きい状態，つまり乱雑な状態になろうとする。**これが分子運動の立場からみた不可逆変化であり，熱力学第2法則の確率論的な解釈である。熱が高温物体から低温物体にしか流れないのも同じ理由による。

図7

第2章　熱力学

活用例題で学ぶ知識の活用

【活用例題1】　　　　　　　　　　　　　栃木県高校物理2011年度（新傾向・標準）

　n [mol]の単原子分子の理想気体（以下気体とよぶ）を用いた熱機関がある。図は，この熱機関が動作しているときの，気体の圧力と体積の変化の様子を表しており，気体は，状態A→状態B→状態C→状態Aの状態変化を繰り返している。なお，状態A（圧力 P_0，体積 V_0）から状態B（圧力 $4P_0$，体積 V_0）までは定積変化，状態Bから状態C（圧力 P_0，体積 $4V_0$）までは等温変化であり，状態Cから状態Aまでは定圧変化である。このことについて，下の1から5の問いに答えよ。ただし，気体定数を R とする。

1　状態A，状態Bにおける気体の絶対温度はそれぞれいくらか。
2　状態Aから状態Bまでの過程における，気体の内部エネルギーの変化はいくらか。
3　状態Bから状態Cまでの過程について，次の(1)，(2)，(3)の問いに答えよ。
(1) 気体の内部エネルギーの変化はいくらか。
(2) 気体が外部に対してする仕事はいくらか。
(3) 気体のエントロピーの変化はいくらか。
4　状態Cから状態Aまでの過程で，気体が放出する熱はいくらか。
5　この熱機関の熱効率を求めよ。ただし，状態Aから状態Bまでの過程で気体が吸収する熱を Q_{AB}，状態Bから状態Cまでの過程で気体が吸収する熱を Q_{BC}，状態Cから状態Aまでの過程で気体が放出する熱を Q_{CA} とし Q_{AB}，Q_{BC}，Q_{CA} のみを用いて表せ。

📖**解説**　定積変化→等温変化→定圧変化という1サイクルの間に，熱機関が外部にした仕事，内部エネルギーの変化とエントロピーの変化，そして熱機関の熱効率を問う問題である。まずは，

　① A，B，Cの3つの状態での状態量（圧力，体積，温度）を明らかにする
　② 各過程の熱的変化については熱力学第1法則を適用する

その上で，熱機関の熱効率やエントロピーについては，その定義に関する理解もまた必要になる。なお，各設問の解法の鍵になる【素過程】は以下の6つである。

【素過程1】理想気体の状態方程式　→　1
【素過程2】熱力学第1法則　→　2
【素過程3】気体のする仕事　→　2，3(2)

140

【素過程4】単原子分子気体の内部エネルギーとモル比熱 → 2, 3(1), 4

【素過程5】熱力学的エントロピーの定義 $\left(\Delta S=\int \dfrac{dQ}{T}\right)$ → 3(3)

【素過程6】熱効率の定義 → 5

☞ 解答への指針
1 A点，B点での状態方程式を立てる。
2 熱力学第1法則から $\Delta U=Q+W=Q$
$U=\dfrac{3}{2}nRT$ より $\Delta U=\Delta\left(\dfrac{3}{2}nRT\right)=\dfrac{3}{2}nR\Delta T$

3 (2) $W=\int_{V_0}^{4V_0} p\,dV=\int_{V_0}^{4V_0} \dfrac{nRT_B}{V}dV=nRT_B\log_e\dfrac{4V_0}{V_0}$
$=8P_0V_0\log_e 2$

(3) エントロピーの定義から $\Delta S=\dfrac{Q}{T}=\dfrac{W}{T}$ を計算する。なお等温変化では，外部にした仕事 W が吸収した熱量 Q に等しい。

4 C→A は定圧変化であるから吸収した熱量 Q は
$$Q=n\cdot C_p\Delta T=n\cdot\dfrac{5}{2}R\Delta T$$

5 熱効率 $\eta=\dfrac{W}{Q_1}=\dfrac{Q_1-Q_2}{Q_1}$

ここで，Q_1 は高温部（温度 T_1）から受け取った熱量，Q_2 は低温部（温度 T_2）に放出した熱量である。

素過程への分解・分析
素過程1
素過程2
素過程3
定積変化では $W=0$
素過程4 $U=\dfrac{3}{2}nRT$
素過程3 気体のする仕事 $W=\int p\,dV$
素過程5 熱力学的エントロピーの定義 $\Delta S=\int\dfrac{dQ}{T}$
素過程4 単原子分子理想気体の定圧モル比熱は $C_p=\dfrac{5}{2}R$
素過程6

解答例

【活用例題1】
1 Aの温度：$\dfrac{P_0V_0}{nR}$，Bの温度：$\dfrac{4P_0V_0}{nR}$

2 $\dfrac{9P_0V_0}{2}$ 3 (1) 0 (2) $8P_0V_0\cdot\log_e 2$ (3) $2nR\cdot\log_e 2$

4 $\dfrac{15P_0V_0}{2}$ 5 $\dfrac{Q_{AB}+Q_{BC}-Q_{CA}}{Q_{AB}+Q_{BC}}$

実力錬成問題

1 熱力学の第1法則と熱力学の第2法則について説明するとき，あなたはどのような身近な現象を例として取り上げるか，それぞれ簡単に書け。

【北海道・札幌市高校物理（2009年度）改】

2 次のア)〜エ)の文のうち，気体の法則や熱力学の法則について述べたものとして適切でないものはどれか。その記号を書け。
ア) 気体分子の数が一定ならば，温度が一定のとき，気体の体積は，気体の圧力に反比例する。
イ) 気体に外部から加えられた熱量と，気体が外部にした仕事の和は，気体の内部エネルギーの増加量に等しい。
ウ) 1つの熱源から熱を得て，それを全て仕事に変えることのできる熱機関は存在しない。
エ) 物体Aと物体B，物体Aと物体Cがそれぞれ熱平衡であれば，物体Bと物体Cは熱平衡にある。

【広島県高校物理（2013年度）改】

3 単原子分子の理想気体 1 mol をシリンダーの中になめらかに動くピストンで閉じ込める。この気体の圧力 P と体積 V を次の PV グラフのように A→B→C→A と変化させた。過程②（B→C）は温度 T の等温変化で，この間に気体が外部にした仕事を W とする。気体定数を R とし，他に必要な値は，グラフ中から読み取って，次の問いに答えよ。

(1) 状態Aの温度および状態Cの体積を求めよ。
(2) 過程①（A→B）において，気体に与えた熱量および気体の内部エネルギーの増加量を求めよ。
(3) 過程②（B→C）における気体への熱の出入りについて，数値等を用いて簡単に説明せよ。
(4) 過程③（C→A）において，気体に与えた熱量および気体が外部にした仕事を求めよ。
(5) A→B→C→A の過程（1サイクル）を熱機関と考えたときの熱効率を求めよ。

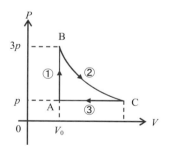

【京都市高校理科（2009年度）】

|解法への指針|

1 ① 内部エネルギー，熱，仕事の関係を述べたのが熱力学第1法則である。
② 熱力学第2法則にはいくつかの表現があるが，身近な例としては熱の移動がある。

[2] 関連法則は，ア）ボイルの法則　イ）熱力学第1法則　ウ）熱力学第2法則　エ）熱力学第0法則である。

[3] (1)は【素過程（状態方程式）】，(2)(3)(4)は【素過程（熱力学第1法則）】，【素過程（気体のする仕事）】，【素過程（単原子分子気体の内部エネルギーと定積モル比熱）】，(5)は【素過程（熱効率の定義）】

Coffee Break 4　力をめぐる熱き戦い：ライプニッツとデカルト

　力は，ニュートンによって，はじめて「物体の運動状態を変える，すなわち加速度を生じさせる『外的な作用』」として定義されました。しかし，どうでしょう。私たちが力をイメージするとき，
　① ある力で，10秒間，物体を押した
　② ある力で，10メートル，物体を押した
このように，『ある時間』，または『ある距離』というように，ある間隔で働かせた力を考えているのではないでしょうか。「時間0の瞬間だけ力を働かせた」とか，「距離0の移動で力を考える」なんてことはナンセンスですよね。
　①の場合だと，この力は「$f \times t$（時間）」となりますし，
　②の場合だと，この力は「$f \times s$（距離）」となります。
　実は，このようなイメージで力を考えた先人がいたのです。それがデカルトと，ライプニッツ（微積分の発見者）です。
　デカルトは，「$m \times v$（質量×速度）」を運動の量と名づけ，これを力と定義しました。また，ライプニッツは，「$m \times v^2$（質量×速度の2乗）」を活力と名づけ，デカルトを批判します。
　現在，私たちは
　　mv（質量×速度）は運動量
　　mv^2（質量×速度の2乗）は運動エネルギー（正しくは，$\frac{1}{2}mv^2$ です）
で「力でない」ことを知っていますし，また，
　　$\boxed{mv（質量 \times 速度）}$ ＝ $\boxed{f \times t（力 \times 時間）}$　　（→①）
　　$\boxed{mv^2（質量 \times 速度の2乗）}$ ＝ $\boxed{f \times s（力 \times 距離）}$　　（→②）
ということも知っています（これは高校で学習します）。
　デカルト，またライプニッツが考えた力のイメージは，「ある時間，物体を押す」，「ある距離，物体を押す」というある間隔で働く力だったのです。私たちの力のイメージと結びついていたのですね。このような力をめぐる熱き戦いを通して，ニュートン力学は整備されていくのです。

第3章 波動

1 波の性質（媒質の運動，波の伝わり方）
2 音の性質
3 光　波
4 発展：波の数理的扱い

1 波の性質（媒質の運動, 波の伝わり方）

キーワードチェック

□波源　□媒質　□振幅・波長・振動数　□波の基本式　□横波・縦波
□重ね合わせの原理　□固定端・自由端　□定常波　□干渉　□ホイヘンスの原理

ワンポイントチェック

① 水面やばねの一部に与えた振動が次々と伝わっていく現象を [　　　] といい, その発生場所を [　　　], 波を伝える物質を [　　　] という。

② 媒質の振動方向と波の進行方向が直交するような波を [　　　] といい, 互いに平行である波を [　　　] という。[　　　] では, 媒質に密な部分と疎な部分ができ, それが進んでいくので [　　　] ともよばれる。

③ 波が1回振動するのに要する時間を [　　　] といい, 1秒間に振動する回数を [　　　] という。

④ 振動数が 4.0 Hz, 速さが 6.0 m/s の波の波長は [　　　] m である。

⑤ 図1（A, B）* は, 媒質のある場所の振動の様子である。このとき, PQ の値は [　　　] を表している。図（A, B）* はある瞬間の波の様子（波形）である。このとき, PQ の値は [　　　] を表している。さらに, 波の速さは [　　　] で表される。（*はA, Bから選択）

⑥ 2つの波が出合ったとき, 合成波の変位は成分波の変位の和で表される。これを波の [　　　] の原理という。成分波はその後, もとの波形に戻る。これを波の [　　　] という。

⑦ ロープの一端を固定し, 他端を一定の周期で振動させると, やがてロープには [　　　] とよばれる激しく振動する位置, [　　　] という振動しない位置が交互にできる。このような波を [　　　] という。

⑧ 平面波は平面波として伝わり, 急に円形波として伝わることはない。この波の伝わり方についての原理が [　　　] の原理である。

⑨ 固定端反射では, 反射波の位相は入射波の位相と比べ [　　　] ずれる。

解答例　① 波動, 波源, 媒質　② 横波, 縦波, 縦波, 疎密波　③ 周期, 振動数　④ 1.5　⑤ B, 周期, A, 波長, λ/T（波長/周期）　⑥ 重ね合わせ, 独立性　⑦ 腹, 節, 定常波　⑧ ホイヘンス　⑨ 半波長（$\pi/2$）

重要事項の解説

1 波の表し方（発生と伝達，波の基本式）

【波源と波面】
　水のように波を伝える物質を**媒質**といい，媒質中に生じた振動が次々に周囲に伝わっていく現象が**波動**である。なお，波動が生じたところを**波源**という。波動では，波源で媒質に与えられたエネルギーが波として媒質中を伝わっていくのであって，媒質自身が移動するのではない。波は，媒質の種類やその物理的性質によって，色々な種類，たとえば水面波や音，弦を伝わる波などに分けられる。ここでは波動の一般的な性質について扱う。

【波動の用語と波の基本式】
　波源を続けて振動させると，図2のような波が発生する。点線で示した波は，実線で示した波から時間的に少し経過した様子を表したものである。

　図2を用いて波動特有の言葉を，まずは整理しておこう。

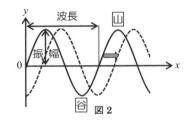
図2

変位：波ができていない状態（x軸）の位置から測った媒質の位置（y座標の値）〔m〕。

振幅：変位の最大値。記号 A〔m〕（Amplitude の頭文字）で表す。

波の山，谷：波の変位が正の最大値に達したときの媒質の位置を山，負の最大値に達したときの媒質の位置を谷という。

波長：隣り合う山と山，また谷と谷の間の距離。記号 λ〔m〕で表す。

周期：媒質が1回振動するのに要する時間。記号 T〔s〕で表す。波が1波長 λ〔m〕だけ進む時間に等しい。

振動数：媒質が1秒間に振動する回数。記号 f〔Hz〕で表す。1秒間にできる波の数に等しい。ここで，振動数の単位を表す記号 Hz は**ヘルツ**という。

　波の速度 v〔m/s〕，波長 λ〔m〕，振動数 f〔Hz〕，周期 T〔s〕には次の関係（**波の基本式**という）が成り立つ。

> **公式** 波の基本式
> 　波の速度 v〔m/s〕は λ〔m〕，f〔Hz〕，また T〔s〕を用いると次式で表せる。
> $$v = \frac{\lambda}{T} = f\lambda \quad \left(なお, f = \frac{1}{T} を用いた\right) \quad \cdots\cdots ①$$

　波動とは，たとえば図2で考えると，波源で生じた振動（単振動）が速度 v で x 軸

第3章 波　動

正方向に伝わる現象であるから，波源から1波長λ離れた点では，周期 T 遅れて波源と同じ振動（単振動）が始まる。このことに注意して，次の例題で波動についてさらに理解を深めよう。

> **例題で確認** 図3はある時刻での波形を，また図4はある点での振動の様子を表したものである。図4は図3のA～Cのどの点の振動の様子を表したものか。

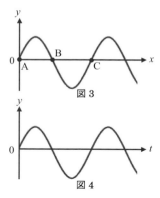
図3
図4

解説▶▶ 図3は点A，B，Cを含む，**ある時刻での媒質の変位の様子（位置変化）**を表したものである。いわば，ある瞬間の波形といってもよい。それに対し，図4は**媒質のある点での単振動の様子（時間変化）**を表している。

> 図3【位置変化】：ある特定の時刻での媒質の変位の様子　←位置の情報
> 図4【時間変化】：ある特定の場所での単振動の様子　　　←時間の情報

これらの図の特徴を生かし，次の①，②により，欲しい情報を得ることができる。

① 図3に，次の瞬間の波を書き加える
　→各点の上下の動きが見える。
② この動きが図4に反映されている。

図5には点線で次の瞬間の波形が示されており，B点のみ媒質の変位が正であり，したがって図4はB点の運動の様子（単振動）を表していたことになる。

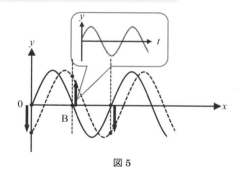
図5

また，図5からA点，C点は媒質が同じ振動状態にあることもわかる。このような2つの点は**同位相**であるという。逆にA点（C点）とB点は，ちょうど逆の振動状態にあり（山のとき谷），このような点を**逆位相**の関係にあるという。

2 横波と縦波

媒質の各点の振動方向が波の進行方向と垂直な波を**横波**といい，ばねを伝わる波のように振動方向と進行方向が平行な波を**縦波**という（図6）。縦波は媒質に密な部分と疎な部分ができ，この部分が伝わるため**疎密波**とよばれる。

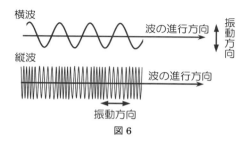
図6

【縦波の横波表示】

縦波は横波と比べると，振動方向と波の進行方向が重なっているため，振動（変位）

の様子がわかりにくい。そこで，波の進行方向を x 軸（横軸）にとり，各点のつりあいの位置からの変位を y 軸（縦軸）に表すことが多い（図7）。この縦波の横波表示は次のルールにしたがって行う。

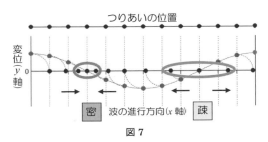
図7

| 方法 | 縦波の横波表示 |

縦波：x 軸の正の向きへの変位 → 横波：y 軸の正の向きへの変位
縦波：x 軸の負の向きへの変位 → 横波：y 軸の負の向きへの変位

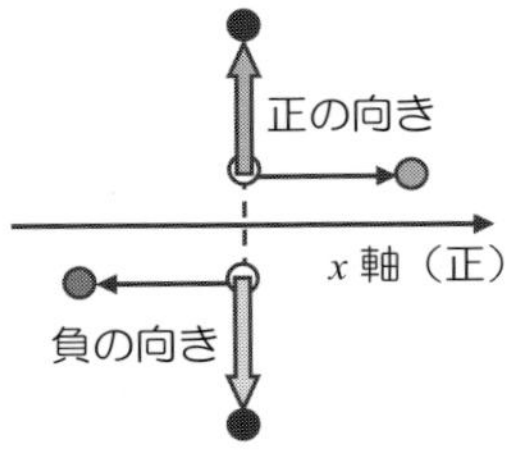

図8

このように，縦波の横波表示は，縦波の左右の変化（x 軸上の変化）を上下の変化（y 軸上の変化）に表したものである（図8）。では，横波表示された縦波の疎密の状態を示す密度変化はどのように表されるのだろう。

例題で確認 図9は縦波を横波表示したものである。A～Dの各点のうち，気体が最も密な点，疎な点はどれか。また密度変化を図示せよ。
【神戸市高校物理（2008年度）改】

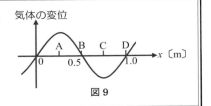
図9

状況▶▶ 密は左右の点が集まってくるところ。すなわち，図10のように，左の点は右へ（横波では正に），右の点は左に（横波では負に）移動したところが密になる。

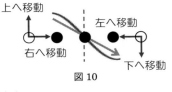
図10

展開▶▶ 横波でグラフが上から下へ（正から負へ）通過しているところが密であり，逆に下から上に（負から正へ）通過しているところが疎である。したがって，密度変化は B 点で最大（密），原点や D 点で最小（疎），変位が最大である A 点や C 点では密度変化は 0 となる（図11）。

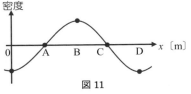
図11

このように，密度変化は変位の変化と比べて位相が $\frac{1}{2}\pi$，すなわち $\frac{1}{4}\lambda$ ずれていることがわかる。

3 波の重ね合わせ

2つの波が互いに衝突したとき，球のようにお互い影響しあい，衝突後，その運動や波形が変わってしまうのだろうか。ここでは，2つの波が出合ったときの波特有の振る

舞いについて学ぶ。

【重ね合わせの原理と波の独立性】

波の伝搬には2つの特徴がある。1つ目は媒質を2つの波が重なって伝わるとき，それぞれの波は互いに影響を受けることなく進むというもので，これを**波の独立性**という。

2つ目は波が出合っているとき，図12の囲みのように，それぞれの波形を足し合わせた波形が観測される。波のこのような性質を**波の重ね合わせの原理**という。

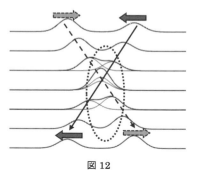

図12

原理 **重ね合わせの原理**

波Aの変位をy_A，波Bの変位y_Bとすると，両者が重なる所では，その変位は次式で表される。

$$y = y_A + y_B \quad \cdots\cdots ②$$
　↑　　↑　↑
合成波　成分波

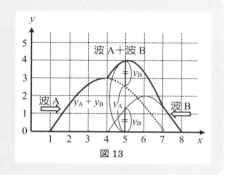

図13

波の重ね合わせの原理は，干渉や回折など波を特徴づける現象を説明する基本原理である。

【波の干渉】

図14(a)のように，水面上の2点を波源とした円形波をつくると，これらの波が重なりあった結果，合成波には強め合うところ，また弱め合うところができる。このように，ある位置で複数の波が重なりあった結果，媒質の振動が強め合ったり，弱め合ったりする現象を**干渉**という。干渉は波動固有の特徴である。

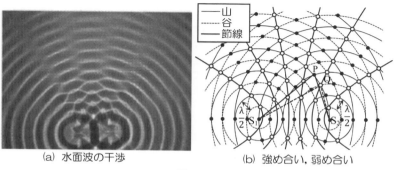

(a) 水面波の干渉　　(b) 強め合い，弱め合い

図14

図14(b)は(a)を模式的に表したものであるが，S_1, S_2をそれぞれの円形波の波源とし

たとき，P点（黒丸）では S_1，S_2 からの同位相の波（山と山）が出合って強め合い，また Q 点（白丸）では逆位相の波（山と谷）が出合って弱め合っている。このとき，P 点，Q 点は，それぞれ次の条件を満たしている。

> **公式** 波の干渉条件
> 同位相で振動する2つの波源 S_1，S_2 からの距離を L_1，L_2 としたとき，強め合う，また弱め合う条件式は次のようになる。ここで，$m=0, 1, 2, \cdots$ とする。
> $$|L_1-L_2|=\begin{cases} 2m\times\dfrac{\lambda}{2} & \text{強め合う点の条件（半波長の偶数倍）} \\ (2m+1)\times\dfrac{\lambda}{2} & \text{弱め合う点の条件（半波長の奇数倍）} \end{cases} \quad \cdots\cdots ③$$

なお，弱め合う条件を満たす Q 点は，図14(b)にも見られるように連続的につながった**節線**とよばれる双曲線上にある。Q 点は時間経過とともにこの節線上を移動する。また，S_1S_2 間では中心部が腹の定常波（後述）ができる。

> **例題で確認** 波源 S_1，S_2 から逆位相の円形波を送り出したとき，波の干渉条件はどのようになるか。

状況▶▶ ③式は，波源 S_1，S_2 から同位相の波が出ていることが前提。S_1，S_2 から逆位相の円形波を送り出すとは，円形波が発生する時点で $\dfrac{\lambda}{2}$ のずれが生じていることになる。すなわち，$L_1 \to L_1$，$L_2 \to L_2 - \dfrac{\lambda}{2}$ として③式に代入する。

展開▶▶ $L_1 \to L_1$，$L_2 \to L_2 - \dfrac{\lambda}{2}$ として③式に代入する。

強め合う条件式：$L_1-\left(L_2-\dfrac{\lambda}{2}\right)=2m\cdot\dfrac{\lambda}{2}$ ∴ $L_1-L_2=(2m-1)\dfrac{\lambda}{2}$ ……④

弱め合う条件式：$L_1-\left(L_2-\dfrac{\lambda}{2}\right)=(2m+1)\cdot\dfrac{\lambda}{2}$ ∴ $L_1-L_2=2m\cdot\dfrac{\lambda}{2}$ ……⑤

④，⑤式から

$$|L_1-L_2|=\begin{cases} \dfrac{1}{2}\lambda, \dfrac{3}{2}\lambda, \dfrac{5}{2}\lambda, \cdots & \text{強め合う点の条件（半波長の奇数倍）} \\ 0, \dfrac{2}{2}\lambda, \dfrac{4}{2}\lambda, \cdots & \text{弱め合う点の条件（半波長の偶数倍）} \end{cases}$$

このように，波源において逆位相の波が発生しているとき，強め合う条件，弱め合う条件は同位相の場合とは逆転することになる。

【波の端での反射】

波は媒質の端まで達すると，その点で反射してもどる。この現象を波の**反射**といい，反射する前の波を**入射波**，反射後の波を**反射波**という。波の反射は媒質の端の状態によって異なる。

第3章 波　動

> 反射する側の**媒質が自由に動ける状態**のことを**自由端**という。自由端では，入射波が山であれば，反射波も山となる。自由端反射では，入射波と反射波で位相の変化はない。

> 反射する側の**媒質が固定されている状態**のことを**固定端**という。固定端では，入射波が山であれば，反射波は反転して谷となる。固定端反射では逆位相の変化がある。

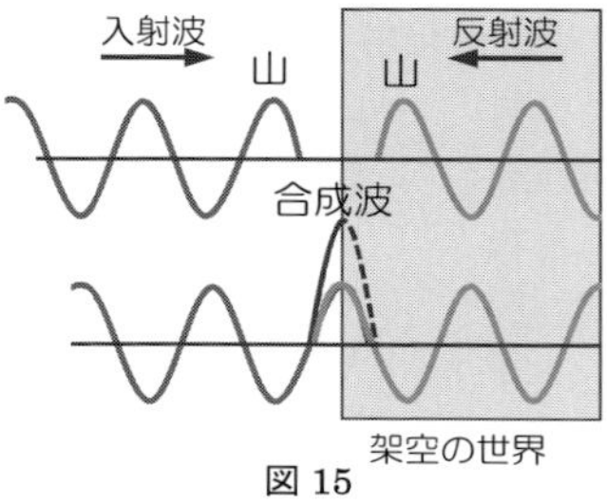

図15

図16

　入射波が端に近づくにしたがって，反射波は，架空の世界（例えば鏡の中の世界）から近づいて来て，そのまま現実の世界へ進んで行くと考えるとよい。

　例えば，固定端反射では<u>端は固定されていて動かない</u>から，固定端を原点に入射波を180度回転（**反転**）させた波を反射波とする。この波が右から左へと移動する。図17では，パルス波について，入射波と反射波との進行の様子，また両波が重なったときにできる合成波（点線の枠内で示された太線）の様子を示している。

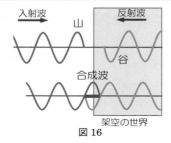

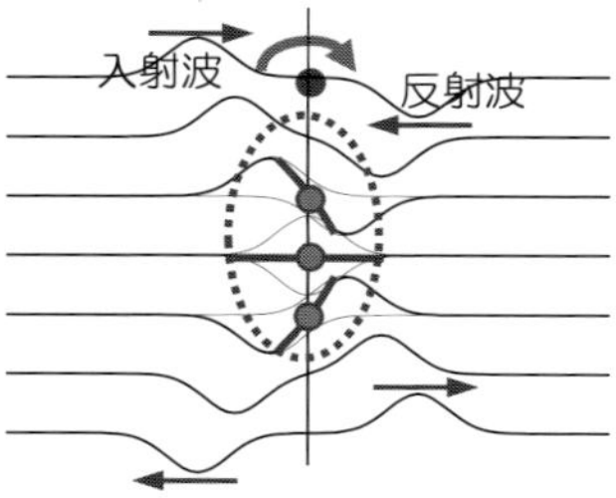

図17

【定常波】

　振幅，振動数，波長が同じで，互いに逆向きに進む正弦波の重ね合わせを考えよう。

　合成波は，媒質の各点でもとの正弦波と等しい周期の振動をするが，場所によって大きく<u>振動する点（**腹**）</u>とまったく<u>振動しない点（**節**）</u>が交互に並ぶ。図18を上から下に順を追って見ると腹と節の様子が見て取れよう。この波を**定常波**または**定在波**という。定常波はどちらにも進まない波である。

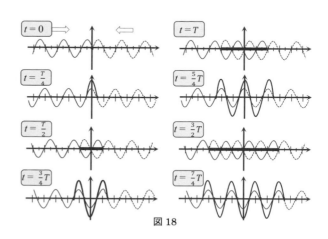

図18

特徴 定常波の特徴

定常波 → {山と谷が左右に移動しない / 腹と節が交互に並ぶ}
↓
{腹の振幅（元の波の振幅の2倍） / 周期・振動数（元の波と同じ） / 腹と腹，節と節の間隔（元の波の波長の半分）}

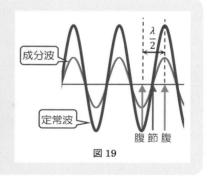

図19

発展　波の伝搬式による表現（定常波）

　原点での単振動が速さ v で x 軸正方向に次々と伝わっていくとき，その軌跡は正弦曲線（サインカーブ）を描くので，この波を **正弦波** という。原点から距離 x 離れた点Pでの変位（単振動による変位）は，実は，時間的には $\dfrac{x}{v}$ 前の原点での変位に等しい。このことを式で表したものが **波の伝搬式** である。

$$y = A\sin\left(\dfrac{2\pi}{T}t\right) \xrightarrow{\dfrac{x}{v}} y = A\sin\left\{\dfrac{2\pi}{T}\left(t - \dfrac{x}{v}\right)\right\} \quad \cdots\cdots ⑥$$

　　　原点での単振動　　　　　　　点Pでの単振動

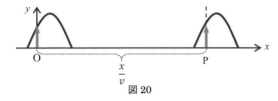

図20

ここで⑥式を変形し，点Pでの単振動を表す式を示しておこう。

$$y = A\sin\left\{\dfrac{2\pi}{T}\left(t - \dfrac{x}{v}\right)\right\} \xrightarrow{Tv=\lambda} y = A\sin 2\pi\left(\dfrac{t}{T} - \dfrac{x}{\lambda}\right) \quad \cdots\cdots ⑦$$

【適用】波の伝搬式（⑦式）を用いて定常波の特徴を導こう。
　定常波は，

$$\left.\begin{array}{l} y_1 = A\sin 2\pi\left(\dfrac{t}{T} - \dfrac{x}{\lambda}\right) \text{　右向き} \\ y_2 = A\sin 2\pi\left(\dfrac{t}{T} + \dfrac{x}{\lambda}\right) \text{　左向き} \end{array}\right\} y = y_1 + y_2 = 2A\underbrace{\cos 2\pi\dfrac{x}{\lambda}}_{x \text{の関数}} \cdot \underbrace{\sin 2\pi\dfrac{t}{T}}_{t \text{の関数}} \quad \cdots\cdots ⑧$$

特徴：t と x が分離

この波は各点（特定の x）で振幅 $2A\cos 2\pi\dfrac{x}{\lambda}$，および周期 T の単振動をするが，この点は x 軸の正の向きにも負の向きにも進まない。さらに，振幅の位置は⑧式の振幅項 $\cos 2\pi\dfrac{x}{\lambda}$ で決まり，節は $\cos 2\pi\dfrac{x}{\lambda} = 0$，腹は $\cos 2\pi\dfrac{x}{\lambda} = 1$ から導ける。また，

$\cos 2\pi\dfrac{x}{\lambda}=0$, $\cos 2\pi\dfrac{x}{\lambda}=1$ から，節と節や腹と腹の間隔も「1/2 波長」となる。なお，波の反射やうなりについての波の伝搬式による説明は，第 4 節「発展」で扱うことにする。

4 波の伝わり方

【回折】

平面波が障害物のすき間（スリット）を通り過ぎるとき，障害物の背後に回り込んで進む（図21）。この現象を波の**回折**という。この現象は，スリットだけでなく壁などの障害物の背後に波が回り込む際にも見られる。回折は，スリットの幅，また障害物の大きさが波の波長と同程度のとき，特に著しい。回折もまた，波動特有の現象である。

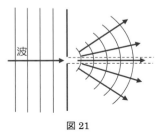
図 21

【ホイヘンスの原理】（波の伝わり方を示す原理）

平面波は平面波として伝わり，急に円形波として伝わることはない。この波の伝わり方についての原理が**ホイヘンスの原理**である。

> **原理** ホイヘンスの原理（新しい波面のでき方）
> 波面は無数の波源の集まりであり，そこから無数の円形波（素元波）が発生し，これら無数の素元波の共通接線（包らく面）が次の新しい波面となる。

平面波 AB → 平面波 A'B'　　円形波 AB → 円形波 A'B'

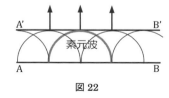
図 22

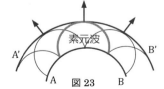
図 23

【反射と屈折】

反射，屈折現象をホイヘンスの原理から説明しよう。

> **例題で確認** (I)反射の法則，(II)屈折の法則をホイヘンスの原理を用いて説明せよ。

状況▶▶ 入射波は境界面に到達し，各入射点で素元波が生じる。(I)反射では，素元波の伝搬速度は入射波の速度と同じ，(II)屈折では，素元波の伝搬速度は入射波の速度よりも遅い。この素元波の速度の違いから反射の法則，屈折の法則を導こう。

展開▶▶ (I) 反射の法則

図24に示したように，入射角を θ_I，反射角を θ_R とする。入射波の波面は，境界面に近い端 a から順に境界面に達し，各入射点で素元波を生じる。波の速度を v とすると，a が A に達したとき b は b' に達し，さらに b' が B に達する時間 t の間に A 点から発生する素元波の波面は半径 vt の半円として広がる。このとき，B から A を中心とする半径 vt の円に

引いた接線 a'B が反射波の波面になり，この波面に垂直な方向が反射波の進む方向となる。なお，接線 a'B は AB 上の各点から発生するすべての素元波に接する包らく線である。

図24から △ABb' と △BAa' は合同であり ∠b'AB＝∠a'BA が成り立つ。すなわち，反射の法則 ($\theta_I = \theta_R$) が示されたことになる。

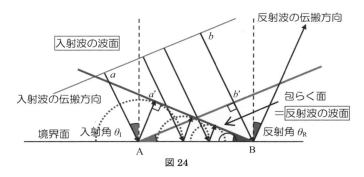

図 24

(II) 屈折の法則

入射角を θ_I，屈折角を θ_T とする。媒質 1 での波の速さを v_I，波長を λ_I とし，媒質 2 での波の速さを v_T，波長を λ_T とする。媒質 1 から媒質 2 に波が入射するとき ($v_I > v_T$)，t を時間とすると，図25より

$$AB\sin\theta_I = v_I t \quad AB\sin\theta_T = v_T t$$

ゆえに，$\dfrac{\sin\theta_I}{\sin\theta_T} = \dfrac{v_I}{v_T}$ となる。

よって，n を媒質 1 に対する媒質 2 の相対屈折率とすると，屈折の法則

$\left(\dfrac{\sin\theta_I}{\sin\theta_T} = \dfrac{\lambda_I}{\lambda_T} = \dfrac{v_I}{v_T} = n \right)$ が導ける。

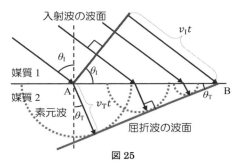

図 25

活用例題で学ぶ知識の活用

【活用例題1】 鹿児島県中高共通2008年度（頻出・易）

次の文章を読んで，後の問に答えよ。

図1は，x 軸上を正の向きに進む横波の正弦波の，時刻 $t=0$ における媒質の座標 x [m] と変位 y [m] との関係を示している。また，図2はある座標 x [m] の点の振動の様子を表している。

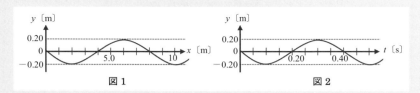

図1　　　　　　　　図2

問1　この波の速さはいくらか。

問2　図2のように振動する点の座標 x [m] はいくらか。$0\,\text{m} \leq x \leq 10\,\text{m}$ の範囲で求めよ。

問3　座標 $x=4.0\,\text{m}$ の点が，波の山となる時刻はいつか。n（n=0, 1, 2, …）を用いて表せ。

問4　$t=0$ の瞬間，媒質の速度が上向きに最大の点の x 座標はいくらか。$0\,\text{m} \leq x \leq 10\,\text{m}$ の範囲で求めよ。

問5　座標 $x=8.0\,\text{m}$ の点の振動の様子をグラフにかけ。

問6　座標 $x=6.0\,\text{m}$ の点の振動の様子を表す式をかけ。ただし，円周率は π とする。

📖 **解説**　波動は原点の振動（単振動）が順次，時間差をもって伝わっていく現象である。したがって，**波形**（図1）と**各点の振動**（図2）を表す2つのグラフから，波の様々な情報を読み取ることができる。内容的には次の3つの**素過程**からなる。

【素過程1】 波の基本式（波の速度 v，波長 λ，周期 T の関係）　→　問1

【素過程2】 特定の時間での波の形（変位 y と位置 x の関係）　⎫

【素過程3】 特定の場所での振動の様子（変位 y と時間 t の関係）⎭　→　問2～問6

特定の波形（特定時間）と振動の様子（特定場所）を関係づけるものが，「次の瞬間の波形」である（p.148の例題で確認参照）。次の瞬間の波形から，各点の次の動きが見える。

☞ **解答への指針**

問1　図1から波長 λ，図2から周期 T の情報が得られる。

問2　図1を用いて次の瞬間の波形を描く。図2より，次の

素過程への分解・分析
素過程1
波長 λ，周期 T の関係

瞬間の変位はマイナスになる（右図参照）。そのような点を図1から探す。

問3 $x=4.0$ m の点の動きは，問2より図2で表されるから，0.3秒後に山になる。波は周期的に変化するから，周期を T とすると，求める時刻 t は
$$t=0.3+nT\ (n=0,\ 1,\ 2,\ 3\cdots)$$
と表される。

問4 各点は単振動する。単振動の知識から，速度が最大になるのは原点を通過するときである。求める位置の候補は，
$$x=0\,\mathrm{m},\ 4.0\,\mathrm{m},\ 8.0\,\mathrm{m}$$
このうち，上向きの動きは，<u>次の瞬間の波形</u>から判断する。

問5 $x=8.0$ m の点の動きは，$x=4.0$ m の点の動きとは逆位相の動き（π だけ遅れた動き）をする。

問6 波の伝搬式に得られた情報を代入する。
$$y=A\sin 2\pi\left(\frac{t}{T}-\frac{x}{\lambda}\right)\longrightarrow y=0.2\sin 2\pi\left(\frac{t}{0.4}-\frac{6.0}{8.0}\right)$$

$$v=\frac{\lambda}{T}$$

素過程2
次の瞬間の波形（下図の点線）を描く。

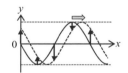

素過程3
各点は単振動する。速度は原点が最も速く，加速度は，最大振幅のところが最も大きい。

波の伝搬式
$$y=A\sin 2\pi\left(\frac{t}{T}-\frac{x}{\lambda}\right)$$

【活用例題2】　　　　　　　　　沖縄県高校理科共通2011年度・改題（頻出・易）

水を張った大きな水槽で，水面の2点 P, Q を T [s] ごとに同時にたたき，2つの水面波（円形の波）をつくる干渉実験を行った。図の円または円弧はある瞬間におけるそれぞれの水面波の山の位置を示したものである。PQ の距離 $\overline{\mathrm{PQ}}$ を L [m] として，次の各問に答えよ。

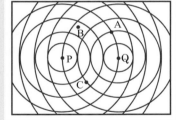

(1) この波の波長 λ [m]，および波の伝わる速さはいくらか。

(2) 図に示された瞬間の合成波について，図中の A, B, C は，山（もとの山の高さの2倍になる点），谷（もとの谷の深さの2倍になる点），節（2つの波が互いに弱め合う点）のいずれか，それぞれ答えよ。

(3) このように，波の干渉について P, Q が同位相で振動する2つの波源のとき，n を整数（n=0, 1, 2…）として，水面上の P, Q から任意の点 O において，波が弱め合う条件，また強め合う条件をそれぞれ求めよ。さらに P, Q が逆位相で振動するときは，この条件はどのようになるか。

📖 **解説**　同位相で振動する2つの波源から円形波を送り出したときの干渉問題。山を連ねた波面，波面と波面の間には谷がくる。このタイプの問題は，干渉問題としては頻出であり，即座に答えられるようにしておきたい。特に PQ 間には定常波ができるが，PQ 間の腹や節の数について問う問題も多い（実力錬成問題参照）。

内容的には次の3つの**素過程**から構成される。

第3章 波　動

【素過程1】波の基本式（周期と波長から速度を求める）　→　(1)
【素過程2】重ね合わせの原理（山と谷が出合うと節になる）　→　(2)
【素過程3】波の干渉公式（逆位相の場合は，結果は逆転する）　→　(3)

☞ 解答への指針

(1) 山と山の間の距離が波長 λ であるから，PQ 間には4つの波長が存在する。また，P，Q は T〔s〕ごとに振動させるので周期は T〔s〕となる。後は，波の基本式に代入する。
(2) A 点は山と山，B 点は谷と谷，C 点は山と谷が出合う。
(3) <u>同位相の場合</u>（例）山と山
　　　強め合う条件：半波長の偶数倍
　　　弱め合う条件：半波長の奇数倍
　　<u>逆位相の場合</u>（例）山と谷
　　　強め合う条件：半波長の奇数倍
　　　弱め合う条件：半波長の偶数倍

素過程への分解・分析
素過程1 波長 λ，周期 T から $v = \dfrac{\lambda}{T}$
素過程2 腹：山と山，谷と谷が出合うところ。 節：山と谷が出合うところ
素過程3 逆位相の場合，条件式が逆転する理由は，p. 151 の例題で確認を参照のこと。

【活用例題3】　　　　　　　　　　　　　栃木県高校物理2009年度（頻出・普通）

x 軸上を速さ V で正の方向に進む正弦波の縦波がある。図は，この波の時刻 $t=0$ における，媒質の変位 y と位置 x の関係を表したグラフで，x 方向正の向きの変位を y 方向正の向きの変位として表している。この波の振幅を A として，次の(1)から(6)の問いに答えよ。

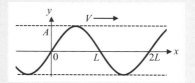

(1) この波の波長と振動数はいくらか。
(2) 時刻 $t=0$ のとき，$0 \leq x \leq 2L$ の範囲で媒質が最も密な位置 x を答えよ。
(3) 時刻 $t=0$ のとき，$0 \leq x \leq 2L$ の範囲で媒質の加速度が，x 方向正の向きに最大な位置 x を答えよ。
(4) この波による，時刻 t，位置 x における変位 y_1 を t，x の関数として表せ。
(5) 時刻 $t=0$ のとき，媒質の速度 v と位置 x の関係をグラフに表せ。ただし，x 方向正の向きの速度を正とする。
(6) $x = \dfrac{5}{2}L$ の位置に，x 軸に垂直な反射壁を置くと，$x \leq \dfrac{5}{2}L$ の領域には，入射波と反射波が重なり合うことにより，定常波が生じる。このことについて，反射波の振幅は入射波の振幅と等しく A であるものとし，反射壁は反射の際に自由端として働くものとして，次の①〜③に答えよ。
　① 反射波のみによる，時刻 t，位置 x $\left(x \leq \dfrac{5}{2}L\right)$ における変位 y_2 を t，x の関数として表せ。
　② 位置 x $\left(x \leq \dfrac{5}{2}L\right)$ における定常波の振幅 B を位置 x の関数として表せ。
　③ 定常波の節に相当する位置の x 座標を，自然数 n（n=1，2，3，…）を用いて表せ。

解説 前半は横波表示された縦波に関する問題。後半は、自由端反射による反射と入射波による定常波の問題。いずれも波の伝搬式を立てる必要があるが、特に後半は入射波と反射波による合成波から、節の位置を求める。発展1（p.153）の具体的な出題例として再度目を通すようにしたい。素過程は次の4つである。

【素過程1】 縦波の横波表示 → (1)〜(3)
【素過程2】 波の伝搬式 → (4)〜(6)
【素過程3】 自由端反射（位相のずれなし） → (6)①
【素過程4】 定常波の特徴（腹と節の存在） → (6)②, ③

☞ 解答への指針
(1) 波長は図より求める。振動数は、波長と速度 V から波の基本式を用いて求める。
(2) 媒質が最も密な箇所は、グラフが上から下へ（正から負へ）通過している所である（p.149 参照）。
(3) 各点は単振動している。ここでは単振動の知識が必要になる。

　　加速度最大→変位の最も大きな所（図では山や谷）
　　加速度の向き→山は負の向き、谷は正の向き

ここで、山は次に減少に向かうことから、加速度は負と考える。

(4) 波の伝搬式 $y = A\sin 2\pi\left(\dfrac{t}{T} - \dfrac{x}{\lambda}\right)$ に(1)の結果を代入

(5) 単振動の知識を活用する。
　$x = 0, L, 2L$ の箇所で速度最大。山、谷では速度は 0 になる。さらに速度の最大値は(4)の結果を用いる。

(6) ① 入射波は $x = \dfrac{5}{2}L$ の自由端で反射し、その後、x の位置まで戻ってくる。まず、その所要時間を求める。

原点での単振動（(4)で求めた式で $x = 0$ とおいた式）がこの時間だけ遅れて伝わる。それが求める<u>自由端で反射し x の位置で行う単振動を表す式</u>となる。

$$y = -A\sin\dfrac{\pi V}{L}t \longrightarrow y_2 = A\sin\dfrac{\pi V}{L}\left(t + \dfrac{x}{V}\right)$$

② 入射波と反射波を合成する。合成波を y とすると、

$$y = y_1 + y_2 \longrightarrow y = 2A\sin\dfrac{\pi}{L}x \cdot \cos\dfrac{\pi V}{L}t$$

このように、合成波（定常波）は、x（場所）と t（時間）の関数が分離されている点に注意。時間を指定すると、振幅は $2A\left|\sin\dfrac{\pi}{L}x\right|$ のように変化する。

素過程への分解・分析

素過程1
縦波の横波表示の規則
　右への移動→上に移動
　左への移動→下に移動

素過程2
$x > 0$ の位置での単振動の様子

$$y = A\sin 2\pi\left(\dfrac{t}{T} - \dfrac{x}{\lambda}\right)$$

波の速度ではなく媒質の速度は次式で与えられる

$$v = \dfrac{dy}{dt}$$

素過程3
自由端反射では、入射波と反射波では位相のずれはない。なお、x の位置に返ってくる時間は

$$\dfrac{1}{V}\dfrac{5}{2}L + \dfrac{1}{V}\left(\dfrac{5}{2}L - x\right)$$
$$= \dfrac{5L - x}{V}$$

$$y = -A\sin\dfrac{\pi V}{L}t$$
$$= -A\sin\dfrac{\pi V}{L}\left(t - \dfrac{5L-x}{V}\right)$$

素過程4
定常波の特徴
　腹：振幅最大の位置
　節：振幅 0 の位置

第3章 波　動

③ 腹や節の位置は次式より求める。

$$\sin\frac{\pi}{L}x = \begin{cases} \pm 1 \longrightarrow \frac{\pi}{L}x = \frac{\pi}{2}+n\pi & \text{腹の位置} \\ 0 \longrightarrow \frac{\pi}{L}x = n\pi & \text{節の位置} \end{cases} \quad (n=0,\ 1,\ 2,\ 3,\ \cdots)$$

解答例

【活用例題1】
問1　$20\,\text{m/s}$
問2　$x=4.0\,\text{m}$
問3　$0.30+0.40n\,[s]$
問4　$x=0\,\text{m}$，および $x=8.0\,\text{m}$
問5　右図
問6　$y=0.20\cos 5\pi t$

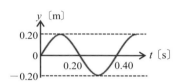

【活用例題2】
問1　$\lambda=\dfrac{L}{4}$，$\dfrac{L}{4T}$
問2　A（山），B（谷），C（節）
問3　同位相の場合

強め合う条件 $|\overline{PO}-\overline{QO}|=2n\cdot\dfrac{\lambda}{2}$　弱め合う条件 $|\overline{PO}-\overline{QO}|=(2n+1)\cdot\dfrac{\lambda}{2}$

逆位相の場合は，上記の条件式は逆転する。

【活用例題3】
(1) 波長は $2L$，振動数は $\dfrac{V}{2L}$　(2) $x=L$　(3) $x=\dfrac{3}{2}L$　(4) $y_1=-A\sin\dfrac{\pi V}{L}\left(t-\dfrac{x}{V}\right)$

(5) 右図

(6) ① $y_2=A\sin\dfrac{\pi V}{L}\left(t+\dfrac{x}{V}\right)$

② $B=2A\left|\sin\dfrac{\pi x}{L}\right|$

③ $x=(3-n)L$

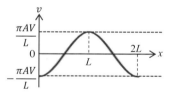

実力錬成問題

1 図1は x 軸正の向きに進む正弦波のある時刻における変位 y [m] と位置 x [m] との関係を表している。図2は同じ波の原点における変位 y [m] と時刻 t [s] との関係を表している。以下の問いに有効数字2桁で答えよ。

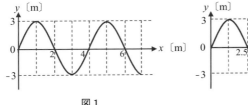

図1

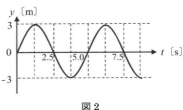

図2

(1) この波の振幅 [m] を求めよ。
(2) この波の波長 [m] を求めよ。
(3) この波の振動数 [Hz] を求めよ。
(4) この波の伝わる速さ [m/s] を求めよ。
(5) 図1の時刻 t [s] を求めよ。
　　ただし，$0\,\text{s} \leqq t < 5.0\,\text{s}$ とする。

【愛知県中高共通（2012年度）】

2 水面上で距離 d だけ離れた点 A，B に 2 つの波源を置いた。この 2 つの波源を同じ振動数，同じ振幅，同位相で振動させ，波長 λ の波を発生させた。このとき，2 つの波が常に弱め合う点を連ねた線（節線）の模様は図のようになった。このとき，次の設問に答えよ。

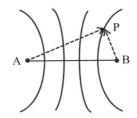

問1　節線上の点を P とすると，$|\text{AP}-\text{BP}|$ はいくらか。
問2　距離 d と波長 λ の比はどのような範囲になるか。
問3　2 つの波源の振動数と振幅は変えずに，振動の位相を逆にして波を発生させた。節線の模様はどうなるか。

【大学入試センター試験物理問題（2003年度）】

3 ある気体中を x 軸に沿って音波が進んでいる。図1は時刻 $t=0$ における場所ごとの変位を表したグラフである。図2は $x=0$ における気体の変位の時間変化を表したグラフである。ただし，両グラフとも，x 軸の正の向きへの変位を y 軸の正の向きに，x 軸の負の向きへの変位を y 軸の負の向きにとって表してある。

第3章 波　動

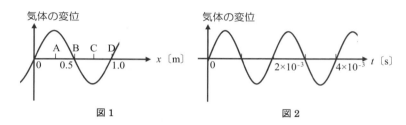

図1　　　　　　　　　　図2

(1) この音波の速さと向きを答えよ。
(2) 図1に示したA〜Dの各点のうち，時刻$t=0$において，気体が最も密な点及び疎な点の組み合わせとして適切なものを，①〜⑥から選び，番号で答えよ。
　① 密—A，疎—C　　　　　　② 密—C，疎—A
　③ 密—B，疎—D　　　　　　④ 密—D，疎—B
　⑤ 密—A及びC，疎—B及びD　⑥ 密—B及びD，疎—A及びC
(3) 時刻$1.5×10^{-3}$sにおける場所ごとの気体の変位を表すグラフをかけ。

【神戸市高校物理（2008年度）】

4 下の図は，x軸の正の向きに速さvで伝わる正弦波（入射波）について，時刻0での波形を示したものである。任意の時刻tにおける$x=0$での入射波の変位が$y=-A\sin\omega t$で表せるとき，任意の位置xでは，原点より［　①　］だけ遅れて振動するので$y=$［　②　］と表すことができる。この波は$x=L$で固定端反射し，入射波と干渉して定常波ができた。次の(1)〜(4)の問いに答えよ。

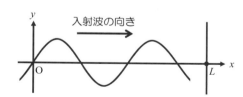

(1) ［　①　］，［　②　］に適当な式を入れて文を完成させよ。
(2) この正弦波の波長を求めよ。
(3) 時刻t，位置xでの反射波の振動を表す式を書け。
(4) 時刻t，位置xでの定常波の振動を表す式をtの関数とxの関数の積で表せ。

【熊本県高校物理（一次）（2011年度）】

解法への指針

1 (1)(2)【素過程（ある時刻での波形）】，(3)【素過程（原点での単振動）】
(5)図1で次の瞬間の波形を描くと原点は下へ移動する。図2では原点の動きは正方向に移動していることから，図1は半周期経過後の波形の様子を表している。

2 【素過程（干渉条件（弱め合う条件））】，【素過程（定常波では，節間距離は $\frac{\lambda}{2}$ となる）】，
(3)逆位相の場合，元の振動の強め合う箇所（腹）が節線として現れる。

3 【素過程（$t=0$ での波形）】，【素過程（原点での単振動）】，【素過程（縦波の横波表示）】
(3)負方向へ移動する波で $\frac{3}{4}T$ 経過後の波形を書く。

4 【素過程（波の伝搬式）】，【素過程（固定端反射：反射波は位相が半波長（すなわち π）ずれる）】，【素過程（定常波の特徴）】
(1)，(2) $y=A\sin\omega\left(t-\frac{x}{v}\right)$ と $y=A\sin 2\pi\left(\frac{t}{T}-\frac{x}{\lambda}\right)$ との比較．(3)(4)は活用例題 3 との違いに注意。

2 音の性質

キーワードチェック

□音波　□音速　□音の三要素（音の高さ，音の大きさ，音色）　□うなり
□弦の振動　□気柱の共鳴（閉管，開管）　□ドップラー効果

ワンポイントチェック

① 音波は，空気等の［　　　］が振動して［　　　］波として伝わっていく現象をいう。ギターの弦のように，振動して音を出すものを［　　　］という。

② 空気中を伝わる音速は，約［　　　］m/s である。気体の音速は，気体分子の分子量が大きいほど［　　　］なる。また，気体と液体の音速を比較すると，液体中の音速の方が気体よりも［　　　］なる。

③ 音の高さは，音波の［　　　］で決まる。440 Hz の音の1オクターブ高い音は，［　　　］Hz である。音波の［　　　］が大きいほど，音は大きく聞こえる。

④ 同じ高さの音でも，ギターとピアノでは音波の波形が異なるので，［　　　］が違って聞こえる。音さのように正弦曲線の波形をもつ音を［　　　］という。

⑤ ギターの弦において弦の線密度を ρ [kg/m]，弦を張る張力を S [N] とすると，弦を伝わる横波の速さ v [m/s] は，［　　　］で与えられる。このとき，太い弦と細い弦では，太い弦の方が v は［　　　］なり，音は［　　　］なる。また，1本の弦で弦を強く張るほど v は［　　　］なり，音は［　　　］なる。

⑥ 図1のように試験管に水を入れ，口の部分に唇をあてて息を吹いて音を出す。このとき，水の量が少ない方が，音は［　　　］なる。このような片側が閉じた管を［　　　］という。閉管にできる定常波は，開口端では［　　　］反射が起こるので，（腹・節）＊となり，閉じた端では［　　　］反射が起こるので，（腹・節）＊となる。＊は適語を選べ。

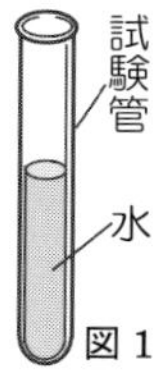

⑦ 救急車が振動数 f [Hz] の音を出しながら一定の速さ v [m/s] で，静止している観測者に近づいてくる。音速を V [m/s] とすると，観測者が聞く振動数 f' は，［　　　］となり，音は［　　　］聞こえる。このように，音源や観測者が動くときに音の高さが変化して聞こえる現象を［　　　］という。

図1

解答例　① 媒質，縦，音源　② 340，小さく，大きく　③ 振動数，880，振幅　④ 音色，純音
⑤ $v=\sqrt{\dfrac{S}{\rho}}$，小さく，低く，大きく，高く　⑥ 低く，閉管，自由端，腹，固定端，節　⑦ $f'=\dfrac{V}{V-v}f$，高く，ドップラー効果

重要事項の解説

1 音　波

【音波と音速】

　ギターの弦や人の声帯のように，振動することによって音を出すものを**音源**（または**発音体**）という。音源が振動すると，そのすぐ周りの媒質（例えば，空気）を押したり引いたりして媒質の密度が周期的に変化する。その結果として生じる媒質の振動が縦波（疎密波）として伝わっていく現象を**音波**という。音を伝える媒質のない真空中では，音波は伝わらない。

　空気中を伝わる音波の速さ（**音速**）は，温度のみに依存する。

> **公式** 空気中の音速
> 　乾燥した t [°C] の空気中を伝わる音波の速さ V [m/s] は，次のように与えられる。
> $$V = 331.5 + 0.6t \quad \cdots\cdots ①$$

　①式を使うと 15°C の空気の音速はおよそ 340 m/s となる。通常，空気中の音速を使って何かの物理量を概算する場合は，この値を使うことが多い。第 2 章第 3 節の実力錬成問題 **3** に，「気体の音速を与える熱力学の式から①式を導出する問題」が掲載されているので参考にされたい。なお，①式は室温付近で成り立つ近似式である点に注意したい。

　表 1 にいろいろな媒質中の音速の値を示す。気体の音速を見ると，ヘリウムのような分子量が小さい気体の音速は大きく，二酸化炭素のような分子量が大きい気体の音速は小さい。また，液体の音速は気体の音速よりも大きく，固体の音速はさらに大きくなる。

媒 質		音速 [m/s]
気体	空気（15°C）	340
	ヘリウム（0°C）	970
	二酸化炭素（20°C）	275
	窒素（20°C）	349
液体	水（20°C）	1,482
	海水（20°C）	1,513
	メタノール（20°C）	1,121
固体	窓ガラス（縦波）	5,440
	鉄（縦波）	5,950
	アルミニウム（縦波）	6,420

表 1

【音の三要素】

　音を特徴づける，**音の高さ**，**音の大きさ**，および**音色**を**音の三要素**という。以下，各要素について順に見ていこう。

音の高さ：音の高さの違いは，音波の振動数の大小による。高い音は振動数が大きく，低い音は振動数が小さい。1 オクターブ高い音は，振動数が元の音の 2 倍になる。具体的には，A 音（ハ長調のラの音）が 440 Hz で，それよりも 1 オクターブ高い A 音が 880 Hz，1 オクターブ低い A 音が 220 Hz になる。図 2 に音声や楽器が出すことので

第3章 波　動

きる振動数のおおよその範囲を示す。

人が聞くことのできる音（**可聴音**）の振動数は，約 20～20000 Hz の範囲になる。可聴音よりも振動数の大きくて人の耳に聞こえない音を**超音波**という。超音波は，病院で内臓や胎児の状態を検査する超音波診断，漁船の魚群探知機等に利用されている。

音の大きさ：人が聞く音の大きさの違いは，振動数が同じならば，音波の振幅の違いによる。振幅の大きな音ほど圧力変化も大きくなり，大きな音になる。なお，**音の強さ**は，（単位断面積を単位時間当たりに通過する）音波のエネルギーであり，音の大きさと区別するので注意しよう。

音色：音の高さと大きさが同じでも，音さやピアノ等，音源によって音色が違って感じられる。これは，図3に示すように音源により音波の波形が異なるからである。音さのように正弦曲線の波形をもつ音を**純音**という。これに対し，楽器の複雑な波形は，いくつかの正弦曲線を重ね合わせることにより再現することができる。

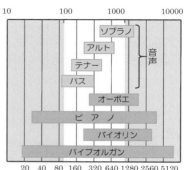

図2

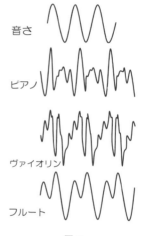

図3

【反射，屈折，回折，干渉】

反射，屈折，回折，干渉など，波動が示す現象は音波でも観測される。

反射：音波の反射の具体例として，こだまが挙げられる。教室の中で話すように校庭で話しても声が聞こえにくいのは，教室だと声が壁や天井で何度も反射されるのに対し，校庭ではその反射がないからである。

屈折：音波は，音速が異なる媒質の境界面で屈折する。音速が連続的に変化する媒質内でも，音波は音速の小さい方に曲がって進む。図4(a)のように日中，地表の温度が高く上空に行くほど温度が低くなるときは，音波は上方へ曲がって進むので，遠くの音はあまり聞こえない。一方，図4(b)のように晴れて気温の下がった夜は，地表に近いほど温度が低くなり音速も小さくなるので，音波は下方へ曲がり，遠くの音でもよく聞こえる。

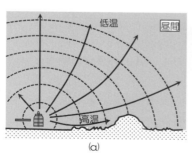

図4

回折：空気中の音波は波長が長く（440 Hz で約 77 cm），その値は塀の高さやドアのすき間と同程度なので回折が起こりやすい。塀の向こう側にいる人の話し声が聞こえるのは，音波が回折するからである。

干渉：広い部屋の中で図5のように2個のスピーカーを適当に離して置く。振動数と振幅が等しい音波を両方のスピーカーから同時に鳴らすと，2つの音波の干渉が起こるので，音が大きく聞こえるところと小さく聞こえるところが交互に現れる。

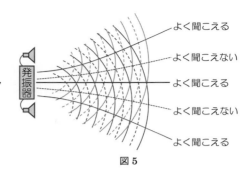

図5

【うなり】

図6のように，振動数が少しだけ異なる2つの音さを同時に鳴らすと，音の大きさが周期的に変化して，うなっているように聞こえる。この現象をうなりという。

> **例題で確認** 振動数がそれぞれ f_1〔Hz〕，f_2〔Hz〕の2つの音さを同時に鳴らすとき，毎秒聞こえるうなりの回数 N〔Hz〕を求めよ。

状況▶▶ 図7の上に f_1 の波，真ん中に f_2 の波を示す。一番下の合成された波を左側から順に見ていくと，2つの波の山がちょうど重なる（位相が等しい）ところで，音は最も強め合う。それから少しずつお互いの山がずれて弱くなっていき，山と谷が重なる（位相が π ずれる）前後で音は弱め合う。その場所を越えると再び強くなっていき，2つの波の山の数が1つだけずれた（位相が 2π ずれた）ところで，最も強くなる。

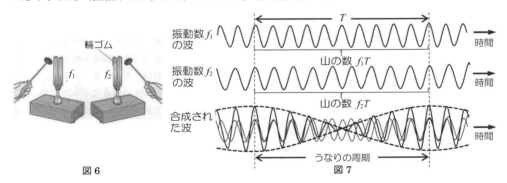

図6　図7

展開▶▶ 合成された波が最も強め合う間隔（周期）を T〔s〕とすると，その間に f_1 の波の山の数と f_2 の波の山の数は，ちょうど1つ違う。したがって，

$$|f_1 T - f_2 T| = 1$$

また，毎秒聞こえるうなりの回数 N（うなりの振動数）と T（うなりの周期）との間には，$N = \dfrac{1}{T}$ の関係式が成り立つ。

第3章 波　動

> **例題から得られる結論**
> 振動数がそれぞれ f_1[Hz]，f_2[Hz] の2つの音さを同時に鳴らすとき，毎秒聞こえるうなりの回数 N[Hz] は次のようになる。
> $$N=|f_1-f_2| \quad \cdots\cdots ② \quad 【毎秒聞こえるうなりの回数】$$

2 弦の振動

　両端を固定した弦をはじくと，弦の振動が横波となって両側に伝わり，両端の固定端で反射して弦を何度も往復する。その結果，両端を節とする定常波ができ，一定の高さの音が出る。

　弦の長さを L[m] として，定常波の腹の数が m 個のときの波長を λ_m[m] とすると，図8より，$L=m\dfrac{\lambda_m}{2}$ となるので，λ_m は次式で与えられる。

$$\lambda_m=\frac{2L}{m} \quad (m=1, 2, 3, \cdots) \quad \cdots\cdots ③$$

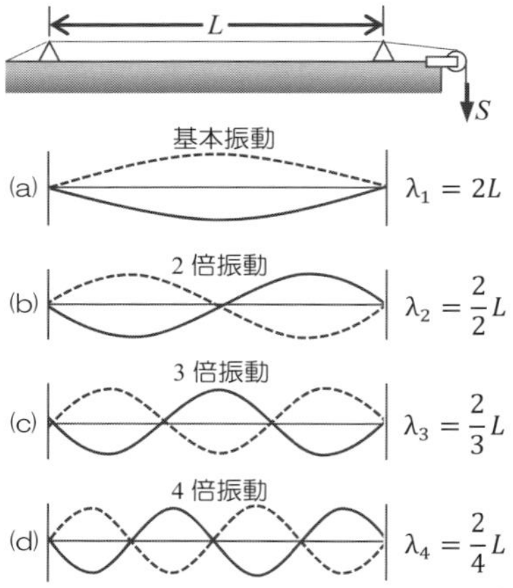

　線密度 ρ[kg/m] の弦を S[N] の力で張ったときの弦を伝わる横波の速さ v[m/s] は，

$$v=\sqrt{\frac{S}{\rho}} \quad \cdots\cdots ④ \quad 【弦を伝わる横波の速さ】$$

で与えられる。③式と④式を使うと，次の結論が得られる。

図8

> **公式　弦の m 倍振動の振動数**
> 両端が固定端の長さ L[m] の弦に腹の数が m 個の定常波ができているとき，振動数 f_m[Hz] は次のように与えられる。
> $$f_m=\frac{v}{\lambda_m}=\frac{mv}{2L}=\frac{m}{2L}\sqrt{\frac{S}{\rho}} \quad (m=1, 2, 3, \cdots) \quad \cdots\cdots ⑤$$

　これらの定常波ができる振動を弦の**固有振動**，その振動数を**固有振動数**という。それぞれの固有振動は，$m=1$ から順に**基本振動**，**2倍振動**，**3倍振動**，…とよばれる。また，そのときの音を順に**基本音**，**2倍音**，**3倍音**，…という。

　図3に示した楽器の音色を決める複雑な波形は，基本振動と倍振動の重ね合わせによって生じる。音の高さを決める基本振動に対して，それに重なるそれぞれの倍振動の割合によって波形が変わり，楽器特有の音色となる。

　ここで，④式を導出しておこう。

> **例題で確認**　線密度 ρ[kg/m] の弦を S[N] の力で張ったときに，弦を伝わる横波の速さ v[m/s] が $v=\sqrt{\dfrac{S}{\rho}}$ で与えられることを示せ。

状況▶▶ 図9のような対称的な単一の横波が進む場合を考える。波は弦を左から右に進行するものとする。そのときに波と一緒に進行する座標系から観測すると，波は静止し，その代わりに弦が図9の $\vec{v}$ の矢印で示すように右から左へ通り過ぎて行くと見ることができる。以後，この座標系で考える。いま，波の一部を半径 R の円弧と見なし，長さ Δl の微小要素を中心 O から見込む角を 2θ とする。このとき，弦の張力 $\vec{S}$ が微小要素の両端を円弧の接線方向に引っ張っている。

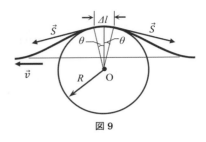

図9

展開▶▶ 2つの張力 $\vec{S}$ の水平成分は互いに相殺されるが，鉛直成分は足し合わされて半径方向の復元力 $\vec{F}$ になる。その大きさ F は，

$$F = 2 \times S\sin\theta \fallingdotseq S \times 2\theta = S\frac{\Delta l}{R} \quad \text{【弦の復元力】}$$

となる。ここでは，θ が小さいときの近似式「$\sin\theta \fallingdotseq \theta$，$\Delta l = R \times 2\theta$」を用いた。

一方，弦の微小要素部分 Δl は円弧に沿って v で動いているので，中心へ向かう向心力 $F = \Delta m \dfrac{v^2}{R}$ を持つ。ここで，Δm は微小要素 Δl の質量で，ρ を弦の線密度とすると $\Delta m = \rho \Delta l$ となる。先ほど求めた弦の復元力がこの向心力を与えているので，

$$\Delta m \frac{v^2}{R} = \rho \Delta l \frac{v^2}{R} = \frac{S \Delta l}{R} \quad \text{【向心力＝弦の復元力】}$$

の関係式が成り立つ。v について解くと，$v = \sqrt{\dfrac{S}{\rho}}$ が得られる。

3 気柱の振動

試験管の口に唇を当てて息を吹くと，管から音が出る。これは試験管の空気の柱（**気柱**という）に定常波が生じたからである。そのときに，試験管の底の<u>閉じた端では，空気が管の長さ方向にそれ以上振動できないので固定端反射が起こり，定常波の節になる</u>。一方，試験管の口の開口端は，<u>自由端反射となり定常波の腹になる</u>。以下，閉管，開管それぞれについて，音の高さ（定常波の振動数）に関する規則性を見てみよう。

【閉管】

試験管のように一端が閉じている管を**閉管**という。図10に閉管に生じる定常波を示す。気柱の長さ L [m] の閉管内に生じる定常波の節の数が m 個のときの波長を λ_m [m] とすると，図より $\dfrac{\lambda_m}{4}$ の奇数倍の定常波ができることがわかる。式で表すと，$L = (2m-1) \cdot \dfrac{\lambda_m}{4}$ となる。したがって，λ_m と固有振動数 f_m [Hz] は次のようになる。

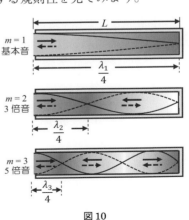

図10

> **公式** 閉管に生じる定常波の波長と固有振動数
>
> 定常波の波長 λ_m [m] と固有振動数 f_m [Hz] は，気柱の音速を V [m/s] とすると，それぞれ次式で与えられる。
>
> $$\left. \begin{array}{l} \lambda_m = \dfrac{4L}{2m-1} \\ f_m = \dfrac{V}{\lambda_m} = \dfrac{(2m-1)V}{4L} \end{array} \right\} \text{ただし，} m = 1,\ 2,\ 3,\ \cdots \quad \cdots\cdots ⑥$$

$m=1$ から順に，基本音，3倍音，5倍音とよんでいく。閉管の場合，基本音の偶数倍はできないことに注意しよう。

図10において，気柱部分の濃淡は，定常波が実線のときの空気の密度（圧力）分布を示す。定常波が破線のときは，濃淡が逆になる。これより，定常波の節では，空気の振動の変位がないにも関わらず，密度（圧力）の変化が最大になることがわかる。一方，腹では空気の振動の変位が最大で密度（圧力）変化は最小になる。この変化の様子は横波を縦波に変換して考えると分かりやすい（第1節参照）。

【開管】

筒のように両端が開いている管を**開管**という。図11のように，長さ L [m] の開管に定常波ができる条件は，節の数が m 個のときの波長を λ_m [m] とすると，$\dfrac{\lambda_m}{2}$ の整数倍となることがわかる。式で表すと，$L = m \cdot \dfrac{\lambda_m}{2}$ である。したがって，λ_m と固有振動数 f_m [Hz] は次のようになる。

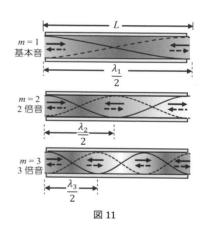

図11

> **公式** 開管に生じる定常波の波長と固有振動数
>
> 定常波の波長 λ_m [m] と固有振動数 f_m [Hz] は，気柱の音速を V [m/s] とすると，それぞれ次式で与えられる。
>
> $$\left. \begin{array}{l} \lambda_m = \dfrac{2L}{m} \\ f_m = \dfrac{V}{\lambda_m} = \dfrac{mV}{2L} \end{array} \right\} \text{ただし，} m = 1,\ 2,\ 3,\ \cdots \quad \cdots\cdots ⑦$$

$m=1$ から順に，基本音，2倍音，3倍音とよんでいく。開管と弦では，定常波の節と腹の位置は逆になるが，⑦式と弦の式（③式，⑤式）は同じ形式を与える。

閉管・開管とも，開口端付近では管の中だけでなく外の空気も振動するため，開口端

は完全な自由端とはならず，開口端の少し外側に腹があるかのように振動する。この腹から管口までの距離を**開口端補正**という。

4 共振・共鳴

多くの物体は，その物体固有の振動数で振動する。この振動を固有振動といい，その振動数を固有振動数という。物体（振動体）に固有振動数と等しい振動数の周期的な力を加え続けると，振動体は固有振動を始め，次第に振幅が増大していき大きなエネルギーをもつようになる。このような現象を**共振**，特に音の場合を**共鳴**という。共振・共鳴の具体例を見ておこう。

図12のように，同じ振動数の音さAとBを向かい合わせに置き，Aをたたいて音を鳴らすと，もう一方の音さBも共鳴して鳴り出す。すなわち，Aをたたいた後に，指でAをつかんで振動を止めても，Bが鳴っているのが観察される。

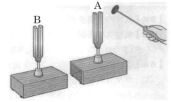
図12

図13のように，横に張ったひもに長さの等しい振り子AとBをつるす。①Aを振動させると，Bが共振して振動を始める。②次第にAの振幅は減少し，Bの振幅は増大する。③やがて，Aの振動が止まり，Bの振幅が最大になる。その後，AとBの立場を変えて，①②③を何度もくり返す。このとき長さの異なる振り子Cは共振しない。

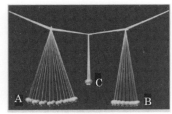
図13

5 ドップラー効果

道ばたに立っていて，サイレンの音を鳴らしながら救急車が目の前を通り過ぎる場面に出くわしたとき，救急車が近づいている間はサイレンの音は高く，遠ざかっている間は低く聞こえる。このように，音源や観測者が動くときに，音の高さを示す振動数が変化して聞こえる現象を**ドップラー効果**という。

【音源が動く場合】

図14のように，音源Sが動く状況を考える。音源が動いても音速は変わらないので，音源の進む前方の波長は，音源が静止しているときよりも短くなり，後方の波長は逆に長くなる。このときの波長を具体的に求めてみよう。

振動数 f [Hz] の音源Sが速さ u_S [m/s] で左から右へ進む。音速を V [m/s] とする。音源Sが S_0 の位置にあったときに出された音波が t 秒後に，位置 A_1，A_2 まで広がったときの様子が図14に描かれている。音源Sは，時間 t の間に S_1 まで移動しながら ft 個の波を出している。音源の前方で，それらの波は $S_1A_1 = Vt - u_S t$ 間に入っている。したがって，音源の前方の音波の波長 λ' [m] は，

$$\lambda' = \frac{Vt - u_S t}{ft} = \frac{V - u_S}{f} \quad \cdots\cdots ⑧ \quad \text{【音源の前方の波長は短くなる】}$$

となり，音源が静止しているときよりも短くなる。このとき，音源の前方に静止している観測者が聞く音の振動数 f' は，$f' = \dfrac{V}{\lambda'}$ から求めることができる。

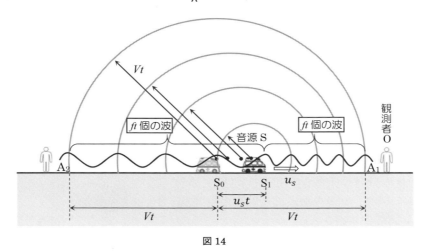

図14

同様に，音源Sの後方には，$S_1A_2 = Vt + u_st$ 間に ft 個の波が入るので，後方にできる音波の波長 λ' は，

$$\lambda' = \frac{Vt + u_s t}{ft} = \frac{V + u_s}{f} \quad \text{【音源の後方の波長は長くなる】} \quad \cdots\cdots ⑨$$

で与えられ，長くなる。以上をまとめると，次のようになる。

公式 音源が動く場合の振動数

振動数 f [Hz] の音源が速さ u_s [m/s] で観測者に近づく場合と遠ざかる場合を考える。それぞれの場合に，観測者が聞く音の振動数 f' [Hz] は，次式で与えられる。

$$\left. \begin{array}{l} f' = \dfrac{V}{V - u_s} f \\[6pt] f' = \dfrac{V}{V + u_s} f \end{array} \right\} \cdots\cdots ⑩ \quad \begin{array}{l} \text{【音源が観測者に近づくとき】} \\[6pt] \text{【音源が観測者から遠ざかるとき】} \end{array}$$

音源が観測者に近づくときは，$f' > f$ となり，音が高く聞こえる。逆に音源が遠ざかるときは，$f' < f$ となり，音は低く聞こえる。**音源が動く場合は，波長が変化すること**を覚えておこう。

【観測者が動く場合】

図15のように，振動数 f [Hz] の静止した音源Sがあり，波長 λ [m] の音波を出している。その音源から速さ u_0 [m/s] で遠ざかっている観測者Oが聞く音の振動数 f' を考えてみよう。このとき，観測者が動いても音源の波長 λ は変わらない。音速を V [m/s] とする。位置 O_0 を通過した瞬間に観測者Oが聞いた音波は，t 秒後に Vt だ

け進み，B_1 に達する（図15(b)）。その間に観測者 O は，$u_0 t$ だけ進み O_1 にくる。したがって，時間 t の間に観測者が聞く音波の数 $f't$ は，$O_1B_1 = Vt - u_0t$ の中に入っている音波だけである。これを式で表すと，$f't = \dfrac{Vt - u_0t}{\lambda}$ となり，整理すると，

$$f' = \dfrac{V - u_0}{\lambda} \quad \cdots\cdots ⑪ \quad \text{【観測者が遠ざかるとき，音波の数が減少する】}$$

となる。静止した音源の音波の波長は，$\lambda = \dfrac{V}{f}$ で与えられるので，⑪式に代入する。

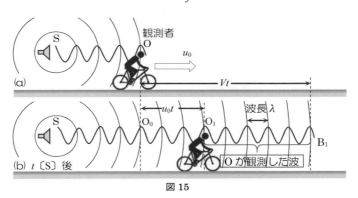

図15

観測者が音源に近づく場合も，同様に考察できる。これらをまとめると，次の結論が得られる。

> **公式** 観測者が動く場合の振動数
>
> 振動数 f[Hz] の音源が静止し，観測者が速さ u_0[m/s] で音源から遠ざかる場合と近づく場合を考える。それぞれの場合に，観測者が聞く音の振動数 f'[Hz] は，次式で与えられる。
>
> $$\left. \begin{array}{l} f' = \dfrac{V - u_0}{V} f \\[2mm] f' = \dfrac{V + u_0}{V} f \end{array} \right\} \cdots\cdots ⑫ \quad \begin{array}{l} \text{【観測者が音源から遠ざかるとき】} \\[2mm] \text{【観測者が音源に近づくとき】} \end{array}$$

観測者が音源から遠ざかるときは，$f' < f$ となるので，静止した観測者よりも低い音を聞く。それに対して，観測者が音源に近づくときは，$f' > f$ となり，高い音を聞く。**観測者が動く場合は，波長が変わらずに観測者が聞く音波の数が変わることを押さえておこう。**

【音源と観測者の両方が動く場合】

音速を V[m/s]，音源の速度を u_S[m/s]，音源の振動数を f[Hz]，観測者の速度を u_0[m/s] とする。このとき，観測者が聞く音の振動数 f'[Hz] は，⑩式と⑫式から次式で与えられる。

第3章 波　動

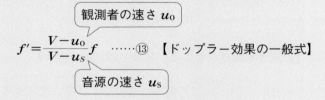

公式 音源と観測者の両方が動くときの振動数

$$f' = \frac{V - u_o}{V - u_s} f \quad \cdots\cdots ⑬ \quad 【ドップラー効果の一般式】$$

観測者の速さ u_o
音源の速さ u_s

u_s と u_o の符号は，音源から観測者に向かう向きを正とし，それと逆向きを負とする。u_s と u_o の正負の関係を，図16にまとめる。

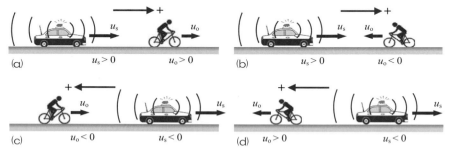

図16

ここで，反射体があるときのドップラー効果について見ておこう。

> 例題で確認　音波のドップラー効果を利用した装置に，ボールの速さを測定するスピードガンがある。図17のように，ボールの進行方向の真正面から振動数 f の音波を発射し，ボールに当たって反射してくる音波を観測した。音速を V, ボールの速さを v とする。スピードガンが観測する音波の振動数を求めよ。
>
> 【神奈川県高校物理（2012年度）改】

状況▶▶　音源と観測者（ともにスピードガン）が静止して，反射体（ボール）が動く場合のドップラー効果である。反射体が，まず観測者の立場で音波を聞き，次に音源の立場に変わって音波を出すという2段階で考えるとよい。

展開▶▶　v で近づく反射体が聞く音波の振動数 f' は，観測者が動く場合の⑫式より，

$$f' = \frac{V + v}{V} f$$

図17

で与えられる。次に反射体が f' の音波を出しながら，v で近づくとき，静止した観測者が聞く音波の振動数 f'' は，音源が動く場合の⑩式より，

$$f'' = \frac{V}{V - v} f' = \frac{V + v}{V - v} f \quad \cdots\cdots ⑭$$

となる。⑭式より，$f'' > f$ となり，音源と観測者が静止して反射体が観測者に近づいてくるときは音が高くなる。スピードガンの音源には，マイクロ波や超音波が利用されている。

反射体があるときのドップラー効果の問題は，この例題で取り上げた「音源と観測者が静止して，反射体が動く場合」の他に，「反射体が静止して，音源と観測者が独立に動く場合」，「観測者が静止して，音源と反射体が独立に動く場合」，「音源，観測者，反射体がそれぞれ独立に動く場合」等，さまざまなパターンが見られる。いずれのパターンでも，

(1) 反射体が観測者の立場で聞く音波の振動数を求める。
(2) 反射体が音源の立場で(1)で求めた振動数の音波を出すときに，観測者が聞く振動数を求める。

というように，2段階にわけて考えるとよい。

【媒質が運動する場合（風が吹く場合のドップラー効果）】

風が吹く等によって媒質が動いている場合は，音速が変わる。風がないときに音源から伝わる音速を V として，風速 w の風が吹いているとき，風下には $V+w$，風上には $V-w$ で音波が伝わる。例えば，図16(a)において，左から右に向かって風が吹いているとき，風下にいる観測者が聞く音の振動数 f' は，⑬式の V を $V+w$ で置き換えて，

$$f' = \frac{V+\omega-u_0}{V+\omega-u_S}f \quad \cdots\cdots ⑮$$

で与えられる。実力錬成問題 $\boxed{4}$ に，関連する問題を載せている。

第3章 波　動

活用例題で学ぶ知識の活用

【活用例題1】　　　　　　　　　　　　　　　　福島県高校物理2012年度（頻出・普通）
　弦の長さ，張力，太さと音階の関係について調べるために，弦楽器を用いてA〜Cの実験を行った。弦は材質が一様な円筒形であり，たるまないものとする。
　初めに，弦の長さをL_0として中心付近をはじいた。このとき発生した音の振動数をf_0とする。この振動数f_0の音を図の「ド0」の音とし，弦の長さ，張力，太さを変えることにより，「十二平均律」で音階をつくり，音階は図のように表すものとする。「十二平均律」は隣り合う音の振動数の比が等しくなっている。
A　弦の張力，太さは初めのままで，長さの異なる12本の弦を用いて1オクターブの音階を作った。
B　弦の長さL_0，張力は初めのままで，太さの異なる12本の弦を用いて1オクターブの音階を作った。
C　弦の長さL_0，太さは初めのままで，張力の異なる12本の弦を用いて1オクターブの音階を作った。
(1) 実験Aにおいて，次の①〜③の問いに答えよ。
　① 初めに発生させた振動数f_0の音より1オクターブ高い音を出すには，弦の長さをいくらにすればよいか。L_0を用いて求めよ。
　② 図の「ソ7」の音の振動数をf_0を用いて求めよ。
　③ 図の「ソ7」の音を出すときの弦の長さをL_0を用いて求めよ。
(2) 実験Bにおいて図の「ミ4」の音の弦の半径は「ド0」の音の弦の半径の何倍になっているか。
(3) 実験Cにおいて図の「ラ9」の音の弦の張力は「ド0」の音の弦の張力の何倍になっているか。

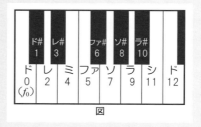

図

　📖解説　弦の固有振動に関する問題である。十二平均律において，各音の振動数をどのように式で表すかがポイントになる。次の3つの素過程から構成される。
【素過程1】十二平均律の各音の振動数　→　(1)〜(3)
【素過程2】弦の固有振動　→　(1)〜(3)
【素過程3】弦を伝わる波の速さ（線密度と張力の関係式）　→　(2), (3)
　問題文にあるように十二平均律の音階は，隣り合う音の振動数の比が等しくなる。基準となる音の振動数をf_0とすると，12音上にある基準音の1オクターブ上が$2f_0$となるので，f_0からn音上の音の振動数は，等比数列の一般項として$f_n = 2^{\frac{n}{12}} f_0$で与えら

2 音の性質

れる。

☞ **解答への指針**

(1) Aの実験では，弦を伝わる波の速さ v が等しい。③基本振動なので，弦の長さの2倍が波長になる。「ソ7」の振動数を f_7，弦の長さを L_7 とすると，

$$v = f_0 \times 2L_0 = f_7 \times 2L_7$$

が成り立つ。

(2) Bの実験では，弦の線密度 ρ_n が変わる。n 音上の音の振動数は，$f_n = \dfrac{1}{2L_0}\sqrt{\dfrac{S_0}{\rho_n}}$ で与えられる。ここで，S_0 は一定の張力である。「ミ4」の振動数 f_4 と f_0 の比は，

$$\dfrac{f_4}{f_0} = \sqrt{\dfrac{\rho_0}{\rho_4}} = \dfrac{r_0}{r_4} \quad (r_0,\ r_4 \text{ はそれぞれの弦の半径})$$

となる。

(3) Cの実験では，弦の張力 S_n が変わる。「ラ9」の振動数 f_9 と f_0 の比は，$\dfrac{f_9}{f_0} = \sqrt{\dfrac{S_9}{S_0}}$ となる。

素過程への分解・分析
素過程1 十二平均律 $f_n = 2^{\frac{n}{12}} f_0$
素過程2 弦の固有振動 $v = f\lambda$
素過程3 弦を伝わる波の速さ $v = \sqrt{\dfrac{S}{\rho}}$

【活用例題2】 岩手県高校物理2012年度（頻出・易）

図の装置で，管口近くで音叉を鳴らしながら，水面をゆっくり下げていったところ，管口から $l_1 = 18.9\,\mathrm{cm}$ のときに初めて音が大きく聞こえた。さらに水面を下げていくと，音はいったん小さくなり，$l_2 = 59.1\,\mathrm{cm}$ のときに再び音が大きく聞こえた。

(1) 管口にできた定常波の波長を求めよ。
(2) 開口端補正を求めよ。
(3) 空気を伝わる音の速さは，0℃のときの331.5 m/s で，1℃上昇する毎に0.6 m/s 速くなる。この実験をしたときの室温が15.0℃であるとき，管内の空気を伝わる音の速さを求めよ。
(4) 音叉の振動数を求めよ。
(5) 水面が管口から l_2 のとき，空気の密度の変化が大きい位置は，管口から何 cm のところか。全てあげよ。

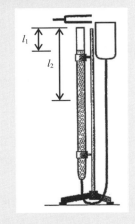

📖 **解説** 気柱の共鳴の実験に関する基本的な問題である。図のような装置で実験すると，問題文にあるように開口端補正が観測される。ここでは2つの素過程を挙げておく。

【素過程1】閉管の気柱に生じる定常波　→　(1)〜(5)
【素過程2】t ℃のときの音速　→　(3)

第3章 波　動

☞ 解答への指針
(1) l_1 のときに基本振動，l_2 のときに3倍振動ができている。そのときの波長 λ は，次式で与えられる。
$$\lambda = 2(l_2 - l_1)$$
(2) 開口端から少し出たところに生じる定常波の腹から管口までの距離 d を求める。このとき，$\dfrac{\lambda}{4} = l_1 + d$ が成り立つ。
(3) 問題文を式にすると，$t\,°\mathrm{C}$ のときの音速 V は，
$$V = 331.5 + 0.6t$$
で与えられる。
(5) 空気の密度変化が最も大きいのは，定常波の節である。

素過程への分解・分析
素過程1　閉管の気柱に生じる定常波
定常波の波長
開口端補正

素過程2　$t\,°\mathrm{C}$ のときの音速

素過程1
空気の密度変化

【活用例題3】　　　　　　　　香川県高校物理2011年度（頻出・普通）

　風のない空間内で，観測者が音源の進む進路から離れているときに，聞こえてくる音が，ある時を境に高い音から低い音に変わることを，図に示すような場合について考える。観測者Oは静止しており，音源Sは一定の振動数 f の音を発しながら，時刻 $t = 0$ に出発点から速さ v_S で図のように移動し始め，その後も等速で運動を続けた。音源が観測者に最も近づく位置を点Pとし，$\angle \mathrm{POS} = \theta$ とする。音速を V として，次の問いに答えよ。

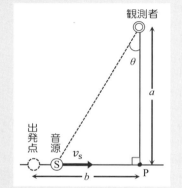

(1) 図に示した位置で音源が発した音が観測者に届くとき，観測者に聞こえる音の振動数 f' を V, v_S, θ, f で表せ。
(2) 観測者から点Pまでの距離を a，音源の出発点から点Pまでの距離を b として，観測者に音源と同じ振動数の音（$f' = f$）が聞こえる時刻を求めよ。

📖 解説　音源の進行方向から離れた場所に，観測者が静止している。音源の速さ v_S の観測者に向かう成分を考えれば，単に音源が観測者に近づく場合のドップラー効果の問題に帰着される。したがって，素過程としては次の一点のみである。

【素過程】音源が近づく場合のドップラー効果　→　(1), (2)

☞ 解答への指針
(1) v_S の観測者に向かう成分は，$v_S \sin\theta$ となる。
(2) $f' = f$ となるのは，音源が点Pを通過したときであり，その時刻に発した音が観測者に届くまでに，さらに，$\dfrac{a}{V}$ の時間がかかる。

素過程への分解・分析
素過程　ドップラー効果
音源が近づく場合
$$f' = \dfrac{V}{V - v} f$$

178

2 音の性質

解答例

【活用例題1】

(1) ① $\dfrac{L_0}{2}$ ② $2^{\frac{7}{12}}f_0$ ③ $2^{-\frac{7}{12}}L_0$ (2) $2^{-\frac{1}{3}}$ 倍 (3) $2^{\frac{3}{2}}$ 倍

【活用例題2】

(1) 80.4 cm (2) 1.2 cm (3) 341 m/s (4) 424 Hz (5) 18.9 cm, 59.1 cm

【活用例題3】

(1) $f' = \dfrac{V}{V - v_\text{s}\sin\theta}f$ (2) $\dfrac{a}{V} + \dfrac{b}{v_\text{s}}$

実力錬成問題

[1] 図のように，音をAから入れ，左と右に分かれた経路，APBとAQBとの二つを通った音を干渉させ，Bで音を聞くことができる装置がある。引き出すことのできるQは，はじめ完全に入った状態で，経路APBとAQBとの経路の長さに差はなかった。次にQをゆっくり引き出すと，最初に音が小さくなってから，長さ$l=8.5$ cm引き出す毎に音が小さくなった。音速を340 m/sとして，音の波長と振動数を求めよ。

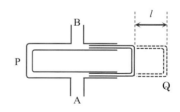

【高知県高校物理（2012年度）改】

[2] 右の図は，一定の振動数で振動させることができる電磁音さに弦の一端を取り付け，滑車を通して他端におもりをつるした実験装置の一部を模式的に示したものである。図1のように，弦に質量MのおもりAをつるして，電磁音さの振動方向と直角に張り，弦の左端から滑車までの距離をL，電磁音さの振動数をfにして振動させたところ，弦には腹が4個の定常波ができた。また，図2のように，図1で用いた弦におもりBをつるして，電磁音さの振動方向と平行に張り，距離Lと振動数fはそのままにして振動させたところ，弦には腹が4個の定常波ができた。おもりBの質量を求めよ。その際，求め方も書け。ただし，弦の両端は定常波の節であるとする。

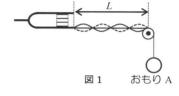

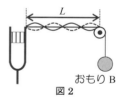

【広島県高校物理（2010年度）】

[3] 線密度の異なる2本の弦AB，BCをつないで振動させたところ，図のようにA，B，Cに節をもつ定常波となった。弦ABは長さ$3l$，線密度ρ_1であり，弦BCは長さl，線密度ρ_2である。ただし，弦の張力はともに同じ大きさで，これをSとする。

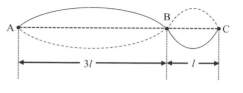

(1) AB部分とBC部分を伝わる波の速さをそれぞれv_1，v_2とする。v_1，v_2を求めよ。
(2) ρ_2はρ_1の何倍か，求めよ。

【秋田県高校理科（2012年度）抜粋】

4 図のような順に，観測者，音源，反射板が一直線上に並んでいる。観測者と音源は静止し，音源は一定の振動数 f_0 の音を出している。また，反射板は面を進行方向に垂直に保ちながら一定の速さ v で音源に向かって動いている。このとき，速さ w の一様な風が観測者から反射板に向かって吹いている。無風状態での音の速さを V として，次の問いに答えよ。ただし，v と w は V に比べて十分小さいものとする。

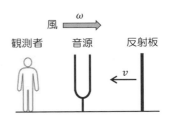

(1) 反射板が受け取る音の振動数を求めよ。
(2) 観測者が受け取る反射板で反射した音の振動数を求めよ。
(3) 観測者が受け取る音源から直接届く音の振動数を求めよ。
(4) 単位時間当たりに観測者が聞くうなりの回数を求めよ。

【群馬県高校物理（2011年度）抜粋】

解法への指針

1 【素過程（音波の干渉）】（状況把握）図のような装置を**クインケ管**という。Q を l 引き出すと，経路差は $\underline{2l}$ になる。波の干渉条件より，2つの音波の経路差が λ 違う毎に弱め合う。

2 【素過程（弦の固有振動，弦を伝わる波の速さ）】（状況把握）電磁音さの振動数 f に対して，図1の配置では，弦の振動数も f で変わらないが，図2の配置では，弦の振動数は半分の $\dfrac{f}{2}$ になる。

3 (1)(2)【素過程（弦の固有振動，弦を伝わる波の速さ）】（状況把握）(2) AB 部分と BC 部分では波長や伝わる波の速さは異なるが，振動数は同じになる。

4 (1)〜(4)【素過程（風が吹く場合のドップラー効果）】(4)【素過程（うなり）】（状況把握）風が吹く場合，媒質が動くので音速が変わる。(1)音の進む方向（音源から反射体）と風の方向が同じなので，$V+w$ で音が伝わる。(2)音の進む方向（反射体から観測者）と風の方向が逆になるので，$V-w$ で音が伝わる。(3)観測者と音源は静止しているので，風が吹いても振動数は変わらない。

3 光 波

キーワードチェック

□反射の法則 □屈折の法則 □屈折率 □全反射 □臨界角 □レンズの公式
□実像・虚像 □ヤングの実験 □回折格子 □ニュートンリング □薄膜の干渉
□光学距離

ワンポイントチェック

① 光は同じ媒質中では_____する。異なる媒質では，その境界面で一部は_____し，また残りは_____する。

② 真空中での光の速さをc，屈折率n ($n>1$) の媒質中での光の速さをvとすると，_____の法則から$v=$_____で真空中での光の速さよりも（大きい，小さい）。

③ 光が屈折率nの媒質中を距離L〔m〕だけ進む間に，真空中では_____〔m〕だけ進む。この距離を_____という。

④ 光の_____は屈折では変化しないが，屈折率のより大きい媒質との境界面で反射するとき，反射波の位相はπ（_____波長）ずれる。

⑤ 物体とレンズの距離をa〔m〕，レンズと像の距離をb〔m〕，レンズの焦点距離をf〔m〕とすると_____が成り立つ。このとき，a，b，fの符号は，凹レンズでは，それぞれ_____，_____，_____となる。

⑥ ヤングは光の干渉縞を観察し，光が_____であることを示した。空気中を伝わる音波と異なり，光は_____現象の発見によって_____波であることがわかっている。

⑦ 透明なガラス板などの一方の面に1cmあたり500～1000本程度の平行で等間隔の細い溝を引いたものを_____という。これに光を当てるとスクリーン上に_____がはっきりと並ぶ。

⑧ シャボン玉や水面上の油膜は色づいて見える。これは膜の_____で反射した光と膜の_____で反射した光が_____するためである。

⑨ 2枚のガラス板を重ね，一端に薄紙をはさんでくさび型空気層をつくり，上から単色光を当てると_____に並ぶ明線が見られる。これは上のガラス板の_____と下のガラス板の_____からの反射光の_____により生じたものである。

解答例　① 直進，反射，屈折　② 屈折，$\frac{c}{n}$，小さい　③ nL，光学距離（光路長）　④ 位相，半　⑤ $\frac{1}{a}+\frac{1}{b}=\frac{1}{f}$，正，負，負　⑥ 波，偏光，横　⑦ 回折格子，明線　⑧ 表面，裏面，干渉　⑨ 等間隔，底面，上面，干渉

重要事項の解説

1 光の反射と屈折

均質な媒質中を光が伝わるとき，波長よりも狭い隙間（スリット）を通過するようなことがなければ，光は直進し，その進路を**光線**として表すことができる。

光線の概念を用いて，光の直進性や反射，また屈折の法則などを幾何学的に扱う分野を**幾何光学**という。以下，幾何光学の諸法則について，さらにはその実例としてレンズや鏡での像のでき方について学ぶ（鏡については補足で扱う）。

(1) 反射の法則と屈折の法則

光は同じ媒質中では直進するが，異なる媒質との境界面ではその一部は反射し，残りは屈折する（図1）。

このとき，入射角を i，反射角，屈折角をそれぞれ j，r すると，i と j には**反射の法則**が，また i と r には**屈折の法則**が成り立つ。

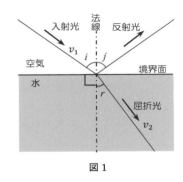

図1

> **法則** 反射の法則
>
> 反射角と入射角とは同じ平面内にあり，入射角 i と反射角 j は互いに等しい。
> $$i = j \quad \cdots\cdots ①$$

> **法則** 屈折の法則
>
> 反射角と屈折角は同一平面，境界面をはさんで両側にあり，入射角 i と屈折角 r の間には次の関係が成り立つ。
> $$\frac{\sin i}{\sin r} = \frac{c_1}{c_2} = \frac{\lambda_1}{\lambda_2} = n_{12}(n_{1\to 2}) \quad \cdots\cdots ②$$

ここで，c_1，c_2 は，それぞれの媒質中での光速，λ_1，λ_2 は波長を表す。

この n_{12} を媒質Ⅰに対する媒質Ⅱの**相対屈折率**といい，特に，媒質Ⅰが真空の場合の n_{12} を，媒質Ⅱの**絶対屈折率**，または単に**屈折率**という。表1にさまざまな物質の屈折率を示す。上の2つの法則はいずれも**ホイヘンスの原理**を用いて導くことができる（p.154 参照）。

表1 物質の屈折率

物質		屈折率
気体 (0°C 1気圧)	空気	1.000292*
	二酸化炭素	1.000450
	ヘリウム	1.000035
液体 (20°C)	水	1.3330
	エタノール	1.3618
	パラフィン油	1.48
固体 (20°C)	ダイヤモンド	2.4195
	氷（0°C）	1.309
	ガラス	1.5〜1.9

＊ナトリウムランプから出る黄色い光（波長 5.893×10^{-7} m）に対する値。光の波長や物質の温度，圧力によって，屈折率は異なる。

第3章 波　動

> **例題で確認**　媒質Ⅰに対する媒質Ⅱの相対屈折率 n_{12} を媒質Ⅰ，Ⅱの屈折率（絶対屈折率）n_1, n_2 を用いて $n_{12} = \dfrac{n_2}{n_1}$ と表せることを示せ。

状況▶▶ 図2の状況から，真空→媒質Ⅰ（屈折率 n_1），媒質Ⅰ→媒質Ⅱ（相対屈折率 n_{12}），真空→媒質Ⅱ（屈折率 n_2）を屈折の法則を用いて角度の比で表す。なお，それぞれの角度については図2参照。

展開▶▶ 屈折の法則を真空→媒質Ⅰ，媒質Ⅰ→媒質Ⅱ，真空→媒質Ⅱに適用して，$n_1 = \dfrac{\sin\theta}{\sin i}$，$n_{12} = \dfrac{\sin i}{\sin r}$，$n_2 = \dfrac{\sin\theta}{\sin r}$

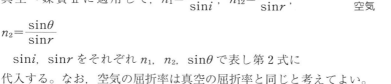

図2

$\sin i$, $\sin r$ をそれぞれ n_1, n_2, $\sin\theta$ で表し第2式に代入する。なお，空気の屈折率は真空の屈折率と同じと考えてよい。

> **例題から得られる結論**　相対屈折率と絶対屈折率の関係
> 　媒質Ⅰに対する媒質Ⅱの相対屈折率 n_{12} と媒質Ⅰ，Ⅱの屈折率（絶対屈折率）n_1, n_2 の関係は次式で与えられる。
>
> 媒質Ⅰに対する媒質Ⅱの屈折率 $n_{12} = \dfrac{n_2}{n_1}$ ＝ 媒質Ⅱの絶対屈折率／媒質Ⅰの絶対屈折率

　屈折の法則を各媒質の絶対屈折率を用いて表すことを考えよう。入射角，また屈折角を図3のように θ_1, θ_2 とすると

$$\dfrac{\sin\theta_1}{\sin\theta_2} = n_{12} = \dfrac{n_2}{n_1} \longrightarrow \boxed{n_1\sin\theta_1 = n_2\sin\theta_2}$$

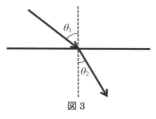

図3

の関係が成り立つ。後者の式は**スネルの式**とよばれ，各媒質の屈折率とその媒質中の角度の正弦（sin）との積，すなわち $n \times \sin\theta$ が保存することを表している。

(2) 全反射

　光が屈折率の大きい媒質から小さい媒質に向かうとき，入射角よりも屈折角の方が大きい。このため，ある入射角で屈折角が90°になる。この入射角を**臨界角**という。入射角が臨界角をこえると光はすべて反射される。この現象を**全反射**という（図4）。
　光が屈折率 n の媒質から屈折率1の空気中へ入射するとき，屈折の法則（スネルの式）から次の関係が成り立つ。

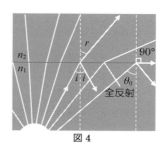

図4

公式 光が屈折率 n の媒質から空気中へ入射するとき，臨界角を θ_0 とすると，次式が成り立つ．

$$1 \times \sin 90° = n \times \sin\theta_0 \longrightarrow \sin\theta_0 = \frac{1}{n} \quad \cdots\cdots ③$$

③式を用いると，媒質の屈折率から臨界角の値を求めることができる．

2 凸レンズと凹レンズ

(1) 凸レンズによる像（実像と虚像）

【作図による像の求め方】

凸レンズによる物体の像については，次の3つの代表的な光線を用いればよい．

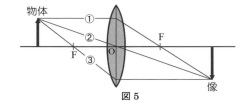

① レンズの光軸に平行な光線は，レンズを通過後，レンズの反対側の焦点 F を通る．
② レンズの中心 O を通る光線はそのまま直進する．
③ 手前の焦点 F を通る光線は，レンズを通過後，光軸に平行に進む．

実際に像を求めるには，この3つの光線のうち2つの屈折光の交点を求めればよい．図5には実像を求める様子を示したが，凸レンズの場合，物体の像が実像になるか虚像になるかは物体の位置によって異なってくる点に注意したい（図6）．

条件 凸レンズの実像と虚像の条件
　実像：物体の位置が物体と同じ側にある焦点より外にある
　虚像：物体の位置が物体と同じ側にある焦点より内にある

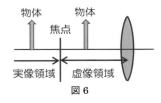

なお，物体が焦点上にあるとき像はできない．

【レンズの公式による像の求め方】

物体 AA′ の像を BB′ としたとき，像 BB′ の位置，また像 BB′ の大きさ（倍率）を求めよう．レンズの焦点をそれぞれ F，F′ として，焦点距離を f，物体からレンズまでの距離を a，像からレンズまでの距離を b としたとき，これらの間には次の関係が成り立つ（記号については図7参照）．

公式 レンズの公式（物体 AA′，像 BB′ の位置，及び焦点距離との関係）

$$\frac{1}{a} + \frac{1}{b} = \frac{1}{f} \longrightarrow b = \frac{af}{a-f} \quad \cdots\cdots ④$$

④式より，物体の位置が焦点よりレンズ側にある場合（$a<f \to a-f<0$），すなわち虚像のとき b の値はマイナスとなる。

さらに，像 BB′ の大きさに関しては，物体の大きさ $|AA'|$ と像の大きさ $|BB'|$ との比として表した次の**倍率**を用いる。

> **公式** 倍率（物体 AA′，像 BB′ の大きさの比）
> 物体に対する像の大きさの比（**倍率**）m は次式で与えられる。
> $$m = \frac{|BB'|}{|AA'|} = \left|\frac{b}{a}\right| \longrightarrow |BB'| = m|AA'| \quad \cdots\cdots ⑤$$

次の例題で，凸レンズの場合のレンズの公式が成り立つことを確認しよう。

> **例題で確認** 凸レンズで物体が焦点の外側にあるとき，焦点距離 f，物体からレンズまでの距離 a，像からレンズまでの距離 b には $\dfrac{1}{a} + \dfrac{1}{b} = \dfrac{1}{f}$ の関係式が成り立つことを示せ。

状況▶▶ 図7の三角形の相似の関係を用いる。すなわち，
○ **レンズの公式に関しては，**
　△POF∽△B′BF，△AA′O∽△BB′O
○ **倍率に関しては**
　△AA′O∽△BB′O

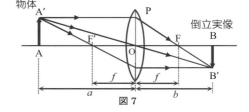

図7

の関係をそれぞれ用いる。

展開▶▶ △AA′O と △BB′O，また △POF と △B′BF が相似の関係にあることから，対応する辺の比が等しい。
$$\frac{BB'}{AA'} = \frac{b}{a} = m, \quad \frac{BB'}{OP} = \frac{b-f}{f}$$

また，AA′＝OP であるから，
$$\frac{b}{a} = \frac{b-f}{f} \text{ より } \frac{1}{a} + \frac{1}{b} = \frac{1}{f} \text{【レンズの公式】が導ける。}$$

(2) 凹レンズによる像（虚像）

凸レンズでは，物体を焦点の内側（レンズの中心と焦点の間）に置いたとき虚像となった。しかし，凹レンズの場合，光はレンズ通過後発散するので，物体が焦点の外側，内側にかかわらず常に**正立虚像**となる。

【作図による像の求め方】

凹レンズによる物体の像については，次の3つの代表的な光線を用いればよい（図8参照）。
① レンズの光軸に平行な光線は，レンズを通過後，前方の焦点から出たように進む。
② レンズの中心を通る光線はそのまま直進する。

③ 後方の焦点に向かう光線は，レンズを通過後，光軸に平行に進む。

実際に像を求めるには，凸レンズ同様，この3つの光線のうち2つの屈折光の交点を求めればよい。

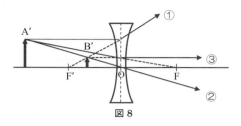
図8

【レンズの公式による像の求め方】

凸レンズと同様に，物体 AA' の像を BB' としたとき，像 BB' の位置，また像 BB' の大きさ（倍率）を求めよう。レンズの焦点をそれぞれ F, F' として，焦点距離を f（常にマイナス），物体からレンズまでの距離を a，像からレンズまでの距離を b（常にマイナス）としたとき次の関係が成り立つ（記号については図9参照）。

> **公式** レンズの公式（凹レンズ）
>
> 常に虚像ができるから，④式で b を $-b$ に，f を $-f$ に置き換えた式
>
> $$\frac{1}{a} - \frac{1}{b} = -\frac{1}{f} \quad \cdots\cdots ⑥$$

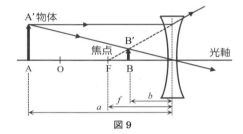
図9

倍率については，凸レンズと同じ関係（⑤式）が成り立つ。

④，⑥式から，レンズの公式，また倍率については，b や焦点距離 f の符号に配慮すれば，凸レンズ，凹レンズの区別なく次のように表すことができる。

レンズの公式（まとめ）

① レンズから物体の像までの距離 b，および像の種類について

　像がレンズの後方にできるとき：b はプラスで，このとき倒立実像

　像がレンズの前方にできるとき：b はマイナスで，このとき正立虚像

② 焦点距離 f について

　凸レンズのとき：f はプラス

　凹レンズのとき：f はマイナス

$$\frac{1}{a} + \frac{1}{b} = \frac{1}{f}, \quad 像の倍率 \ m = \left|\frac{b}{a}\right|$$

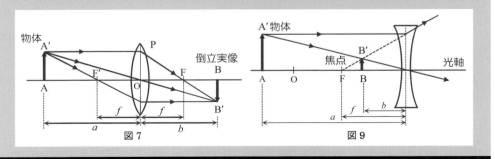
図7　　　　　　　図9

第3章　波　　動

例題で確認 レンズ通過後の光線の進路を記入し，像ができる場合，実像は実線で虚像は点線で記入せよ。

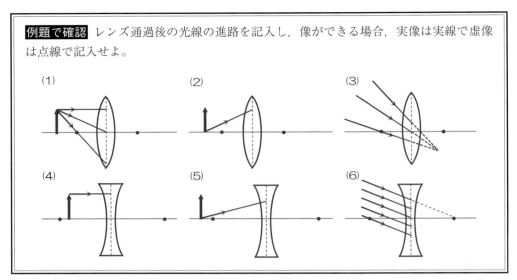

確認▶▶ 凸レンズによる像の作図には，次の3種類の光線を用いる。なお，（　　　）内は凹レンズについての作図の方法である。
① 光軸に平行に入射した光はレンズで屈折後，後方の焦点を通る（前方の焦点から出たように進む）。
② レンズの中心を通る光は直進する（同様）。
③ 前方の焦点を通った光線は（後方の焦点に向かうように入射した光線は），屈折後，光軸に平行に進む。

なお，①～③にあてはまらない光線は，像の位置を求めた後で作図する。

作図例（以下参照）

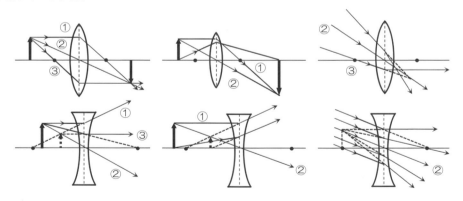

発展 2枚のレンズの組み合わせによってできる像

物体から出た光が2枚のレンズを通った後，どのような像ができるのだろう。レンズの配置（離れて置かれているか，密着しているか）によって，次の2つの場合に分かれる。

3 光 波

【2枚のレンズが離れている場合（図10a）】

2枚のレンズA，Bを光軸が一致するようにして離して置く。このとき，2枚のレンズによる物体の像の位置は，次の手順で求めることができる。

① レンズAのみによる物体の像Pの位置を求める
② 像PをレンズBに対する物体と考えて，この物体のレンズBのみによる像Qの位置を求める。

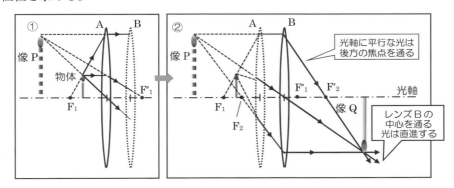

図10a

【2枚のレンズが密着している場合（図10b）】

2枚の十分に薄いレンズA，Bを光軸が一致するようにして密着させる。このとき，各レンズの焦点距離を f_1, f_2，2枚のレンズ全体を1枚のレンズと考えたときの焦点距離を f とすると次式が成り立つ。

$$\frac{1}{f} = \frac{1}{f_1} + \frac{1}{f_2}$$

なお，f_1, f_2 の符号は，凸レンズのとき正，凹レンズのときは負にとる。

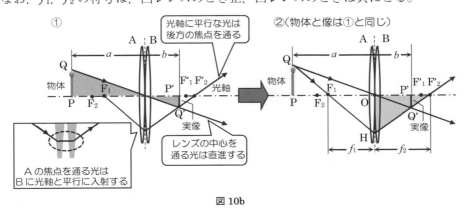

図10b

3 光の干渉と回折

光は波長が 10^{-7} m と極めて短いために，波の特徴である干渉や回折は観察されにくい。これまでは，光の直進や反射の現象を幾何学と結びつけて考えてきた。以下，光の波動としての特徴，すなわち回折や干渉について扱うことにしよう。このような分野を

幾何光学に対して**波動光学**という。

(1) ヤングの実験

図11のように，光源から出た単色光をスリット S_0 に通すと光が回折して広がる。その後，ごく接近した2つのスリット S_1，S_2 を通った光によってスクリーン上には明暗の干渉縞が現れる。

19世紀ヤング（英：1773～1829）は，この現象を2つのスリットを通過した光の干渉によって説明した。干渉や回折は波特有の性質であるので，ヤングはこの実験によって，光が波であることを初めて実証したことになる。このような2つのスリットを用いた波の干渉実験を総称して**ヤングの実験**という。

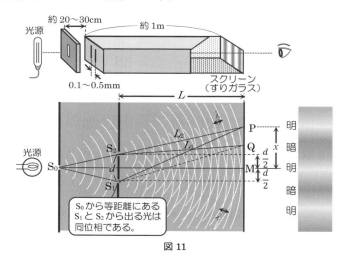

図11

まずは，波の特徴である回折と干渉という重要語句について確認しておこう。

> **重要語句** 回折と干渉（波の特徴）
> 回折：波が狭いすき間を通ると，その後方に回り込んで伝わる性質を回折という。すき間の大きさが波の波長程度のとき，回折現象はより鮮明になる。
> 干渉：振動数の等しい2つの波を，同じ位相で重ね合わせたとき，強め合ったり・弱め合ったりする性質を干渉という。

ヤングの実験のポイントは，単色光の波長を λ，スリット S_1，S_2 からスクリーン上のP点までの距離を L_1，L_2 としたとき，その光路差 $|L_1-L_2|$ が光の半波長の偶数倍（明線条件）であるのか，半波長の奇数倍（暗線条件）であるのかで明暗の縞模様のパターンが決まる点にある。

3 光波

公式 干渉の条件式（ヤングの実験）

スリット間隔を d，スリットからスクリーンまでの距離を L，スクリーンの中心から m 番目の明点（または暗点）までの距離を x とする。$m=0, 1, 2, \cdots$ として

$$|L_1-L_2| \fallingdotseq \frac{xd}{L} = \begin{cases} 2m \cdot \dfrac{\lambda}{2} & \text{明線条件（半波長の偶数倍）} \\ (2m+1) \cdot \dfrac{\lambda}{2} & \text{暗線条件（半波長の奇数倍）} \end{cases} \quad \cdots\cdots ⑦$$

ここで，⑦式では，L が d に比べて十分に大きいという仮定を用いている点に注意したい。なお⑦式から，たとえば P 点がスクリーンの中心にあるとき（$x=0$），$m=0$ としたときの明線条件を満足することが分かる。さらに，⑦式を用いることで明線（暗線）同士の間隔や，また L や d，x 等の測定結果から実験に使用した単色光の波長 λ を求めることもできる。

⑦式の導出については，次の例題で確認しよう。

例題で確認

S_1，S_2 の間隔を d，複スリットからスクリーンまでの距離を L，スクリーン上の O 点から P 点までの距離を x としたとき以下の各問いに答えよ。

(1) O 点にできる明線を 0 番目としたとき，m 番目（$m=0, 1, 2, \cdots$）の明線が P 点にできた。x を λ，L，m で表せ。
(2) 隣り合う明線（または暗線）間の距離 Δx を求めよ。
(3) 単色光の代わりに白色光を用いたとき明線部分での色の並び方を答えよ。

【滋賀県高校物理（2011年度）・改】

状況 ▶▶ 図12のようにスリット S_1，S_2 からスクリーン上の P 点までの距離を L_1，L_2 とし，光路差 $|L_1-L_2|$ を求める。その際，

① 三平方の定理の活用　　② $a \ll 1$ のとき $(1+a)^n = 1+na$

を用いる。

$$L_1 = \sqrt{L^2 + \left(x-\frac{d}{2}\right)^2}$$

$$= L\sqrt{1 + \left(\frac{x-\frac{d}{2}}{L}\right)^2}$$

$$\longrightarrow L_1 \fallingdotseq L\left\{1 + \frac{1}{2}\left(\frac{x-\frac{d}{2}}{L}\right)^2\right\}$$

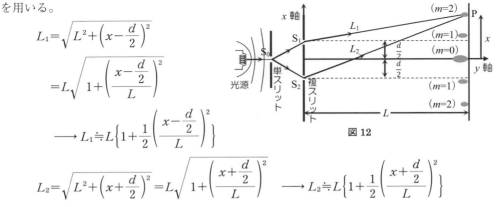

図 12

$$L_2 = \sqrt{L^2 + \left(x+\frac{d}{2}\right)^2} = L\sqrt{1 + \left(\frac{x+\frac{d}{2}}{L}\right)^2} \longrightarrow L_2 \fallingdotseq L\left\{1 + \frac{1}{2}\left(\frac{x+\frac{d}{2}}{L}\right)^2\right\}$$

別解として，次のように求めてもよい。図13のように，
θ が十分に小さいとき

$$|L_1-L_2|=d\cdot\sin\theta\fallingdotseq d\cdot\tan\theta=\frac{xd}{L}$$

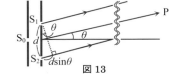

図 13

確認 ▶▶

(1) $L_1-L_2\fallingdotseq L\left\{1+\frac{1}{2}\left(\frac{x-\frac{d}{2}}{L}\right)^2\right\}-L\left\{1+\frac{1}{2}\left(\frac{x+\frac{d}{2}}{L}\right)^2\right\}$

$\quad=\frac{L}{2}\left\{\left(\frac{x}{L}-\frac{d}{2L}\right)^2-\left(\frac{x}{L}+\frac{d}{2L}\right)^2\right\}=-\frac{xd}{L}$ よって $|L_1-L_2|=\frac{xd}{L}$

(2) m 番目および $(m+1)$ 番目の明線の x 座標をそれぞれ x_m, x_{m+1}，隣り合う明線の間隔を $\varDelta x$ とする。⑦式より

$$\frac{x_m d}{L}=m\lambda,\quad \frac{x_{m+1}d}{L}=(m+1)\lambda\quad\text{よって}\quad \varDelta x=x_{m+1}-x_m=\frac{L}{d}\lambda(m+1-m)=\frac{L}{d}\lambda$$

(3) 明線間の間隔は波長 λ に比例するから，赤色光の方が青色光より干渉縞の間隔が広いことがわかる。すなわち，P 点にできる縞模様は，O 点に遠いところに波長の長い赤色が，近いところに波長の短い青色がならぶことになる。このように白色光を用いると色づいて見えることになる。

(2) 回折格子

ガラス板の片面に細い溝を平行に等間隔に付けたものを**回折格子**という。この溝の間隔 d [m] を**格子定数**という。回折格子の溝の部分は光を乱反射して不透明となり，溝と溝の間の透明な部分は光を透過させスリットの役割をする。この部分を透過した光は回折して広がり，一定の条件で干渉して強め合ったり弱め合ったりする（図14）。

【回折光が強め合う条件】

回折光が強め合ってスクリーン上に明るく映る条件を求めよう。格子定数 d [m] の回折格子に垂直に波長 λ [m] の平行光線が入射したとき，回折光と入射光とのなす角を θ とすると，図14より**隣り合う回折光との光路差は $d\sin\theta$** となる。

この光路差が半波長の偶数倍になるとき，その方向の回折光は強め合って明るくなる。したがって，強め合う条件は次のようになる。

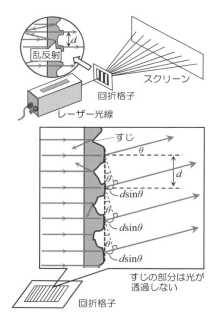

図 14

3 光波

> **公式** 回折格子の強め合う条件
> 格子定数を d[m],回折角を θ,入射光の波長を λ[m] とする。
> $$d \cdot \sin\theta = m\lambda \quad (m=0, 1, 2, 3, \cdots) \quad \cdots\cdots ⑧$$

この m を**次数**という。回折光の強度は次数が大きくなるにつれて小さくなる。スリットの数がきわめて多いので,回折格子で回折した光はスクリーン上にシャープな明線をつくる。また,角 θ が⑧式を満たす角度からわずかにずれると,たちまち多くのスリットからの光波が打ち消し合うので明線の幅はとても細くなる。さらに,入射光に白色光を用いると,波長によって明線の現れる角度が異なるので赤色から紫色まで色々な色に分かれたスペクトルが観察される。

(3) 薄膜による干渉

シャボン玉の膜や水たまりに浮かんだ油膜の表面が色づいて見えるのは,薄膜の表面で反射した光と裏面で反射した光の**干渉**によって生じる現象である。薄膜の干渉を理解する上でポイントとなるのは,**光学距離**,**反射による位相の変化**,および**光路差**の3点である。以下,これらのキーワードについて見てみよう。

【光学距離（光路長）】

屈折率 n の媒質中を光が距離 L だけ進むのに要する時間は,真空中の光速を c とすると $L \div \dfrac{c}{n}$ であるから,同じ時間に真空中を光は距離 nL だけ進む。この nL を**光学距離（光路長）**という（図15）。

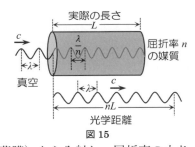

図 15

【反射による位相の変化】

図16で光②は,薄膜の下面で屈折率の大きい媒質（薄膜）から入射し,屈折率の小さい媒質（空気）との境界面で反射する。一方,光①は薄膜の上面で屈折率の小さい媒質（空気）から入射し,屈折率の大きい媒質（薄膜）との境界面で反射する。これは固定端での反射に相当し,反射によって位相が π だけ,すなわち半波長分だけ変化する。

固定端反射（疎から密）→位相が π（半波長）変化
自由端反射（密から疎）→位相の変化なし

【光路差】

図16のように屈折率 n ($n>1$),厚さ d[m] の薄膜に波長 λ[m] の単色光が入射し,薄膜の上面で反射する光①と,薄膜の下面Cで反射する光②が点 B_2 で再び出合い干渉を起こす。この2つの光①②の**光路差は $2nd\cos r$** となる。ここで r は屈折角である。
したがって,光①,②が強め合う,また弱め合う条件は次のようになる。

第3章 波　動

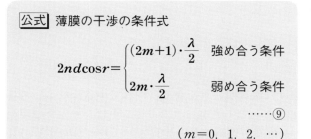

公式　薄膜の干渉の条件式

$$2nd\cos r = \begin{cases} (2m+1)\cdot\dfrac{\lambda}{2} & 強め合う条件 \\ 2m\cdot\dfrac{\lambda}{2} & 弱め合う条件 \end{cases}$$
……⑨
$(m=0,\ 1,\ 2,\ \cdots)$

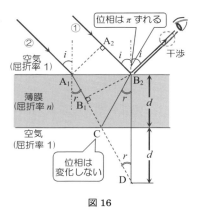

図16

　薄膜の干渉条件式⑨がヤングの条件式⑦と比べたとき，逆転しているのは，光①がB_2で反射するとき，光②と比べて，位相が半波長ずれたからである。

　シャボン玉の石けん膜では，図17のように最上部は暗く見える。石けん膜の厚みは下方にいくほど厚くなり，最上部ではきわめて薄い。きわめて薄い膜の場合，光路差はほぼ0と考えられるが，反射による位相の変化により弱め合って暗線となる。これは，暗線のできる条件式⑨においてmが0となる場合（弱め合う条件）に相当している。

図17

(4) ニュートンリング

　平面ガラスの上に曲率半径Rの非常に大きな平凸レンズを置き，上から垂直に単色光を当てると，図18のように同心円状に明暗の縞模様が見える。この模様は，ニュートンが詳しく調べたのでニュートンリングといわれる。明暗の縞模様は，平凸レンズの下面で反射する光①と，平面ガラスの上面で反射する光②の干渉によるものである。

図18

　以下，ニュートンリングにおける光①，②の光路差，および反射による位相の変化について見てみよう。

【光路差】

　図19のようにレンズの中心Cからrだけ離れた位置での空気層の厚みをdとする。球面の半径Rは十分に大きく，平凸レンズの下面Aで反射する光も鉛直上向きに進むと考えてよい。このとき，光①，②の光路差は$2d=\dfrac{r^2}{R}$で表される。

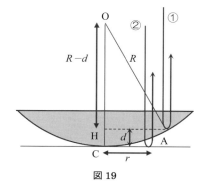

図19

194

△OAH に三平方の定理を用いて（図19参照），
$$R^2 = (R-d)^2 + r^2 \quad \therefore \quad r^2 = 2Rd - d^2$$

ここで，$R \gg d$ のとき，上の式の右辺第2項は無視できるので，光路差は $2d = \dfrac{r^2}{R}$ となる。

【反射による位相の変化】

光①は，屈折率の大きい媒質（平凸レンズ）から入射し，屈折率の小さい媒質（空気）との境界面で反射するので位相は変化しない。一方，光②は屈折率の小さい媒質（空気）から入射し，屈折率の大きい媒質（平面ガラス）との境界面で反射するので位相が π だけ（半波長）変化する。

以上から，ニュートンリングでの干渉の条件式は次のようになる。

公式 ニュートンリングの干渉の条件式

$$\dfrac{r^2}{R} = \begin{cases} (2m+1)\cdot\dfrac{\lambda}{2} & \text{強め合う条件（明線）} \\ 2m\cdot\dfrac{\lambda}{2} & \text{弱め合う条件（暗線）} \end{cases} \quad \cdots\cdots ⑩$$

$$(m = 0, 1, 2, \cdots)$$

または，⑩式をリングの中心からの距離 r について表してもよい。

公式 ニュートンリングの干渉の条件式（その2）

$$r = \begin{cases} \sqrt{\left(m+\dfrac{1}{2}\right)\lambda R} & \text{強め合う条件（明線）} \\ \sqrt{m\lambda R} & \text{弱め合う条件（暗線）} \end{cases} \quad \cdots\cdots ⑪$$

$$(m = 0, 1, 2, \cdots)$$

ニュートンリングの中心部は暗線の条件を満たすので暗く，また暗環の半径は次数 m の平方根に比例するから，縞の間隔は外側ほど狭くなる。

参考 光についての基礎知識

① 光速（真空中） $c = 2.99792458 \times 10^8$ m/s $\fallingdotseq 3.0 \times 10^8$ m/s

② 光の波長の違いを色の違いとして感じる。人の目に見える光を**可視光**といい，その範囲は概ね 7.70×10^{-7} m から 3.80×10^{-7} m である。

太陽光のように，可視光を全域にわたって含んでいる場合は白っぽく見え**白色光**という。白色光はプリズムを通すと元の成分の光（1種類の波長からなる

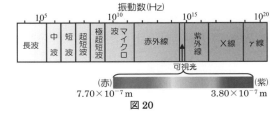

図20

単色光）に分かれる。この光の帯を**スペクトル**（図20）という。なお，**紫外線**とは紫よりも波長の短い光，また**赤外線**とは赤よりも波長の長い光を指している。

③ 太陽や電灯から出る光（自然光という）を**偏光板**に通すと，ある特定の振動方向の光（**偏光**という）だけを通すことができる。これは光が横波であることから生じる現象である。

補足 鏡（凹面鏡，凸面鏡）

　カーブミラーやバックミラーは，鏡の大きさに比べて広範囲な様子を写し出すことができる。鏡はレンズ（光の屈折の利用）とは違い光の反射を利用して像を結ぶ。ここでは，球面鏡，特に表面が凹んでいる凹面鏡について考えよう。なお，凹面鏡には凸レンズ同様，光を集める働き（集光作用）があり，凸面鏡には凹レンズ同様，光を発散させる働きがある。キーワードは反射の法則である。

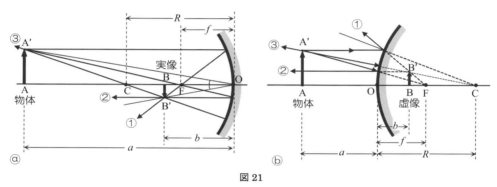

図 21

【凹面鏡による像の特徴】

　凹面鏡による物体の像については，次の3つの代表的な光線を用いればよい（図21ⓐ参照）。

① 光軸に平行に入射した光線は，反射後，焦点 F を通る。
② 焦点 F を通って入射した光線は，反射後，光軸に平行になる。
③ 鏡の曲率中心 C を通って入射した光線は，反射後，同じ経路を通る。

　凸レンズ同様，実際に像を求めるには，これら3つの光線のうち2つの反射光の交点を求めればよい。図21ⓐには実像を求める様子を示したが，物体の像が実像になるか虚像になるかは物体の位置によって異なる点に注意したい。なお，凹面鏡の性質①「平行な光線は1点に集まる」を利用して，パラボラアンテナや反射望遠鏡などではその断面が凹面になっていることも知っておきたい。なお，球面鏡では平行光線が光軸から離れるにつれて，反射後，焦点からずれることが知られている（球面収差）。パラボラアンテナや反射望遠鏡では，この点を改良した放物面鏡（断面が放物線）が用いられている。

【鏡の公式による像の求め方】

物体 AA′ の像を BB′ としたとき，物体が焦点よりも遠くにあるとき像は**倒立の実像**となり，他方，物体が焦点よりも近くにあるときは**正立の虚像**（像は鏡の後方にできる）となる。鏡の焦点距離を f，物体から鏡までの距離を a，像から鏡までの距離を b としたとき，これらの間には次の関係が成り立つ（記号については図21ⓐ参照）。この関係はレンズの公式と同じ形をしている点に注意したい。

> **公式** 鏡の公式（凹面鏡の場合）
> $$\frac{1}{a}+\frac{1}{b}=\frac{1}{f} \longrightarrow b=\frac{af}{a-f} \quad \cdots\cdots ⑫$$

⑫式より，物体の位置が焦点より鏡の中心 O 側にあるとき（$a<f \to a-f<0$），すなわち虚像ができるとき b の値はマイナスとなる。

さらに，像 BB′ の大きさに関しては，物体の大きさ |AA′| と像の大きさ |BB′| との比として表した**倍率**を用いる点もレンズと同様である。

> **公式** 倍率（物体 AA′，像 BB′ の大きさの比）
> 物体に対する像の大きさの比（倍率）m は次式で与えられる。
> $$m=\frac{|\mathrm{BB'}|}{|\mathrm{AA'}|}=\left|\frac{b}{a}\right| \longrightarrow |\mathrm{BB'}|=m|\mathrm{AA'}| \quad \cdots\cdots ⑬$$

次の例題で，凹面鏡の場合の鏡の公式⑫，⑬が成り立つことを確認しよう。

> **例題で確認** 凹面鏡で物体が焦点の外側にあるとき，焦点距離 f，物体から鏡までの距離 a，像から鏡までの距離 b には関係式⑫，⑬が成り立つことを示せ。

状況▶▶ △A′CA∽△B′CB，△A′OA∽△B′OB について三角形の相似の関係を用いる（図22）。

展開▶▶ △A′CA と △B′CB，また △A′OA と △B′OB が相似の関係にあることから，対応する辺の比が等しい。

$$\frac{\mathrm{BB'}}{\mathrm{AA'}}=\frac{R-b}{a-R}, \quad (m=)\frac{\mathrm{BB'}}{\mathrm{AA'}}=\frac{b}{a}$$

$$\longrightarrow \frac{1}{a}+\frac{1}{b}=\frac{2}{R}=\frac{1}{f}$$

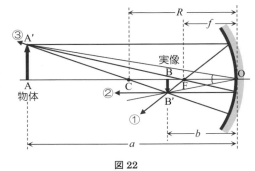

図22

なお，ここで R は凹面鏡（球面鏡）の半径であり，したがって球面鏡の場合，その焦点距離は半径の半分の値になる。

> **例題から得られる結論**（球面鏡の半径 R と焦点距離 f との関係）
> 球面鏡の焦点距離 $f=\dfrac{R}{2}$ 球面鏡の半径の半分 ……⑭

第3章 波　動

次に，凸面鏡について見てみよう。凹面鏡との違いに注意しよう。

【凸面鏡による像の特徴】

凸面鏡は光を発散するので，凹面鏡とは異なり，物体の像は常に**正立の虚像**になる。凸面鏡による物体の像を作図するには，次の3つの代表的な光線を用いればよい（図21 ⓑ参照）。

① 光軸に平行に入射した光線は，焦点 F から発散したように反射する。
② 焦点 F に向かって入射した光線は，反射後，光軸に平行になる。
③ 鏡の曲率中心 C に向かって入射した光線は，反射後，同じ経路を通る。

【鏡の公式（凸面鏡の場合）】

凸面鏡の場合の鏡の公式は，凹面鏡の公式⑫において，b を $-b$ に，また f を $-f$ に置き換えた関係を満たす。この場合も，凸レンズと凹レンズとの関係と等しい。したがって，以上から，球面鏡では，凹面鏡，凸面鏡の区別なく次の関係が成り立つ

> **公式** 鏡の公式
>
> $$\frac{1}{a}+\frac{1}{b}=\frac{1}{f}, \quad f=\frac{R}{2}$$
>
> $$m=\left|\frac{b}{a}\right|$$

	a	b	f	像の種類
凹面鏡	正	正	正	倒立の実像
凹面鏡	正	負	正	正立の虚像
凸面鏡	正	負	負	正立の虚像

なお，凸面鏡の性質としては，倍率 m は常に1より小さくなるが，広範囲な様子を写し出すことができるので，カーブミラーやバックミラーに利用されている。

活用例題で学ぶ知識の活用

【活用例題1】　　　　　　　　　　　兵庫県高校物理2010年度・改題（頻出・標準）

光に関する次の文を読んで，あとの問いに答えよ。

図のように，スリット S_1，S_2 の入ったスリット板Aに平行にスクリーンBを置く。さらに，スリット板Aの左から，波長 λ の単色光をスリット板Aに垂直に入射させる。スリット S_2 の前には，屈折率 $n(>1)$，厚さ t の透明板を置けるように準備する。$MO=L$，$S_1S_2=d$，$S_1P=L_1$，$S_2P=L_2$，$OP=x$ とし，d と x は，L に比べて十分小さいものとする。点Oは，S_1S_2 の中点Mをとおり，Bに垂直な直線とスクリーンBとの交点である。また，スクリーンB上に原点をOとする x 軸をとり上方を正とする。

(1) 次の文の（①）〜（③）に適する語句を書け。

1801年イギリスの（①）は，この実験により，2つの細いスリットを通り，（②）した光が（③）しあって，明暗の縞模様を生じることから，光が波動であると主張した。

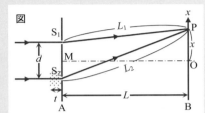

(2) まず，S_2 の前の透明板を置かないで実験した。スクリーン上に明暗の縞模様ができるが，縞模様の間隔を求めよ。

(3) 次に，S_2 の前に，屈折率 $n(>1)$，厚さ t の透明板を置いたところ，原点Oにあった明線は移動した。その x 座標を求めよ。

📖 **解説**　ヤングは光の「波としての基本的性質である回折・干渉」を複スリットによる実験で確認した。この実験によって，光は波であることが実証された。本例題は，ヤングの実験において，スリットの前に「ある厚さの物体」を置いたときの干渉縞の変化を問うものである。屈折率 n の物質中では光の進む長さを光学距離（$L \to nL$）に換算すれば，真空中のヤングの実験として扱える。ここでは以下の2つの【素過程】についてしっかりと押さえておきたい。

【素過程1】 ヤングの実験における干渉の公式　→　(2)，(3)
【素過程2】 光学距離　→　(3)

👉 **解答への指針**

(2) 干渉の公式から $|S_2P - S_1P| = d\dfrac{x}{L}$ ……①

　m 番目，$m+1$ 番目の明線の x 座標を，それぞれ x_m，x_{m+1} とすると

$$d\frac{x_m}{L} = m\lambda, \quad d\frac{x_{m+1}}{L} = (m+1)\lambda$$

素過程への分解・分析
(2)
素過程1 ヤングの実験における干渉の公式

第3章 波　動

$$\therefore \quad x_{m+1} - x_m = \frac{L\lambda}{d}$$

(3) 光源からスリット S_1, S_2 に入るまでの光路差は，真空中の距離（光学距離）に換算して $nt - t = (n-1)t$ ……②

光路差は全体として，①＋②＝$d\dfrac{x}{L} + (n-1)t$

いま原点にあった明線 (m＝0) が座標 $x=0$ から $x=x_0$ まで移動したとすると，$d\dfrac{x_0}{L} + (n-1)t = 0$ が成り立つ。これより x_0 が求まる。

【素過程1】
【素過程2】光学距離
$d\dfrac{x}{L}$ は真空中での距離。
したがって物質中の経路は光学距離（真空中での距離）に換算して加えること。

【活用例題2】　　　　　　　　　　岐阜県高校物理（1次）2011年度・改題（頻出・標準）

次の文章を読んで，設問(1)(2)に答えよ。

2枚の平行な平面ガラスA，Bがある。平面ガラスBを水平に置き，平面ガラスAと左端の点Oのみを接触させ，点Oから右へ水平にLだけ離れた位置に厚さDの物体をはさんで，くさび形の空気層をつくった。図はその断面図である。ただし，DはLに比べて十分小さいものとする。

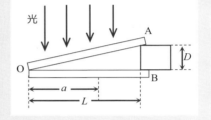

これに，波長 λ の単色光を平面ガラスAの上部から平面ガラスBに対して垂直に入射させて，平面ガラスAの上部から観察したところ，明暗の干渉縞が見られ，点Oから a だけ離れた位置には暗線ができていた。ただし，空気の屈折率を1，ガラスの屈折率を $n_1(>1)$ とする。

(1) 隣り合う暗線の間隔を求めよ。
(2) くさび形の空気層を屈折率 n_2 ($n_2 > n_1$) の透明な物質ですき間なく満たしたら，隣り合う暗線の間隔は何倍になるか。

📖 **解説** くさび型薄層（薄膜）の干渉では，上のガラスの下面Aで反射する光①と下のガラスの上面Bで反射する光②との干渉を考える。光①はA点での反射の際に位相は変化しないが，光②はB点での反射の際に位相が π（半波長）ずれる。したがって，光路差 $2d$ が半波長の偶数倍（奇数倍）のとき暗線（明線）ができる。ここでは次の3つの【素過程】が手がかりになる。

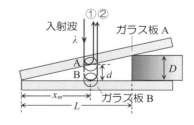

【素過程1】干渉の条件：光路差が半波長の偶数倍（奇数倍）のとき強め合い（弱め合い）が起こる。

【素過程2】反射の際の位相の変化：疎から密→位相が半波長変化（密から疎では位相の変化なし）

【素過程3】屈折率 n の媒質中での波長：$\lambda' = \dfrac{\lambda}{n}$ （真空中での波長 λ）　波長は短くなる。

☞ 解答への指針

(1) 反射の際，位相が半波長ずれるので，光路差が半波長の偶数倍のとき暗線ができる。

O から数えて m 番目の暗線での空気層の厚さを d_m とすると

$$2d_m = 2m \cdot \frac{\lambda}{2}, \quad 2d_{m+1} = 2(m+1) \cdot \frac{\lambda}{2}$$

$$\therefore \quad d_{m+1} - d_m = \frac{\lambda}{2} \quad \cdots\cdots ①$$

一方，$d = x \cdot \tan\theta \fallingdotseq x \cdot \dfrac{D}{L}$

$$\therefore \quad d_{m+1} - d_m = (x_{m+1} - x_m)\frac{D}{L} \quad \cdots\cdots ②$$

①②から暗線の間隔 $\Delta x (= x_{m+1} - x_m)$ を求める。

(2) (1)の結果から Δx は光の波長に比例する。また，屈折率 n_2 の媒質中での波長は $\dfrac{\lambda}{n_2}$（波長は短くなったとみなす）と変化する。

素過程への分解・分析

(1)
素過程1 干渉の条件
素過程2
反射の際の位相の変化

(2) **素過程3** 媒質中での波長の変化：
$\lambda \longrightarrow \lambda' = \dfrac{\lambda}{n}$
λ' の光と考えて扱う。

解答例

【活用例題1】
(1) ① ヤング ② 回折 ③ 干渉
(2) $\dfrac{L\lambda}{d}$ (3) $x_0 = -\dfrac{tL}{d}(n-1)$

【活用例題2】
(1) $\dfrac{L\lambda}{2D}$ (2) $\dfrac{1}{n_2}$ 倍

実力錬成問題

1 図のように，屈折率1.50のスライドガラスの表面に，屈折率1.30の薄膜をコーティングして空気中に置き，波長 6.24×10^{-7} m の単色光を上から垂直に入射させた。数値は有効数字3桁とし，以下の各問いに答えよ。

(1) 薄膜中での単色光の波長を求めよ。

(2) 薄膜の上面で反射した光と下面で反射した光が，弱め合うための最小の薄膜の厚さを求めよ。ただし，求める過程も示すこと。次に，同じ単色光をスライドガラスの下側から垂直に入射させ，上から観察した。

(3) 透過光が弱め合うための最小の薄膜の厚さを求めよ。

【静岡県高校物理（2009年度）改】

2 焦点距離がそれぞれ 10 cm, 15 cm の凸レンズ L_1, L_2 と，焦点距離が 15 cm の凹レンズ L_3 を用いて次の実験を行った。以下の各問いに答えよ。

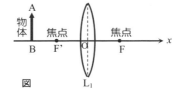

(1) 図のように，レンズ L_1 を x 軸上の原点 O に置き，光軸と x 軸が重なるようにした。さらに，$x = -15$ cm のところに軸に垂直に物体 AB を置いた。レンズによりできる像の位置を座標で答えよ。また，像は実像か虚像か。

(2) 次に，レンズ L_1 と物体 AB はそのままにして，レンズ L_2 を $x = 20$ cm の位置に置いた。レンズ L_1, L_2 によりできる像の位置を座標で答えよ。また，像は実像か虚像か。

(3) 次に，レンズ L_1 と物体 AB はそのままにして，レンズ L_2 をレンズ L_3 に置き換えた。レンズ L_1, L_3 によりできる像の位置を座標で答えよ。また，像は実像か虚像かの別，及び像の倍率を求めよ。

【長崎県高校物理（2010年度）改】

[解法への指針]

1 (1)【素過程1】屈折率 n の媒質中での波長：$\lambda' = \dfrac{\lambda}{n}$

(2)(3)【素過程2】干渉の条件：光路差が半波長の偶数倍（奇数倍）のとき強め合い（弱め合い）が起こる。

【素過程3】反射の際の位相の変化：疎から密→位相が半波長変化する（密から疎→位相の変化なし）。

[2] レンズの公式を用いて解く。a, b, f の正負の符号に気をつけたい。また2枚のレンズの組み合わせ（密着していない場合）によってできる物体の像に関する問題は，最初のレンズによってできる像を次のレンズの光源と考えることが基本である（発展参照）。

【素過程1】レンズの公式
【素過程2】組み合わせレンズによってできる像：最初のレンズによってできる像を，次のレンズの光源と考える

4 発展：波の数理的扱い

キーワードチェック

☐波の伝搬式　☐波束　☐コヒーレンス（可干渉性）　☐光の明るさ（強さ）
☐レーザー光　☐偏光と自然光　☐分散　☐散乱

ワンポイントチェック

① 原点での単振動が速さ v で x 軸正方向に伝わっていくとき，その軌跡は正弦曲線を描くので，この波を _____ という。原点から距離 x 離れた点での変位は，時間的には _____ 前の原点での変位に等しい。このことを式で表したものが波の _____ である。

　原点での単振動を $y=A\sin\left(\dfrac{2\pi}{T}t\right)$ で表すと，原点から距離 x 離れた点での変位は $y=A\sin\left\{\dfrac{2\pi}{T}\boxed{}\right\}$ となる。さらに，周期 T，波長 λ を用いると $y=A\sin 2\pi$ _____ （①式）と表せる。

② 上の①式で，時間を特定させると，この式はある瞬間での _____ を表し，場所を固定すると，その場所での _____ を表す。

③ 上の①式に対して x 軸負方向に伝わる波は，$y=A\sin 2\pi$ _____ で表される。

④ 固定端で反射した波と入射波との合成波は，固定端を _____ とした定常波ができる。このときの伝搬の式は，_____ の関数と _____ の関数とに分離した形になる。なお，定常波は _____ ともいう。

⑤ 2つの波が重なり合って干渉縞を作ることができる場合，それらの波は _____ であるという。また干渉を起こすという性質を _____，または _____ という。

⑥ 光の明るさ（強さ）とは単位面積，単位時間あたりに光（波）が運ぶ _____ のことで，光の _____ の2乗，_____ の2乗に比例する。

⑦ 媒質中の光の波長が屈折率によって異なるために生じる現象を光の _____ という。波長の短い光ほど屈折率が大きい。_____ の例としては，プリズムによる光の _____ があげられる。

解答例　① 正弦波，$\dfrac{x}{v}$，伝搬式，$\left(t-\dfrac{x}{v}\right)$，$\left(\dfrac{t}{T}-\dfrac{x}{\lambda}\right)$　② 波形，時間的変化（単振動の様子）　③ $\left(\dfrac{t}{T}+\dfrac{x}{\lambda}\right)$　④ 節，時間，位置，定在波　⑤ コヒーレント（可干渉），コヒーレンス，可干渉性　⑥ エネルギー，振動数，振幅　⑦ 分散，分散，スペクトル

重要事項の解説

1 波の伝搬式による現象の説明

【波の伝搬式】

原点での単振動が速さ v で x 軸正方向に次々と伝わっていくとき、その軌跡は正弦波を描く。原点から距離 x 離れた点 P での変位は、時間的には $\dfrac{x}{v}$ 前の原点での変位に等しい（図1）。このことを式で表したものが**波の伝搬式**である。

$$y = A\sin\left(\dfrac{2\pi}{T}t\right) \xrightarrow{\ \dfrac{x}{v}\ } y = A\sin 2\pi\left(\dfrac{t}{T} - \dfrac{x}{\lambda}\right) \quad \cdots\cdots ①$$

　　原点での単振動　　　　　　　点 P での単振動

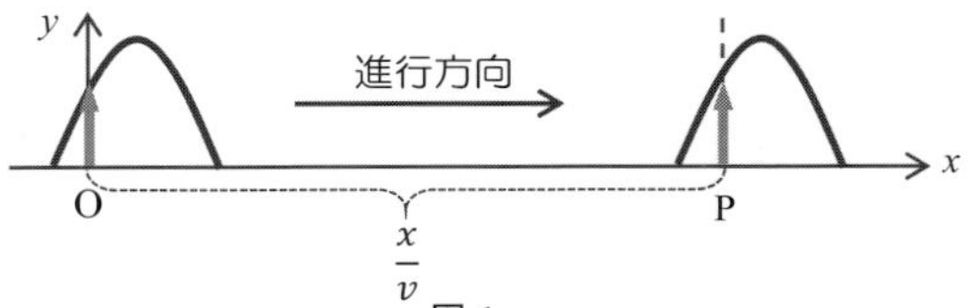

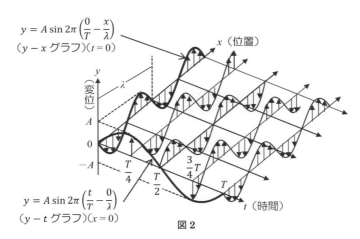

図1

波の伝搬式①は，「変位 y は t, x の2変数（独立変数）で定まる」ことを表している。この様子を図示したものが下図（図2）である。

$y = A\sin 2\pi\left(\dfrac{0}{T} - \dfrac{x}{\lambda}\right)$
（$y-x$ グラフ）（$t=0$）

$y = A\sin 2\pi\left(\dfrac{t}{T} - \dfrac{0}{\lambda}\right)$
（$y-t$ グラフ）（$x=0$）

図2

ここで，$t=0$ としたとき，①式はこの瞬間での波の様子（波形：$y-x$ グラフ）を表し，また $x=0$ とすると，①式は原点の振動の様子（$y-t$ グラフ）を表す。

第1節（波動の性質）で示した

【位置変化：$y-x$ グラフ】：ある特定の時刻での**媒質の変位の様子**

【時間変化：$y-t$ グラフ】：ある特定の場所での**単振動の様子**

前者は，図2の波動を $t=\dfrac{T}{4}$ や $t=\dfrac{T}{2}$ などの時間軸で切り取った，その瞬間での媒質の変化を表し，また後者は，$x=\dfrac{\lambda}{2}$ や $x=\lambda$ など位置軸で切り取った，その場所での媒質の時間的変化を表していたことになる。以下，反射や干渉，うなりなど波動の様々な現象を波の伝搬式①を用いて表してみよう。

【固定端での波の反射】

固定端を原点とした入射波を $y=A\sin 2\pi\left(\dfrac{t}{T}+\dfrac{x}{\lambda}\right)$ とすると，反射波は進行方向が逆で，しかも位相が π ずれる（反転する）から，

$$y=A\sin\left\{2\pi\left(\dfrac{t}{T}-\dfrac{x}{\lambda}\right)+\pi\right\}=-A\sin 2\pi\left(\dfrac{t}{T}-\dfrac{x}{\lambda}\right) \quad \cdots\cdots ②$$

と表せる。他方，自由端による反射波は進行方向のみ変わるから，$y=A\sin 2\pi\left(\dfrac{t}{T}-\dfrac{x}{\lambda}\right)$ となる。

ここで，固定端による入射波と反射波（②式）との合成を考えよう。合成波 y は，

$$y=A\sin 2\pi\left(\dfrac{t}{T}+\dfrac{x}{\lambda}\right)-A\sin 2\pi\left(\dfrac{t}{T}-\dfrac{x}{\lambda}\right)$$

$$=2A\underline{\sin\left(\dfrac{2\pi}{\lambda}x\right)\cos\left(\dfrac{2\pi}{T}t\right)} \quad \cdots\cdots ③$$
$\underline{\qquad\qquad\qquad\qquad}$ 分離

このように，変数が分離できるから，③式は位置 x にある媒質が振幅 $2A\sin\left(\dfrac{2\pi}{\lambda}x\right)$，周期 T で振動する**定常波**（定在波ともいう）を表す。固定端反射では合成の結果，固定端を節とした定常波ができる。

【波の干渉（強め合う条件，弱め合う条件）】

平面波の干渉について強め合う条件を求めてみよう。いま，波源 S_1，S_2 から同位相の円形波が出ているものとする。S_1，S_2 からの波の点Pでの変位をそれぞれ y_1，y_2 とすると，

$$y_1=A\sin 2\pi\left(\dfrac{t}{T}-\dfrac{x_1}{\lambda}\right) \quad y_2=A\sin 2\pi\left(\dfrac{t}{T}-\dfrac{x_2}{\lambda}\right) \quad \boxed{\begin{array}{l}y_1,\ y_2 \text{は同じ波長，周期，}\\ \text{P点で同じ振幅とした。}\end{array}}$$

したがって，これらの波による合成波は，

$$y=y_1+y_2=A\sin\theta+A\sin(\theta+\alpha)$$
$$=2A\cos\dfrac{\alpha}{2}\cdot\sin\left(\theta+\dfrac{\alpha}{2}\right) \quad \cdots\cdots ⑤ \quad \leftarrow \theta=2\pi\left(\dfrac{t}{T}-\dfrac{x_1}{\lambda}\right),\ \alpha=\dfrac{2\pi}{\lambda}(x_1-x_2) \quad \cdots\cdots ④$$

となる。

⑤式をもとに，合成波の振幅が最大になるのは $2A\cos\dfrac{\alpha}{2}=\pm 1$ のときであるから，

$$\dfrac{\alpha}{2}=m\pi \quad m=0,\ \pm 1,\ \pm 2,\ \pm 3,\ \cdots$$

さらに、④式を用いて、上式を波源 S_1, S_2 から点 P までの距離 x_1, x_2 で表すと

$$\frac{1}{2} \cdot \frac{2\pi}{\lambda}(x_1 - x_2) = m\pi \quad \therefore \quad x_1 - x_2 = m\lambda = 2m \cdot \frac{\lambda}{2} \quad \cdots\cdots ⑥$$

このように、<u>波源からの距離の差が半波長の偶数倍のとき強め合う</u>ことが分かる。

【うなり】

振幅と進行方向が等しいが、振動数（すなわち周期）がわずかに異なる2つの正弦波を考える。

$$y_1 = A \sin 2\pi \left(\frac{t}{T_1} - \frac{x}{\lambda} \right) \quad y_2 = A \sin 2\pi \left(\frac{t}{T_2} - \frac{x}{\lambda} \right)$$

これら2つの波が出合うと、重ね合わせの原理によって、その変位 y は

$$y = y_1 + y_2 = A \sin 2\pi \left(\frac{t}{T_1} - \frac{x}{\lambda} \right) + A \sin 2\pi \left(\frac{t}{T_2} - \frac{x}{\lambda} \right)$$

ここで簡単のために<u>原点での合成波の変位</u>を考えよう。$\frac{1}{T} = f$ の関係を用いて振動数で表すと、

$$y = y_1 + y_2 = A \sin(2\pi f_1 t) + A \sin(2\pi f_2 t)$$
$$= 2A \cos\left(2\pi \frac{f_2 - f_1}{2} t \right) \sin\left(2\pi \frac{f_1 + f_2}{2} t \right) \quad \cdots\cdots ⑦$$

⑦式で、$f_2 - f_1$ が小さければ、$\sin\left(2\pi \frac{f_1 + f_2}{2} t \right)$ の1周期の間に $2A\cos\left(2\pi \frac{f_2 - f_1}{2} t \right)$ はほとんど変化しない。したがって合成波は、振動数 $\frac{f_2 - f_1}{2}$ でゆっくりと周期的に変化すると考えられる。

そこで、$2A\cos\left(2\pi \frac{f_2 - f_1}{2} t \right)$ が最大、または最小となる時間間隔を τ とすると $2\pi \frac{f_2 - f_1}{2} \tau = \pi$ から、うなりの回数は

$$\frac{1}{\tau} = |f_2 - f_1| \quad \cdots\cdots ⑧$$

このように、成分波の振動数の差がうなりの回数になる。

2 ヤングの実験でのスリット S_0 の役割

光の波動性を決定的なものにした「ヤングの実験」で、2つのスリットの前には、1つのスリットが設けられているが、このスリットの目的、また働きとは何だろう。白色光源を用いた場合、スリット S_0 がないとスクリーン上には明確な干渉縞は現れない。以下、この理由を考えてみよう。

水面波や音波の干渉実験では、2つの波源から、同じ波長、同じ振幅、同じ位相の波を発することは容易だが、光波においては一般には困難である。さらに、光源からひと続きに連なった波を出すこともできない（補足1参照）。

これらの問題を解決するために、ヤングは図3のような工夫をした。最初の単スリッ

ト S_0 で波を1つに絞り，S_0 から等距離の位置にある単スリット S_1，S_2 に波を通す。このとき実質的に，この複スリット S_1，S_2 からは位相のそろった2つの波が放射されることになる。

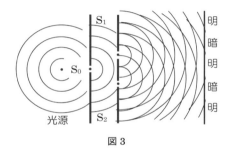

図3

すなわち，光源から出た光はスリット S_0 があることによって，S_0 を通して光の位相が整えられ，同じ位相でスリット S_1，S_2 に入ることができるようになる。さらにこの光が S_1，S_2 で分けられることによって，この光が干渉性を持つことになり，その結果，スクリーン上に干渉縞を生じるのである（図3）。

> **例題で確認**
> 生徒実験でヤングの実験を行うときは，光源としてレーザー光を用いることが多い。この場合，単スリット S_0 を設置しなくても縞模様を観測することができるが，これはレーザー光がどのような性質をもっているためか，簡潔に説明せよ。
> 【石川県高校物理（2012年度）抜粋】

状況▶▶ 一般の光源を使ったヤングの実験では，前述のとおりスリット S_0 によって光の位相が整えられ，同じ位相でスリット S_1，S_2 に入ることができるようになり，その結果スクリーン上に干渉縞が現れる。すなわち，スリット S_0 がなければ干渉しない。

確認▶▶ レーザー光源からは位相のそろった一続きの光が放射されるので，スリット S_0 は不要である。

補足1 波束（波連）

白熱電灯，ナトリウムランプ，太陽光など一般の光源から出る光は，連続的に100波長も続くようなものではない。せいぜい10波長くらいの長さの波（これを**波束（波連）**という）が次々に出ていると考えられる。また，光源のさまざまな場所からいくつもの波束（波連）が出ているが，これらは同じタイミングで出ていないので位相もそろっていない。

補足2 コヒーレント長

電磁波が可視光の場合，放射時間 Δt はおおよそ 10^{-9} s 程度である。光速が 3×10^8 m/s であるから，放射される電磁波の長さ（波束（波連））L は $L = c\Delta t \sim 0.1$ m 程度になる。しかし，一般の光源の場合は原子間の衝突やドップラー効果などの影響によって振動数に広がりが見られ，波束（波連）の長さは数ミリメートル程度になってしまう。この光波の長さを**コヒーレント長**とよぶ（図4）。1つの光源から出た光どうしでも，光路差がこのコヒーレント長を超えると干渉しなくなる。

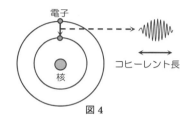

図4

3 単スリットによる回折，干渉

幅 a の単スリットに垂直に左側から波長 λ の光を照射すると，スリットの右側の十分遠いところにスリット面と平行に置かれたスクリーン上に明暗の干渉縞が現れる。このような干渉縞が現れる理由は，定性的に次のように説明される。

まず，入射光と角 θ をなす方向の回折光を考える。スクリーン上にできる明暗模様について，次のステップで考察してみることにする。

【スリット AB を2等分する】図5のように，スリット AB を2等分した点を C とするとき，A での回折光 L_1 と，C での回折光 L_2 とが干渉して打ち消しあったとすると，A から Δa だけ B よりの位置で回折した光 L_1' と C より Δa だけ B よりの光 L_2' も干渉して打ち消し合うことになる。

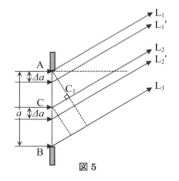

図5

このようにして考えていくと，AC から回折する光と CB から回折する光は互いに打ち消し合い，θ 方向の回折光は干渉してスクリーン上は暗線となる。

そこで，A から L_2 に下ろした垂線の足を C_1 とするとき，AC 間の回折光と CB 間の回折光が打ち消し合う条件は，

$$CC_1 = \frac{a}{2}\sin\theta = \frac{\lambda}{2} \quad \therefore \quad a\sin\theta = \lambda \quad \cdots\cdots ⑨$$

となる。

【スリット AB を3等分する】図6のように，スリット AB を3等分した点を C, D とするとき，A での回折光 L_1 と C での回折光 L_2 が干渉して打ち消しあう場合には，AC 間の回折光と CD 間の回折光が打ち消し合う条件は，

$$CC_1 = \frac{a}{3}\sin\theta = \frac{\lambda}{2}$$

$$\therefore \quad a\sin\theta = \frac{3}{2}\lambda \quad \cdots\cdots ⑩$$

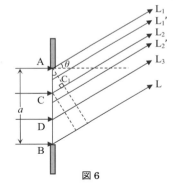

図6

となる。このとき，DB 間の回折光が残るため，$\frac{1}{3}$ の量の光が残ることになる。

【スリット AB を k 等分する】同様の考察から，スリットを k ($k=4, 5, 6\cdots$) 等分して考えると，k が偶数のときは干渉して暗線となり，奇数の場合は $\frac{1}{k}$ のスリット開口部の光が残る。以上のことから次の結論が得られることになる。

第3章 波　動

> **公式** 単スリットの場合の明線・暗線のできる条件式
>
> $$a\sin\theta = \begin{cases} 2m\cdot\dfrac{\lambda}{2} & 暗線条件 \\ (2m+1)\cdot\dfrac{\lambda}{2} & 明線条件 \end{cases} \quad \cdots\cdots ⑪$$
>
> $$(m=1,\ 2,\ 3,\ \cdots)$$

　この結果とヤングの実験を比較してみると，形式的には明暗のできる条件が逆であることが分かる。ヤングの実験では，光路差＝$2m\cdot\dfrac{\lambda}{2}$（半波長の偶数倍）が明線のできる条件だったが，単スリットの場合はこれが暗線のできる条件となる。また，d がヤングの実験では複スリット間隔だが，単スリットの場合はスリット幅 a である。

４ 3つのスリットによる回折，干渉

　以下の例題で，スリットが3つあるときのヤングの実験を取り上げ，スクリーン上にできる干渉縞について考察する。

例題で確認

　右図のようにスリットが3つあるとき，波長 λ のレーザー光をスリット面に垂直に当てるヤングの実験を行った。スリット間隔を d，スリット位置からスクリーンまでの距離を L，スクリーン上に S_1，S_3 から等距離の点を原点 O として x 軸をとり，点 P の座標を x，光の入射方向と OP なす角を θ（$\theta \ll 1$）とする。

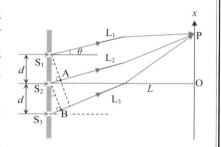

　また，時刻 t における3つのスリット上での光の変位が，3ケ所とも $y=A\sin\dfrac{2\pi}{T}t$ で表せるものとする。このとき，点 P での合成変位 y は，重ね合わせの原理から $y_1+y_2+y_3$ となるが，これを数学的に計算し y の振幅を求め，合成波の明暗のできる場所に関してヤングの実験結果と比較せよ。

【茨城県高校物理（2012年度）・改】

状況▶▶ スリットを3つにした場合の干渉条件は，基本的にはスリットが2つの場合のヤングの実験と考え方は同じである。つまり，3つのスリットから回折してスクリーン上に達した合成波の振幅を重ね合わせの原理から求め，得られた合成波の振幅項に着目して干渉の条件式を考察することになる。

展開▶▶ 3つのスリット S_1，S_2，S_3 を通った波 y_1，y_2，y_3 がスクリーン上に達したとき，スクリーン上の P 点での合成波の変位 y は重ね合わせの原理から，それぞれの波の振幅を A，周期を T，波長を λ，波の速さを v，そして真ん中のスリットから P 点までの距離を $S_2P=L_2$ とすると，波の伝搬式①式より

$$y = y_1 + y_2 + y_3$$

$$= A\sin 2\pi\left(\frac{t}{T} - \frac{L_2 - d\sin\theta}{\lambda}\right) + A\sin\left(\frac{t}{T} - \frac{L_2}{\lambda}\right) + A\sin\left(\frac{t}{T} - \frac{L_2 + d\sin\theta}{\lambda}\right)$$

さらに，ここで，$\dfrac{2\pi}{T}\left(t - \dfrac{L_2}{v}\right) = \phi$，$\dfrac{2\pi}{T}\left(\dfrac{d\sin\theta}{v}\right) = \alpha$

と置き，加法定理を用いて変形すると合成波は以下のようになる。

$$\begin{aligned}
y &= y_1 + y_2 + y_3 \\
&= A\sin(\phi + \alpha) + A\sin\phi + A\sin(\phi - \alpha) \\
&= A(\sin\phi\cdot\cos\alpha + \cos\phi\cdot\sin\alpha) + A\sin\phi + A(\sin\phi\cdot\cos\alpha - \cos\phi\cdot\sin\alpha) \\
&= A\sin\phi + 2A\sin\phi\cdot\cos\alpha \\
&= \underline{A(1 + 2\cos\alpha)\cdot\sin\phi} \quad \cdots\cdots ⑫
\end{aligned}$$

⑫式の $\sin\phi$ の部分は時間 t を含むので単振動を表す**振動項**を表し，$A(1+2\cos\alpha)$ は θ を含む**振幅項**を表している。図7は，横軸をスクリーン上の場所 x，縦軸を振幅の2乗にとった場所 x における**明るさ**を表すグラフである。

複スリット（**ヤングの実験**）のときの明線の位置は，3重スリットのときも明線（**主極大**）の位置になるが，複スリットのときの明線の中間にやや明るい部分（**副極大**）ができている。

このように，複スリットのときの暗線の位置には3重スリットの場合の副極大ができる。

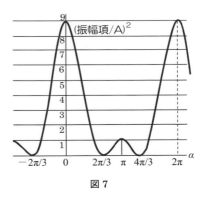

図7

第3章 波　動

活用例題で学ぶ知識の活用

【活用例題】　　　　　　　　　　　　　　　　　　　栃木県高校物理2012年度（新傾向・標準）

図1のように，スリットが1本だけ入っているスリット板とスクリーンを距離Lだけ隔てて平行に置いた。スリットの中心を原点にとり，スリット板からスクリーンに向かう向きにx軸をとる。いま，十分に遠方の光源から出された波長λのレーザー光がx軸に沿って進み，スリットに入射したところ，スクリーンに明暗の縞模様が観察された。空気の屈折率を1として，次の1，2，3の問いに答えよ。

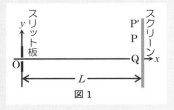
図1

1　次のアからカのうち，スクリーンに明暗の縞模様が現れることに関連の深い現象はどれか。二つ選び記号で答えよ。
　ア　屈折　　　　　　　イ　回折　　　　　　　ウ　偏光
　エ　分散　　　　　　　オ　散乱　　　　　　　カ　干渉

2　スクリーン上の点$P(L, y)$において，x軸上の点$Q(L, 0)$から見て最も近い暗線ができた。図2は，点Pに達した光線がスリットを通過するときの様子を示したものである。

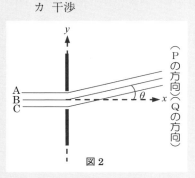
図2

ただし，スリットの幅はaであり，図中のAはスリットの上端$\left(0, \dfrac{a}{2}\right)$を通る光線，Bはスリットの中央$(0, 0)$を通る光線，Cはスリットの下端$\left(0, -\dfrac{a}{2}\right)$を通る光線をそれぞれ示している。実際には，例えば図中のAとBの間を通る光線など，図2には描かれていない光線が多数存在することに注意せよ。これらの光線は，スクリーンまでの距離Lが十分に大きいため互いに平行であると見なしてよい。また，∠QOPの大きさをθとする。必要であれば，$|\theta|$が十分に小さいときに成り立つ近似式$\sin\theta \fallingdotseq \tan\theta$を用いてもよい。次の(1)，(2)，(3)の問いに答えよ。

(1) 光線Aと光線Bについて，光源を出てからスクリーン上の点Pに達するまでの光路差を，aおよびθを用いて表せ。

(2) 点Pの位置に，点Qから見て最も近い暗線ができる条件をa, θ, λを用いて表せ。

(3) 点Pと点Qの間の距離yを測定したところ1.3cmであった。スリットの幅aを0.10mm，スリット板とスクリーンの間の距離Lを2.0mとするとき，光源から出た光の波長λは何mか。

3 次に図2の光線Aと光線Cだけが通過できるような，わずかなすき間だけを残して，点Oに小さな遮光板を置いて，スリットを二重スリットにした。このとき，点P(L, y)と点P'(L, $2y$)に生じる縞模様の様子を観察した。次の(1), (2)の問いに答えよ。

(1) このとき，点Pおよび点P'の位置に生じるのは次のアからエのうちのどれか，それぞれ記号で答えよ。ただし，明線については，点Qの位置にできるものを0番目として数えるものとする。
ア 点Qから見て1番目に近い明線
イ 点Qから見て2番目に近い明線
ウ 点Qから見て1番目に近い暗線
エ 点Qから見て2番目に近い暗線

(2) 続いて，点Oに置いた小さな遮光板の中央にわずかなすき間をあけて，光線Aと光線Cに加えて光線Bが通過できるような三重スリットにした。このときの，点Pと点P'における明暗の様子を簡潔に説明せよ。

📖 **解説** 単スリット，二重スリット（複スリット），三重スリットを回折した光がスクリーン上で干渉縞をつくる際の，明暗の干渉縞のできる条件，および，明るい干渉縞の並び方を問う問題である。考え方の基本はスリットを通過する光線の光路差を求め，打ち消し合う場合，強め合う場合，それぞれ半波長の奇数倍，偶数倍であることを使って解くことになる。

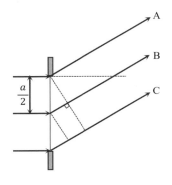

干渉する光の光路差を正しく求めることが本例題の要になる。【素過程】としては，以下の3つである。

【素過程1】 回折した2本の光線の光路差（右図参照） → 2, 3
【素過程2】 2本の光線が干渉したとき → 2, 3
　　強め合う条件：光路差＝半波長の偶数倍
　　弱め合う条件：光路差＝半波長の奇数倍
【素過程3】 光の明るさ（光の強度）は合成波の振幅の2乗に比例する → 3

☞ **解答への指針**
1 （ワンポイントチェック参照）

2 (1)(2) 光線Aと光線Bの光路差は，図から$\frac{a}{2}\sin\theta$。

この2本の光線が干渉して打ち消しあうためには光路差が$\frac{\lambda}{2}$であればよい。結果は$a\times\sin\theta=\lambda$（……①）

（「3 単スリットによる回折，干渉」参照）

(3) ①式を用いる。ここで，$\theta\ll 1$なので与えられた近似式を用いる。

素過程への分解・分析
素過程1 回折した2本の光線の光路差
素過程2 2本の光線が干渉して強め合う条件，打ち消し合う条件
近似式 $\theta\ll 1$のとき，$\sin\theta \fallingdotseq \tan\theta$

$$\sin\theta \fallingdotseq \tan\theta = \frac{y}{L} \quad \cdots\cdots ②$$

①，②に与えられた数値 $a=0.1\times10^{-3}$ m，$y=1.3\times10^{-2}$ m，$L=2.0$ m を代入する。

3 (1) 複スリットの問題であるから，P 点では $a\times\sin\theta=\lambda$（←1次の明線），P′点では $a\times\sin\theta'=2\lambda$（←2次の明線）が成り立つ。

(2) 三重スリットの問題である。（「4 3つのスリットによる回折，干渉」参照）3本の光線について，2本ずつ組んで考える。その組み合わせを（AとB），（BとC），（CとA），また各光線の振幅を A とすると

① P 点では
　光線 A と光線 B の位相差は半波長より弱め合う
　　　→合成波の振幅 0
　光線 B と光線 C の位相差は半波長より弱め合う
　　　→合成波の振幅 0
　光線 A と光線 C の位相差は1波長より強め合う
　　　→合成波の振幅 2 A
　したがって，3本の光線合成波の振幅 2 A となる。

② P′ 点では
　光線 A と光線 B の位相差は1波長より強め合う
　　　→合成波の振幅 2 A
　光線 B と光線 C の位相差は1波長より強め合う
　　　→合成波の振幅 2 A
　光線 A と光線 C の位相差は2波長より強め合う
　　　→合成波の振幅 2 A
　したがって，3本の光線合成波の振幅 6 A となる。

以上から，「P 点での明るさ」：「P′点での明るさ」＝ $1 : 3^2$

　P 点での明るいところを副極大，P′点での明るいところを主極大とよぶ。

側注：
3つのスリットによる回折，干渉
1次の明線
　$a\times\sin\theta=\lambda$
2次の明線
　$a\times\sin\theta=2\lambda$

素過程3
光の明るさ（光の強度）は合成波の振幅の2乗に比例する

解答例

1　イ，カ　　2 (1) $\dfrac{a}{2}\sin\theta$　(2) $a\cdot\sin\theta=\lambda$　(3) 6.5×10^{-7} m

3 (1) 点 P；ア　点 P′；イ

(2) 点 P；やや明るい明線（副極大）　点 P′；より明るい明線（主極大）

実力錬成問題

1 図1はヤングの実験装置を模式的に示したものであり，Qは波長λの単色光源，W_0はスリットS_0をもつスリット板，W_1は複スリットS_1, S_2をもつスリット板，Sはスクリーンで，W_0, W_1, Sは平行である。S_1, S_2はS_0から等距離にあり，S_1とS_2のスリット間の距離はdである。

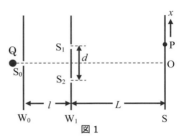

図1

W_0W_1間の距離はl, W_1S間の距離はLである。S_1S_2の垂直2等分線がスクリーンSと交わる点を原点Oとして，スクリーンS上に上向きにx軸をとる。なお，l, Lは，dに比べて十分大きいものとする。

S_1から出た光とS_2から出た光の変位はスクリーン上で，振幅をAとしてそれぞれ$A\exp\{i(\theta+\phi)\}$, $A\exp(i\theta)$と複素数表示できる。(iは虚数単位)，θはS_2から出た光の位相で任意の値とし，ϕは2つの光の位相差である。以下の問いに答えよ。

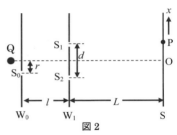

図2

(1) 光の強度は合成波の振幅の2乗で表すことができる。点Pにおける光の強度を求めよ。

(2) 点Pにおける位相差ϕを，λ, L, d, xを用いて答えよ。

(3) 図2のようにスリット板W_0を下向きにrだけわずかにずらしたとき，スクリーン上で干渉縞の明線が現れるx座標の値を求めよ。ただし，rはlに比べて十分小さいものとする。　　　　　　　　　　($\exp(i\theta)$については補足参照)

【宮城県高校物理（2010年度）改】

2 図のように，球状の水滴に紫色の光が点Pから入射し，点Qで反射し点Rから出ていくものとする。点Pでの入射角をa, 屈折角をb, 水滴に入る光と水滴から出る光のなす角をθとしたとき次の問いに答えよ。

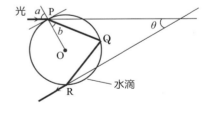

(1) 空気（屈折率1）に対する水の屈折率nを求めよ。

(2) $\angle PQR$, θの大きさを求めよ。

(3) この球状の水滴の点Pから赤色の光が入射した場合，どのような経路になるか。概略を図示せよ。

(4) 太陽光とたくさんの水滴によってできる主虹について，

① 色づいて見えるしくみを簡潔に説明せよ。
② 紫色が中心側に，赤色が外側になることを，θ を用いて簡潔に説明せよ。

【群馬県高校物理（2008年度）改】

解法への指針

$\boxed{1}$【素過程（波の重ね合わせの原理）】，【素過程（位相差 π が半波長に相当する）】
【素過程（干渉：強め合いの条件）】
(3) S_0S_1P の波と S_0S_2P の2つの波の位相差 ϕ が $2m\pi$ のとき強め合う。

$$\phi = \frac{2\pi}{\lambda}\{(S_0S_2 + S_2P) - (S_0S_1 + S_1P)\} = \frac{2\pi}{\lambda}\left(\frac{xd}{L} - \frac{rd}{l}\right)$$

補足【オイラーの関係式（三角関数の指数関数表示）】計算の簡略化のために用いたオイラーの関係式について説明する。

$$\exp i\theta = \cos\theta + i\sin\theta \quad 【←オイラーの公式】$$

なお，この関係式は，次のテイラー展開（級数展開）から証明できる。

$$\exp i\theta = \sum_{n=0}^{\infty}\frac{i^n}{n!}\theta^n = \sum_{n=0}^{\infty}\frac{i^{2n}}{(2n)!}\theta^{2n} + \sum_{n=0}^{\infty}\frac{i^{2n+1}}{(2n+1)!}\theta^{2n+1}$$

$$= \underbrace{\sum_{n=0}^{\infty}\frac{(-1)^n}{(2n)!}\theta^{2n}}_{\cos\theta} + i\underbrace{\sum_{n=0}^{\infty}\frac{(-1)^n}{(2n+1)!}\theta^{2n+1}}_{\sin\theta}$$

$$= \cos\theta + i\sin\theta$$

$\boxed{2}$【素過程（屈折率の定義）】，【素過程（波長の短い光ほど屈折率が大きい：光の分散）】
(3) 作図の際の注意点：角度の大きい赤色が外側に，角度の小さい紫色が内側になる。屈折の法則，反射の法則に気をつけて丁寧に作図したい。
(4) ① 水滴に入射後の紫色（赤色）が2回屈折する際の屈折角の大きさに注意
　　　紫色（赤色）の屈折率大（屈折率小）→屈折角小（屈折角大）
② 水滴内部での反射は反射の法則を適用

実力錬成問題解答例

第1章 力　学

1　静力学

[1] (1) $\dfrac{\sqrt{3}}{4}Mg$　(2) $\dfrac{3}{8}Mg$　(3) $\left(1-\dfrac{\sqrt{3}}{8}\right)Mg$

[2] (1) 物体が地球を引く力

(2) 「地球が本を引く力（本の重力）」と「本が地球を引く力」，「本が机を押す力」と「机が本を押し返す力（机の垂直抗力）」これらは，互いに作用・反作用の関係にある。

　本に働く「地球が本を引く力（本の重力）」と「机の垂直抗力」は互いにつり合いの関係にある。

(3) つり合いの関係にある力は，たとえば(2)の本を例にすると，本の重力（地球が本を引く力）と机の垂直抗力（机が本を押す力）のように，ともに本という<u>1つの物体に働く力の関係</u>を表す。それに対して，作用・反作用の関係にある力は，本と地球や，本と机のように<u>2つの物体の間に働く力の関係</u>を表している。

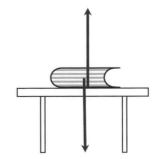

[3] (1) $mg\sin\theta_0$〔N〕　(2) $\dfrac{mgb}{2}\sin\theta_0$〔N·m〕

(3) $S=-\dfrac{1}{2}\tan\theta_0+0.4$

　グラフは右図参照。

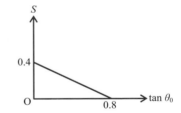

2　運動の法則

[1] (1) 10 m　(2) 13秒後　(3) 負の向きに加速度 0.5 m/s² の等加速度運動をする。　(4) 26 m

[2] (1) 0.4 m/s　(2) 150秒　(3) 川岸に対して垂直な方向に向ける。

(4) 36 m 川下に流される。

[3] (1) $5g$〔N〕　(2) $\dfrac{F_1}{5}$〔m/s²〕　(3) $5\mu g$〔N〕　(4) ① $\dfrac{F_2-2\mu'g}{3}$〔m/s²〕　② $\mu'g$〔m/s²〕

3　いろいろな運動（その1）

[1] (1) ① $T_0=\dfrac{mv_0^2}{a}$　② $T_0=mg$　③ $v_0=\sqrt{ag}$　④ $\dfrac{1}{2}av_0$〔m²/s〕

(2) ⑤ $\dfrac{1}{2}(a-b)v$〔m²/s〕　⑥ $\dfrac{a}{a-b}v_0$〔m/s〕　⑦ $\left(\dfrac{a}{a-b}\right)^3 mg$〔N〕

⑧ $\left\{\left(\dfrac{a}{a-b}\right)^3-1\right\}mg$〔N〕　⑨ $\dfrac{(3a-2b)b^2}{2(a-b)^2}mg$〔J〕，$\dfrac{2}{3}\varDelta E$

[2] (1) $\sqrt{\dfrac{GM}{r}}$，$2\pi r\sqrt{\dfrac{r}{GM}}$　(2) $2\sqrt{2}$ 倍

(3) ① 3倍　② $\sqrt{\dfrac{3GM}{2r}}$　③ $\dfrac{GMm}{4r}$

4　仕事と力学的エネルギー

1 (1) 高さ h にある質量 m の物体は位置エネルギー mgh を持つ。

自由落下運動では，地上に落下する時間を t，およびそのときの速度の大きさを v とすると

$$\frac{1}{2}gt^2 = h \text{ および } v = gt$$

が成り立つ。上式より，$\dfrac{1}{2}g\left(\dfrac{v}{g}\right)^2 = h$　よって $\dfrac{1}{2}v^2 = gh$ ゆえに $\dfrac{1}{2}mv^2 = mgh$

したがって，位置エネルギーと基準面での運動エネルギーが等しいことがわかる。

(2) 物体に働く力は，重力と糸からの張力である。物体は最下点まで円運動を行うが，その際，物体の移動方向と張力（半径方向）とは垂直の関係にあることから張力は物体に対して仕事をしない。したがって，物体は自由落下と同様に鉛直方向の移動の分だけ仕事をする能力（力学的エネルギー）を持つ。

2 斜面上で小球を落としはじめる点（A 点とする）と，円筒面での最高点（B 点とする）での間で成り立つ力学的エネルギー保存則と，B での運動方程式（円運動するための関係式）を考える。

まず，力学的エネルギー保存則は，

$$mgh = \frac{1}{2}mv^2 + mg(2r) \quad \cdots ①$$

また，B 点で円運動する条件は，円筒から受ける垂直抗力を N とすると

$$\frac{mv^2}{r} = N - mg \quad \cdots ②$$

最高点 B では，小球はまだ円筒に接しているから，②式より

$$N = \frac{mv^2}{r} + mg \geqq 0 \quad \cdots ③$$

を満たす。よって，①，③式より $h \geqq \dfrac{5r}{2}$ が求める条件である。

3 (1) 保存力　(2) $\sqrt{2gr}$
(3) 右図　(4) $mg\mu L$　(5) $r = \mu L$

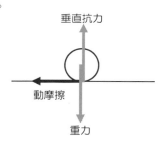

5　運動量と衝突

1 (1) $T = 3mg\sin\theta$

(2) $V_1 = \dfrac{m - eM}{m + M}u$

(3) $H = \dfrac{1}{16}l$

(4) $\dfrac{3}{4}mgl$

$\boxed{2}$ (1) $\sqrt{\dfrac{2h_0}{g}}$, $\sqrt{2gh_0}$

(2) $e^2 h_0$ (3) $2e\sqrt{\dfrac{2h_0}{g}}$

(4) $e^{2n} mgh_0$

(5) $\sqrt{\dfrac{2h_0}{g}} \dfrac{1+e}{1-e}$

$\boxed{3}$ $V = \dfrac{m_1}{m_1+m_2} v_0$

$\boxed{4}$ (1) $\dfrac{M+m}{M} v_0$ (2) $mx + MX = 0$, $x - X = L$

(3) $x = \dfrac{M}{M+m} L$, $X = -\dfrac{m}{M+m} L$

第2章 熱力学

1 熱と温度

$\boxed{1}$ (1) $1638\,\mathrm{J}$ （有効数字に考慮して $1.6\times 10^3\,\mathrm{J}$ も可）

(2) $0.347\,\mathrm{J/(g\cdot K)}$ （有効数字に考慮して $0.35\,\mathrm{J/(g\cdot K)}$ も可）

$\boxed{2}$ (1) ③ (2) ①

2 気体の性質

$\boxed{1}$ (1) $\dfrac{n_0 R T_0}{2V_0}$ (2) T_0 (3) $\dfrac{2n_0 R T_0}{9V_0}$

$\boxed{2}$ (1) $\dfrac{M}{\rho_0 - \rho}\,[\mathrm{m^3}]$ (2) $91\,\mathrm{m^3}$

3 熱力学第1法則

$\boxed{1}$ (1) $4T$ (2) $\dfrac{3}{2}RT$ (3) $3RT$ (4) $2RT$ (5) $\dfrac{5}{2}RT$

$\boxed{2}$ (1) b (2) a (3) a (4) b

$\boxed{3}$ ① $\dfrac{nRT}{V}$ ② $\dfrac{nM}{V}$

③ 音速は $\sqrt{\gamma \dfrac{p}{\rho}}$ で与えられるから，①，②の結果を代入する．

$$v = \sqrt{\gamma \dfrac{nRT}{V} \dfrac{V}{nM}} = \sqrt{\gamma \dfrac{RT}{M}} = \sqrt{\dfrac{\gamma R}{M}} \sqrt{T}$$

これより，音速は $\sqrt{T}$ に比例することが分かる．
したがって，

$\dfrac{v}{v_0}=\dfrac{\sqrt{T}}{\sqrt{T_0}}$ から，$v=v_0\dfrac{\sqrt{T}}{\sqrt{T_0}}$ と表せる。

④ ③の結果を用いる。

$v=v_0\dfrac{\sqrt{T}}{\sqrt{T_0}}$ において，$T_0=273$，$T=T_0+t=273+t$，$v_0=331.5$ を代入すると

$$v=331.5\times\sqrt{\dfrac{273+t}{273}}=331.5\times\left(1+\dfrac{t}{273}\right)^{\frac{1}{2}}$$

ここで，$\dfrac{t}{273}\ll 1$ であるから，上式に近似式

$$\alpha\ll 1 \text{のとき，}(1+\alpha)^{\frac{1}{2}}=1+\dfrac{1}{2}\alpha$$

を適用すると，

$$v=331.5\times\left(1+\dfrac{1}{2}\times\dfrac{t}{273}\right)=331.5+0.607t$$

よって，常温付近では，音速は $v=331.5+0.61t$ で表される。

4　熱力学第2法則と熱機関

[1] ① 熱力学第1法則：自動車のガソリンエンジンは熱機関の一種であり，ガソリンの燃焼によって気体分子の運動が活発になり，ピストンを押し外に仕事をする。
② 熱力学第2法則：カップに熱いコーヒーを入れておく。時間がたつとコーヒーの温度は下がる。このとき，自然のままにしておくことで，高温のコーヒーから周りの低温の空気へと熱の移動が生じる。この逆の変化は自然には起こらない。

[2] イ

[3] (1) 状態Aの温度：$\dfrac{T}{3}$　状態Cの体積：$3V_0$

(2) 気体に与えた熱量$=RT$　内部エネルギーの増加$=RT$

(3) 定温変化では受け取った熱量がそっくりそのまま外部への仕事 W にかわり内部エネルギーの増加は 0 である。なお，このとき気体が外部へした仕事 W は次のようになる。

$$W=\int_{V_0}^{3V_0}p\,dV=RT\int_{V_0}^{3V_0}\dfrac{dV}{V}=RT\log_e 3$$

(4) 気体に与えた熱量$=-\dfrac{5}{3}RT$（放熱した）　気体が外部にした仕事$=-\dfrac{2}{3}RT$

(5) $\dfrac{3W-2RT}{3(RT+W)}$

第3章　波　動

1　波の性質

[1] (1) 3.0 m　(2) 4.0 m　(3) 0.20 Hz　(4) 0.80 m/s　(5) 2.5 s

[2] 問1　$\dfrac{3}{2}\lambda$　問2　$\dfrac{3}{2}\lambda\leq d<\dfrac{5}{2}\lambda$

問3　位相を逆にして振動させると，もとの振動の強め合う箇所（腹）が節線として現れる。

$\boxed{3}$ (1) $500\,\mathrm{m/s}$, x の負の向き　(2) ③
(3) 右図

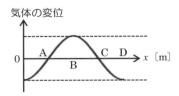

$\boxed{4}$ (1) ① $\dfrac{x}{v}$　② $-A\sin\omega\left(t-\dfrac{x}{v}\right)$

(2) $\dfrac{2\pi v}{\omega}$　(3) $y=A\sin\omega\left(t-\dfrac{2L-x}{v}\right)$

(4) $y=2A\sin\omega\left(\dfrac{x-L}{v}\right)\cdot\cos\omega\left(t-\dfrac{L}{v}\right)$

2　音の性質

$\boxed{1}$ 波長：$17\,\mathrm{cm}$，振動数：$2.0\times10^3\,\mathrm{Hz}$

$\boxed{2}$ $\dfrac{M}{4}$

求め方：図1と図2において，波長はどちらも $\dfrac{L}{2}$ で与えられる。また，図1の配置の弦の振動数は f，図2の配置の弦の振動数は $\dfrac{f}{2}$ となる。弦の線密度を ρ，重力加速度を g とすると，図1では，$f=\dfrac{2}{L}\sqrt{\dfrac{Mg}{\rho}}$ ……①

図2では，$\dfrac{f}{2}=\dfrac{2}{L}\sqrt{\dfrac{M_\mathrm{B}g}{\rho}}$ ……②

が成り立つ。ここで，おもりBの質量を M_B とおいた。②式と①式の比を取ると，

$$\sqrt{\dfrac{M_\mathrm{B}}{M}}=\dfrac{1}{2}$$

となるので，これより $M_\mathrm{B}=\dfrac{M}{4}$ が得られる。

$\boxed{3}$ (1) $v_1=\sqrt{\dfrac{S}{\rho_1}}$，$v_2=\sqrt{\dfrac{S}{\rho_2}}$　(2) 9倍

$\boxed{4}$ (1) $\dfrac{V+w+v}{V+w}f_0$　(2) $\dfrac{(V-w)(V+w+v)}{(V-w-v)(V+w)}f_0$　(3) f_0　(4) $\dfrac{2vV}{(V-w-v)(V+w)}f_0$

3　光　波

$\boxed{1}$ (1) $4.80\times10^{-7}\,\mathrm{m}$　(2) 求める厚さを d とすると，弱め合う条件より $2d=\dfrac{1}{2}\dfrac{\lambda}{n}$ を満たす。

$1.20\times10^{-7}\,\mathrm{m}$

(3) $2.40\times10^{-7}\,\mathrm{m}$

$\boxed{2}$ (1) $x=30\,\mathrm{cm}$，実像　(2) $x=26\,\mathrm{cm}$，実像　(3) $x=50\,\mathrm{cm}$，実像，6倍

4　発　展

$\boxed{1}$ (1) $4A^2\cos^2\dfrac{\phi}{2}$　(2) $\phi=\dfrac{2\pi}{\lambda}\cdot\dfrac{xd}{L}$　(3) $x=L\left(\dfrac{r}{l}+\dfrac{m\lambda}{d}\right)$

$\boxed{2}$ (1) $n=\dfrac{\sin a}{\sin b}$

(2) ∠PQR＝2b, ∠θ＝4b－2a

(3) 右図

(4) ① 略（「解答への指針」を参照）
② 紫色の屈折率は赤色より大きいので，θは赤色の場合よりも小さい。したがってθの大きな赤色が虹の外側に，θの小さな紫色が虹の内側になる。

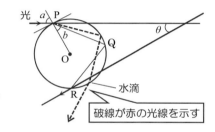

監修者・執筆者紹介（執筆担当）

山下芳樹（やました・よしき）　監修者・編著者　第1章，第3章1，4
　　　　　大阪市立大学大学院理学研究科物理学専攻博士課程修了，博士（理学，大阪市立大学）
　　　　　立命館大学産業社会学部子ども社会専攻，同大学院社会学研究科・教授
　　　　　主著
　　　　　『文化として学ぶ物理科学』丸善，2003年
　　　　　『理科は理科系のための科目ですか』森北出版，2005年
　　　　　『教採受験者から現職教員まで　教採問題から読み解く理科──粒子・エネルギー編，生命・地球編──』オーム社，2014年
　　　　　DVD教材『地球と宇宙（5巻）』（監修）・パンドラ，2016年

宮下ゆたか（みやした・ゆたか）　第2章，第3章3・4
　　　　　名古屋大学理学部物理学科卒業
　　　　　元　滋賀県立高校教諭
　　　　　元　立命館大学教職支援センター・講師

山本逸郎（やまもと・いつろう）　第3章2
　　　　　東北大学大学院理学研究科物理学第二専攻博士課程単位取得満期退学，理学博士（東北大学）
　　　　　弘前大学教育学部，同大学院教育学研究科・教授

　　　　　　　　　　　　　　　　　理科の先生になるための，理科の先生であるための
　　　　　　　　　　　　　　　　　「物理の学び」徹底理解　力学・熱力学・波動編

　　　　　　　　　　　　　　　　　2016年9月20日　初版第1刷発行　　　　　〈検印省略〉

　　　　　　　　　　　　　　　　　　　　　　　　　　　　定価はカバーに
　　　　　　　　　　　　　　　　　　　　　　　　　　　　表示しています

　　　　　　　　　　　　　　　　　　　　監修・編著者　山　下　芳　樹
　　　　　　　　　　　　　　　　　　　　発　行　者　　杉　田　啓　三
　　　　　　　　　　　　　　　　　　　　印　刷　者　　江　戸　孝　典

　　　　　　　　　　　　　　　　発行所　株式会社　ミネルヴァ書房
　　　　　　　　　　　　　　　　　　　607-8494 京都市山科区日ノ岡堤谷町1
　　　　　　　　　　　　　　　　　　　電話代表　075-581-5191
　　　　　　　　　　　　　　　　　　　振替口座　01020-0-8076

　　　　　　　　　　　　　　　　©山下芳樹ほか，2016　　　共同印刷工業・清水製本

　　　　　　　　　　　　　　　　　ISBN978-4-623-07392-4
　　　　　　　　　　　　　　　　　　　Printed in Japan

目からウロコの宇宙論入門
―――― 福江 純著　Ａ５判 240頁 本体2400円

宇宙論，初歩の初歩。いま現在地上で生活している私たちにとって天文学がなんの役に立つのか，これまでどのようなことがわかった／わからなかったか，いまどのようなことがわかりかけているのか，それがわかるとなにが変わるのか――。人が地球と宇宙について考え始めて以来の宇宙観の変遷と，最新の宇宙増をわかりやすく解説する。

目からウロコの生命科学入門
―――― 武村政春著　Ａ５判 240頁 本体2400円

「細胞目線」で考えよう――。ボクたち，みんな生きている。生きているって，どういうこと？　進化って，突然変異って，DNAって何？　「生物学」の成り立ちと発展から説き起こす，わかりやすい「生命科学」の入門書。

目からウロコの文化人類学入門――人間探検ガイドブック
―――― 斗鬼正一著　Ａ５判 192頁 本体2200円

「外見」で判断してしまう読者を，楽しい文化人類学の世界へ引きずり込む，わかりやすい入門書。文化人類学の見方・考え方をわかりやすく解説，当たり前を当たり前と思い込まない考え方が身につく。

―――― ミネルヴァ書房 ――――
http://www.minervashobo.co.jp/